单片机系统设计及工程应用

雷思孝　冯育长　编著

西安电子科技大学出版社

内容简介

本书系统介绍了 51 系列单片机的基本原理和应用,从应用系统设计的角度出发,较为全面地介绍了单片机应用系统设计中的相关技术。全书共 11 章,内容分别为单片机系统概述、单片机硬件系统设计基础、指令系统与编程技术、中断系统与定时器应用、串行通信技术、单片机系统扩展及应用、单片机应用系统开发环境、单片机应用系统设计、系统抗干扰设计、实用外围电路设计、常用传感器。

作者总结多年来教学和科研的实践经验,为了解决读者在学习单片机技术及实际应用中的难点和疑惑,对难点进行详细描述,适当进行要点归纳,力求简洁实用,注重系统设计能力的培养,侧重设计方法和实际应用。

本书可作为工科院校电子信息、通信工程、计算机科学与技术、仪器仪表、工业自动化等相关专业单片机系统设计课程教材,以及高职高专相关专业单片机应用课程教材,对于工程技术人员及广大单片机爱好者,本书也极具参考价值。

图书在版编目(CIP)数据

单片机系统设计及工程应用＝MCU System Design & Engineering Application/雷思孝,冯育长编著.
—西安:西安电子科技大学出版社,2005.5(2009.10 重印)
ISBN 978 - 7 - 5606 - 1515 - 8

Ⅰ.单… Ⅱ.①雷…②冯… Ⅲ.单片微型计算机-系统设计 Ⅳ.TP368.1

中国版本图书馆 CIP 数据核字(2005)第 030500 号

责任编辑　云立实　潘恩祥
出版发行　西安电子科技大学出版社(西安市太白南路 2 号)
电　　话　(029)88242885　88201467　　邮　　编　710071
网　　址　www.xduph.com　　　　　电子邮箱　xdupfxb001@163.com
经　　销　新华书店
印刷单位　陕西天意印务有限责任公司
版　　次　2005 年 5 月第 1 版　2009 年 10 月第 2 次印刷
开　　本　787 毫米×1092 毫米　1/16　印张　17
字　　数　402 千字
印　　数　4001～6000 册
定　　价　26.00 元

ISBN 978 - 7 - 5606 - 1515 - 8/TP·0810

XDUP 1806001 - 2

前　言

　　单片机作为计算机科学与技术的重要组成部分，作为嵌入式系统的先头兵，片上系统 (SOC，System On Chip)的先行者，广泛应用于工业过程控制、智能仪器仪表、机电一体化、家用电器、个人数字处理器、智能玩具等领域，极大地提高了相关产品的智能化程度和技术水平，已成为当今社会十分重要的技术领域。随着社会需求和单片机应用领域的不断扩展，各类智能产品、控制系统都是以单片机为核心来进行开发设计的，科研机构和生产企业对设计人员的单片机应用系统设计能力也提出了较高的要求。我们不能只掌握单片机原理，要从系统设计的角度出发，掌握整个单片机应用系统所涉及到的相关知识。

　　长期以来，我们只重视单片机本身技术的学习和应用，而对单片机外围电路、信号转换电路及传感器技术重视不够，使读者对应用系统的设计掌握不够全面，尤其是在系统设计时，遇到这方面的问题会觉得力不从心。为了使读者对单片机应用系统设计有一个比较全面的了解，能全面地掌握系统设计方法和相关技术，解决好设计时遇到的技术问题，作者从实际应用出发，力争使读者能在较短的时间内掌握实用技术，全面提高系统设计能力。

　　学生在校期间参加各类电子设计大赛，遇到的各种开发应用课题都是以单片机系统为基础，各类应用系统的设计、智能产品的开发更是离不开单片机，因此，单片机应用能力的培养理应成为工科院校电子类专业学生的必备技能。如何使学生在有限的时间内系统地掌握单片机应用系统的设计能力及产品开发技术，已成为任课教师的一个重要课题。作者总结多年来教学和产品开发的经验，力争从系统设计的角度出发，结合教学实际，以应用为目的，编著了本书，希望帮助读者能在单片机应用系统设计方面有所提高。

　　全书共 11 章，内容分别为单片机系统概述、单片机硬件系统设计基础、指令系统与编程技术、中断系统与定时器应用、串行通信技术、单片机系统扩展及应用、单片机应用系统开发环境、单片机应用系统设计、系统抗干扰设计、实用外围电路设计、常用传感器等。

　　本书第 1～6 章由冯育长编写，第 7～11 章及附录由雷思孝编写，全书由雷思孝统稿，刘畅生审稿。

　　本书在编写过程中，受到了西安电子科技大学计算机学院、通信工程学院的领导及各位老师的热情关怀和大力支持，得到了西安电子科技大学出版社副总编辑陈宇光、副编审云立实、编辑潘恩祥的及时帮助，在此表示诚挚的感谢。同时，在本书编写过程中，借鉴了许多现有优秀教材的宝贵经验，也对各位作者表示衷心的感谢。

　　李伯成教授在百忙中对本书的编写提出了许多非常有益的意见，在此表示衷心感谢。

　　由于编者水平有限，加之时间仓促，书中错误和不妥之处在所难免，敬请诸位读者不吝指正。

编　者

于西安电子科技大学

2005 年元月

目　　录

第1章　单片机系统概述 …………… 1
　1.1　单片机内部结构及特点 ………… 2
　1.2　单片机的发展与分类 …………… 3
　　1.2.1　单片机的发展 …………… 3
　　1.2.2　单片机的分类 …………… 4
　1.3　单片机技术的发展趋势 ………… 6
　1.4　单片机的应用领域 ……………… 7
　习题1 ……………………………… 8

第2章　单片机硬件系统设计基础 … 9
　2.1　51系列单片机家族成员 ………… 9
　　2.1.1　Intel 公司的 MCS-51
　　　　　系列单片机 ……………… 9
　　2.1.2　Atmel 公司的 AT89
　　　　　系列单片机 ……………… 10
　　2.1.3　Atmel 公司的 AT89C2051
　　　　　单片机 …………………… 12
　　2.1.4　Philips 公司的 51 系列单片机 … 13
　2.2　51系列单片机内部结构及
　　　　引脚功能 ………………………… 14
　　2.2.1　51 系列单片机内部结构 … 14
　　2.2.2　51 系列单片机外部引脚及功能 … 15
　2.3　单片机 CPU 基本模型 ………… 17
　　2.3.1　算术逻辑单元 ALU、累加器 ACC
　　　　　及寄存器 B ………………… 18
　　2.3.2　程序状态字 PSW …………… 18
　　2.3.3　程序计数器 PC ……………… 19
　　2.3.4　堆栈指针 SP ………………… 19
　　2.3.5　数据指针寄存器 DPTR ……… 19
　2.4　51系列单片机存储器结构 ……… 20
　　2.4.1　存储器分类及配置 ………… 20
　　2.4.2　程序存储器 ………………… 20
　　2.4.3　内部数据存储器 …………… 22
　　2.4.4　外部数据存储器 …………… 26
　2.5　单片机的并行端口及应用 ……… 26
　　2.5.1　并行端口的内部结构 ……… 26
　　2.5.2　并行端口的应用 …………… 29

　　2.5.3　并行端口的负载能力 ……… 31
　2.6　单片机时序 ……………………… 31
　　2.6.1　几个基本概念 ……………… 32
　　2.6.2　CPU 取指令和执行
　　　　　指令的时序 ………………… 32
　2.7　时钟及复位电路 ………………… 34
　　2.7.1　时钟电路 …………………… 34
　　2.7.2　复位电路 …………………… 35
　习题2 ……………………………… 37

第3章　指令系统与编程技术 ……… 38
　3.1　51系列单片机指令系统概述 …… 38
　　3.1.1　51 系列单片机指令特点及分类 … 38
　　3.1.2　51 系列单片机汇编语言
　　　　　指令格式 …………………… 39
　　3.1.3　指令长度和指令周期 ……… 40
　3.2　51系列单片机寻址方式 ………… 41
　　3.2.1　立即寻址 …………………… 41
　　3.2.2　寄存器寻址 ………………… 41
　　3.2.3　直接寻址 …………………… 42
　　3.2.4　寄存器间接寻址 …………… 43
　　3.2.5　变址寻址 …………………… 43
　　3.2.6　相对寻址 …………………… 44
　　3.2.7　位寻址 ……………………… 44
　3.3　指令系统 ………………………… 45
　　3.3.1　数据传送指令 ……………… 45
　　3.3.2　算术运算指令 ……………… 52
　　3.3.3　逻辑运算指令与移位指令 … 55
　　3.3.4　控制转移指令 ……………… 57
　　3.3.5　位操作指令 ………………… 63
　3.4　常用伪指令 ……………………… 65
　3.5　程序设计技术 …………………… 67
　　3.5.1　数据运算与处理 …………… 67
　　3.5.2　程序分支与转移 …………… 68
　　3.5.3　程序的散转 ………………… 70
　　3.5.4　循环程序设计 ……………… 72
　习题3 ……………………………… 75

第4章　中断系统与定时器应用 ………… 79

4.1　51系列单片机的中断系统 ……… 79

4.1.1　中断的概念 ………………… 79

4.1.2　中断源 …………………… 80

4.1.3　中断控制 ………………… 82

4.1.4　中断响应 ………………… 84

4.1.5　中断系统的应用 ………… 85

4.2　定时器/计数器 ………………… 88

4.2.1　定时器/计数器的基本原理 … 88

4.2.2　定时器/计数器的控制方式 … 89

4.2.3　定时器/计数器的工作方式 … 90

4.2.4　定时器/计数器的应用 …… 93

4.2.5　应用实例 ………………… 94

习题4 …………………………… 100

第5章　串行通信技术 …………… 102

5.1　基本概念 …………………… 102

5.2　51系列单片机串行通信接口 … 106

5.2.1　串行口组成及相关寄存器 … 106

5.2.2　串行口的工作方式 ……… 107

5.2.3　波特率设置 ……………… 110

5.2.4　多机通信 ………………… 113

5.3　串行口应用实例 ……………… 114

5.3.1　利用串行口扩展LED显示器 … 114

5.3.2　利用串行口输入开关量 … 115

5.3.3　双机通信系统 …………… 116

5.3.4　电流环在通信系统中的应用 … 119

5.4　RS-232C串行总线及应用 …… 120

5.4.1　RS-232C总线 ………… 120

5.4.2　RS-232C在工程中的应用 … 122

习题5 …………………………… 125

第6章　单片机系统扩展及应用 … 127

6.1　单片机系统总线的形成 ……… 127

6.2　外部数据存储器的扩展 ……… 129

6.2.1　全译码 …………………… 130

6.2.2　部分译码 ………………… 133

6.2.3　线选法 …………………… 134

6.3　外部程序存储器的扩展 ……… 135

6.3.1　EPROM扩展 …………… 135

6.3.2　E²PROM扩展举例 ……… 137

6.4　并行I/O端口扩展技术 ……… 139

6.4.1　简单I/O端口的扩展 …… 140

6.4.2　LED数码显示器扩展 …… 141

6.4.3　键盘接口 ………………… 146

6.4.4　8255A可编程并行I/O

接口扩展 ………………… 150

6.5　单片机系统扩展举例 ………… 156

6.5.1　LED点阵式大屏幕显示器设计

………………… 156

6.5.2　智能电子钟设计 ………… 159

6.5.3　D/A转换器 ……………… 164

6.5.4　A/D转换器 ……………… 169

6.5.5　智能温度计设计 ………… 173

6.5.6　红外遥控器设计 ………… 175

习题6 …………………………… 177

第7章　单片机应用系统开发环境 …… 181

7.1　开发系统的组成与功能 ……… 181

7.1.1　在线仿真功能 …………… 182

7.1.2　调试功能 ………………… 182

7.1.3　辅助设计功能 …………… 183

7.1.4　程序固化功能 …………… 184

7.2　应用系统调试 ………………… 184

7.2.1　硬件调试方法 …………… 184

7.2.2　软件调试方法 …………… 186

7.3　单片机仿真系统举例 ………… 187

7.3.1　仿真器功能 ……………… 187

7.3.2　仿真器硬件介绍 ………… 187

7.3.3　软件安装 ………………… 188

习题7 …………………………… 189

第8章　单片机应用系统设计 …… 190

8.1　系统设计内容 ………………… 190

8.1.1　硬件系统组成 …………… 190

8.1.2　系统设计内容 …………… 193

8.2　系统开发过程 ………………… 193

8.2.1　需求分析与市场调研 …… 194

8.2.2　可行性分析 ……………… 194

8.2.3　方案设计 ………………… 194

8.2.4　样机研制 ………………… 195

8.2.5　系统调试 ………………… 195

8.2.6　批量生产 ………………… 195

8.3　系统设计方法 ………………… 195

8.3.1　熟悉设计对象 …………… 195

8.3.2 确定 I/O 类型和数量 ·········· 196
8.3.3 单片机选型 ············· 198
8.3.4 确定存储器 ············· 199
8.3.5 确定 I/O 接口芯片 ········· 199
8.3.6 系统设计 ·············· 200
8.3.7 实验板设计 ············· 202
8.3.8 实验电路调试 ············ 203
8.3.9 系统结构设计 ············ 205
8.4 系统调试 ················ 206
8.4.1 常用调试工具 ············ 206
8.4.2 系统调试方法 ············ 209
习题 8 ··················· 213

第 9 章 系统抗干扰设计 ········ 214
9.1 干扰源分析 ··············· 214
9.2 硬件抗干扰技术 ············· 215
9.2.1 元器件选用 ············· 215
9.2.2 接插件选择 ············· 216
9.2.3 印制电路板抗干扰技术 ······· 216
9.2.4 执行机构抗干扰技术 ········· 217
9.3 软件抗干扰技术 ············· 217
9.3.1 设置软件陷阱 ············ 217
9.3.2 软件看门狗 ············· 218
9.3.3 软件冗余技术 ············ 219
9.3.4 软件抗干扰设计 ··········· 219
9.3.5 软件自诊断技术 ··········· 220
9.4 电源抗干扰技术 ············· 221
9.4.1 电源系统干扰源 ··········· 221
9.4.2 电源抗干扰措施 ··········· 222
9.5 系统接地技术 ·············· 223
9.5.1 系统地线分类 ············ 223
9.5.2 地线的处理原则 ··········· 223

9.6 I/O 通道抗干扰技术 ·········· 224
9.6.1 开关信号的抗干扰措施 ······· 224
9.6.2 模拟通道的抗干扰设计 ······· 226
9.6.3 长线传输的抗干扰技术 ······· 227
习题 9 ··················· 229

第 10 章 实用外围电路设计 ····· 230
10.1 运算放大器实用技术 ········· 230
10.1.1 理想运算放大器 ·········· 230
10.1.2 基本运算电路 ··········· 231
10.1.3 实用电路 ············· 232
10.1.4 保护电路 ············· 239
10.2 电流/电压转换电路 ········· 240
10.2.1 电压/电流转换电路 ········ 240
10.2.2 电流/电压转换电路 ········ 241
习题 10 ·················· 241

第 11 章 常用传感器 ········· 242
11.1 传感器概述 ·············· 242
11.2 传感器选择与应用 ·········· 247
11.3 传感器的抗干扰技术 ········· 248
11.4 智能传感器 ·············· 251
11.4.1 智能传感器概述 ·········· 251
11.4.2 智能传感器的组成及功能 ····· 252
习题 11 ·················· 254

附录 A: ASCII 字符表 ········· 255
附录 B: 按字母顺序排列 51 系列
单片机指令一览表 ········· 256
附录 C: 按功能排列 51 系列
单片机指令表 ··········· 260

参考文献 ················ 264

第 1 章

单片机系统概述

本章要点与学习目标：

　　本章介绍了单片机的内部结构、单片机应用系统的特点与发展概况。通过对本章的学习，读者应掌握以下知识点：

- 单片机的内部结构及特点；
- 单片机的分类与单片机技术的发展趋势；
- 单片机的应用领域。

　　单片机是一种集成电路芯片，采用超大规模技术把具有数据处理能力（如算术运算、逻辑运算、数据传送、中断处理等）的微处理器（CPU）、随机数据存储器（RAM）、只读存储器（ROM）、输入/输出电路（I/O 口）等电路集成到单块芯片上，构成一个最小而完善的计算机系统。有的还包括定时器/计数器、串行通信口、显示驱动电路（LCD 或 LED 驱动电路）、脉宽调制电路（PWM）、模拟多路转换器及 A/D 转换器等电路，这些电路能在软件的控制下准确、迅速、高效地完成程序设计者事先规定的任务。它能够单独地完成现代工业控制系统所要求的智能化控制功能。

　　单片机不同于单板机，芯片在没有开发前，它只是具备功能极强的超大规模集成电路，如果赋予它特定的程序，它便是一个最小的、完整的微型计算机控制系统。单片机与单板机或个人电脑（PC 机）有着本质的区别，单片机的应用属于芯片级应用，需要用户了解单片机芯片的结构和指令系统以及其他集成电路应用技术和系统设计所需要的理论和技术，用这样特定的芯片设计应用程序，从而使该芯片具备特定的功能。

　　不同的单片机有着不同的硬件结构和指令系统，即它们的技术特征不尽相同，硬件特征取决于单片机芯片的内部结构，设计人员必须了解其性能是否满足需要的功能和应用系统所要求的特性指标。这里的技术特征包括功能特性、控制特性和电气特性等，这些信息可以从生产厂商的技术手册中得到。指令特性即我们熟悉的单片机的寻址方式、数据处理和逻辑处理方法、输入/输出特性等。开发环境包括指令的兼容性及可移植性，软、硬件资源等。要利用单片机开发实际应用系统，就必须掌握其硬件结构特征、指令系统和开发环境。

　　单片机控制系统能够取代以前利用复杂电子线路或数字电路构成的控制系统，可以用软件来实现产品智能化。现在单片机控制范畴无所不在，如通信产品、家用电器、智能仪器仪表、过程控制和专用控制装置等，其应用领域越来越广泛。

　　单片机的应用意义远不限于它的应用范畴或由此带来的经济效益，更重要的是它已从根本上改变了传统的控制方法和设计思想。

　　随着嵌入式系统的快速发展及其在各个领域的广泛应用，人们对电子设备小型化、智能化要求越来越高，作为高新技术之一的单片机以其体积小、功能强、价格低、使用灵活等特点，显示出其明显的优势和广泛的应用前景。在航空航天、机械加工、智能仪器仪表、家用电器、通信系统、智能玩具等领域，单片机都正在发挥着巨大的作用。可以认为，单片机应用技术已成为现代电子技术应用领域十分重要的技术之一，是工程技术人员必备的知识和技能，它能够使您设计的产品更具智能化和先进性。本章将重点介绍单片机应用系统的特点及发展概况。

1.1　单片机内部结构及特点

　　所谓单片机（Single Chip Microcomputer），是指在一块芯片中，集成有中央处理器（CPU）、存储器（RAM 和 ROM）、基本 I/O 端口以及定时器/计数器等部件并具有独立指令系统的智能器件，即在一块芯片上实现一台微型计算机的基本功能，其基本结构如图 1.1 所示。

图 1.1　单片机内部结构框图

1. 中央处理器 CPU

　　CPU 是单片机的核心部件，由运算器和控制器组成，完成算术运算和逻辑操作，单片机的字长有 4 位、8 位、16 位和 32 位之分，字长越长运算速度越快，数据处理能力也越强。

2. 存储器

　　通常单片机存储器采用哈佛结构，即 ROM 和 RAM 存储器是分开编址的。ROM 存储器容量较大，RAM 存储器的容量较小。

　　1）ROM 存储器

　　ROM 存储器一般有 1～32 KB，用于存放应用程序，故又称为程序存储器。由于单片机主要应用于控制系统，通常嵌入被控对象中，因此一旦该系统研制成功，其硬件和应用程序均已定型。为了提高系统的可靠性，应用程序通常固化在片内 ROM 中。根据片内 ROM 的结构，单片机又可分为无 ROM 型、ROM 型、EPROM 型和 E^2 PROM 型。近年来，又出现了 Flash 型 ROM 存储器。

　　无 ROM 型的单片机片内不集成 ROM 存储器，故应用程序必须固化到外部 ROM 存储器芯片中，才能构成有完整功能的单片机应用系统。ROM 型单片机内部程序存储器是采用掩膜工艺制成的，程序一旦固化进去便不能修改。EPROM 型单片机内部程序存储器是采用特殊 FAMOS 管构成的，程序写入后，可通过紫外线擦除，重新写入。而 E^2PROM 型单片机内部程序存储器可以直接用电信号编程和擦除，使用起来十分方便，深受开发设计人员欢迎。

2）RAM 存储器

通常，单片机片内 RAM 存储器容量为 64～256 B，有的可达 48 KB。RAM 存储器主要用来存放实时数据或作为通用寄存器、堆栈和数据缓冲器之用。

3. I/O 接口和特殊功能部件

I/O 接口电路有串行和并行两种。串行 I/O 用于串行数据传输，它可以把单片机内部的并行数据变成串行数据向外传送，也可以串行接收外部送来的数据，并把它们变成并行数据送给 CPU 处理。并行 I/O 端口可以使单片机和存储器或外设之间实现并行数据传送。

通常，特殊功能部件包括定时器/计数器、A/D、D/A、DMA 通道、系统时钟、中断系统和串行通信接口等模块。定时器/计数器用于产生定时脉冲，以实现单片机的定时控制；A/D 和 D/A 转换器用于模拟量和数字量之间的相互转换，以完成实时数据的采集和控制；DMA 通道可以使单片机和外设之间实现数据的快速传送；串行通信接口可以很方便地实现单片机系统与其他系统的数据通信。总之，某一单片机内部究竟包括哪些特殊功能部件，以及特殊功能部件的数量，便确定了其应用领域。

在单片机应用系统中，如果是简单的控制对象，只需利用单片机作为控制核心构成最小系统，不需另外增加外部电路就能完成。对于较复杂的系统，需要对单片机进行某些扩展，使用十分方便。单片机及应用系统归纳起来有以下特点：

（1）单片机具有独立的指令系统，可以将我们的设计思想充分体现出来，使产品智能化。

（2）系统配置以满足控制对象的要求为出发点，使得系统具有较高的性能价格比。

（3）应用系统通常将程序驻留在片内（外）ROM 中，抗干扰能力强，可靠性高，使用方便。

（4）单片机本身不具有自我开发能力，一般需借助专用的开发工具进行系统开发和调试，但最终形成的产品简单实用，成本低，效益高。

（5）应用系统所用存储器芯片可选用 EPROM、E^2PROM、OTP 芯片或利用掩膜形式生产，便于批量生产和应用。大多单片机如 51 系列，开发芯片和扩展应用芯片相互配套，降低了系统成本。

（6）由于系统小巧玲珑，控制功能强、体积小，便于嵌入被控设备内，大大推动了产品的智能化。如数控机床、机器人、智能仪器仪表、洗衣机、电冰箱、电视机等都是典型的机电一体化设备和产品。

1.2　单片机的发展与分类

1.2.1　单片机的发展

单片机是随着微型计算机、单板机的发展及其在智能测控系统中的应用而发展起来的。以 8 位单片机芯片出现开始，大致可归纳为 4 个阶段。

第 1 阶段：低性能单片机阶段（1976～1980 年）。该阶段是以较简单的 8 位低档单片机为主，将原有的单板机功能集成在一块芯片上，使该芯片具有原来单板机的功能。其主要代表芯片为 Intel 公司的 MCS-48 系列，该芯片内集成了 8 位 CPU、并行 I/O 接口、8 位定时器/计数器，寻址范围为 4 KB，没有串行通信接口。

第 2 阶段：高性能单片机阶段（1980～1983 年）。该阶段仍以 8 位机为主，主要增加了串行口、多级中断处理系统、16 位定时器/计数器，除片内 RAM、ROM 容量加大外，片外寻址范围达 64 KB，有的片内还集成有 A/D、D/A 转换器。这一阶段单片机以 Intel 公司的 MCS-51 系列、Motorola 公司的 6801 系列和 Zilog 公司的 Z8 系列为代表。上述机型由于功能强，使用方便，目前仍被广泛应用。

第 3 阶段：（1983 年～20 世纪 80 年代末），推出了高性能的 16 位单片机。性能更加完善，主频速率提高，运算速度加快，具有很强的实时处理能力，更加适用于速度快、精度高、响应及时的应用场合。其主要代表为 Intel 公司的 MCS-96 系列等。

第 4 阶段：（20 世纪 90 年代）单片机在集成度、速率、功能、可靠性、应用领域等全方位地向更高水平发展。CPU 数据线有 8 位、16 位、32 位，采用双 CPU 结构及内部流水线结构，以提高数据处理能力和运算速度；采用内部锁相环技术，时钟频率已高达 50 MHz，指令执行速率提高；提供了运算能力较强的乘法指令和内积运算指令，具有较强的数据处理能力；设置了新型的串行总线结构，系统扩展更加方便；增加了常用的特殊功能部件（如系统看门狗（Watchdog）、通信控制器、调制解调器、脉宽调制输出 PWM 等）。随着微电子技术的发展和半导体工艺的不断改进，芯片正向着高集成度、低功耗的方向发展。随着应用范围的不断扩大，专用单片机也得到了迅速发展。

1.2.2　单片机的分类

20 世纪 80 年代以来，单片机有了新的发展，各半导体器件厂商也纷纷推出各自的系列产品。迄今为止，市售单片机产品已达近百种系列，近千个品种。按照 CPU 对数据处理位数来分，单片机通常可以分为以下 4 类。

1. 4 位单片机

4 位单片机的控制功能较弱，CPU 一次只能处理 4 位二进制数。这类单片机常用于计算器、各种形态的智能单元以及作为家用电器的控制器等。典型产品有美国 NS（National semiconductor）公司的 COP4XX 系列、Toshiba 公司的 TMP47XXX 系列以及 Panasonic 公司的 MN1400 系列等单片机。

2. 8 位单片机

8 位单片机的控制功能较强，品种最为齐全。和 4 位单片机相比，8 位单片机不仅有较大的存储容量和寻址范围，按字节处理十分方便，而且具有丰富的中断源、并行 I/O 接口、定时器/计数器、全双工串行通信接口等。在指令系统方面，普遍增设了乘除指令和比较指令。特别是 8 位机中的高性能增强型单片机，除片内增加了 A/D 和 D/A 转换器以外，还集成有定时器捕捉/比较寄存器、监视定时器（Watchdog）、总线控制部件和晶体振荡电路等。这类单片机由于其片内资源丰富和功能强大，主要应用于工业控制、智能仪器仪表、家用电器和办公自动化系统等领域。代表产品有 Intel 公司的 MCS-51 系列机、荷兰 Philips 公司的 80C51 系列机、Motorola 公司的 M6805 系列机、Microchip 公司的 PIC 系列和 ATMEL 公司的 AT89 系列机等。图 1.2 所示为 DIP 封装的 89C2051、8031 单片机。

图 1.2　DIP 封装的 89C2051、8031 单片机

　　由于 8 位机应用十分广泛，也是广大工程技术人员学习和应用单片机技术的基本机型，因此，本教材仍以 8 位机的 51 系列为描述对象，介绍单片机原理及工程应用技术。

3. 16 位单片机

　　16 位单片机是在 1983 年以后发展起来的。这类单片机的特点是：CPU 为 16 位，运算速度普遍高于 8 位机，有的单片机的寻址能力高达 1 MB，片内含有 A/D 和 D/A 转换电路，支持高级语言等。16 位单片机主要用于过程控制、智能仪器仪表、家用电器、智能控制器以及 8 位单片机不能满足技术要求的场合。典型产品有 Intel 公司的 MCS - 96/98 系列机、Motorola 公司的 M68HC16 系列机、NS 公司的 HPC 系列机等。图 1.3 所示为 PLCC 封装的 80196 单片机。

图 1.3　PLCC 封装的 80196 单片机

4. 32 位单片机

　　32 位单片机的字长为 32 位，是目前单片机的顶级产品，具有极高的运算速度。近年来，随着微电子技术的快速发展，32 位单片机的市场前景看好。这类单片机的代表产品有 Motorola 公司的 M68300 系列机、英国 Inmos 公司的 IM - ST414 和日立公司的 SH 系列机等。

1.3　单片机技术的发展趋势

随着微电子技术的迅速发展，目前各个公司研制出了能够适用各种应用领域的单片机。高性能单片机芯片市场也异常活跃，采用新技术，使单片机的种类、性能不断提高，应用领域迅速扩大。如 ATMEL 公司开发的 AT89C51 芯片，片内含有 4 KB Flash 存储器；AT89C51FA 芯片，片内有 8 KB Flash 存储器；89C51FB 片内含 16 KB Flash 存储器；凌阳公司推出的 SPCE061A 芯片，片内有 32 KW Flash 存储器，2 KW RAM。使得片内可储存的程序量增加，控制能力增强。单片机性能的提高和改进归纳起来，有以下几个方面：

1. CPU 的改进

（1）采用双 CPU 结构，提高了芯片的处理能力，如 Rockwell 公司的 R6500/21 和 R65C29 单片机均采用双 CPU 结构，大大提高了系统的处理能力。

（2）增加数据总线宽度，提高数据处理能力，从 8 位、16 位到 32 位。

（3）采用流水线结构，类似于高性能的微处理器，提高了运行速度，能够实现简单的 DSP 功能，适合于作数字信号处理。

（4）串行总线结构，将外部数据总线改为串行传送方式，提高了系统的可靠性。

2. 存储器的发展

（1）增大片内存储器容量，有利于提高系统的可靠性。

（2）片内采用 E^2PROM 和 Flash，可在线编程，读/写更方便，可对某些需要保留的数据和参数长期保存，提高了单片机的可靠性和实用性，如 AT89C51、SPCE061A 等单片机。

（3）采用编程加密技术，可更好地保护知识产权。开发者希望软件不被复制、破译，可利用编程加密位或 ROM 加锁方式，达到程序保密的目的。

3. 内部资源增多

单片机内部资源通常由其片内功能体现出来。单片机片内资源越丰富，用它构成的单片机控制系统的硬件开销就越少，产品的体积就越小，可靠性就越高。近年来，世界各大半导体厂商热衷于开发增强型 8 位单片机，这类增强型单片机不仅可以把 CPU、RAM、ROM、定时器/计数器、I/O 接口和中断系统等电路集成进片内，而且片内新增了 A/D 转换器、D/A 转换器、监视定时器、DMA 通道和总线接口等，有些厂家还把晶振和 LCD 驱动电路也集成到芯片之中。所有这些，有力地拓宽了 8 位单片机的应用领域。

4. I/O 接口形式增多、性能提高

（1）增加驱动能力，减少了外围驱动芯片的使用，直接驱动 LED、LCD 显示器等，简化了系统设计，降低了系统成本。

（2）增加了异步串行通信口，提高了单片机系统的灵活性。

（3）增加了逻辑操作功能，具有位寻址操作，增强了操作和控制的灵活性。

（4）带有 A/D、D/A 转换器，可直接对模拟量信号输入和输出。

（5）并行 I/O 端口设置灵活，可以利用指令将端口的任一位设置为输入、输出、上拉、下拉和悬浮等状态。

（6）带有 PWM 输出，直接驱动控制小型直流电机调速，大大方便了使用。

5．引脚的多功能化

随着芯片内部功能的增强和资源的丰富，单片机芯片所需引脚数也会相应增多，这是难以避免的。例如，一个能寻址 1 MB 存储空间的 8 位单片机需要 20 条地址线和 8 条数据线。太多的引脚不仅会增加制造时的困难，而且会使芯片的集成度大为减少。为了减少引脚数量和提高应用灵活性，单片机普遍采用了管脚复用的设计方案。

6．低电压和低功耗

在许多应用场合，单片机不仅要体积小，而且还需要低电压、低功耗。因此，制造单片机时普遍采用 CMOS 工艺，并设有空闲和掉电两种工作方式。例如，美国 Microchip 公司的 PIC6C5X 系列单片机正常工作电流为 2 mA，空闲方式（3 V 32 MHz）下为 15 μA，待命工作状态（2.5 V 电源电压）下为 0.6 μA，采用干电池供电十分方便。

随着微电子技术的不断发展，单片机正朝着高集成度、低能耗、低电压、多功能的方向发展。

1.4 单片机的应用领域

由于单片机体积小、价格低、可靠性高、适用面宽、有其本身的指令系统等诸多优势，在各个领域、各个行业都得到了广泛应用。单片机的应用领域可归纳为以下几个方面：

1．机电一体化

机电一体化是机械设备发展的方向。用单片机代替常规的逻辑顺序控制，简化了机械结构设计，提高了控制性能，更重要的是实现了产品智能化。当前的许多产品，如数控车床、机械手等都采用了这种方式。最典型的机电一体化产品是机器人，它的每个关节或动作部位都是由一个单片机系统控制的。

2．集散数据采集系统

在实时控制系统中，要求数据采集具有较好的同步性和实时性，若采用单个计算机顺序采集，则存在采集不同步，实时性差等缺点，以致造成计算、处理上的误差，引起分析统计困难。使用单片机作为系统的前端采集单元，由主控计算机发出同步采集命令，当采集完成后，将采集到的数据再逐一传送到主机中进行处理，保证了同步数据采集，如气象部门、供电系统、自来水管网、过程控制等均可采用集散数据采集与控制系统。

3．分布式控制系统

通常分布式控制系统采用模块化设计，而单片机正是某些模块的控制中心，如生产线、过程控制、遥测遥控系统等。

4．智能仪器仪表

单片机的应用使仪器仪表的智能化程度越来越高，如自动计费电度表、燃气表等。许多工业仪表中的智能流量计、气体分析仪、成分分析仪等均采用了单片机作为控制单元。在各种检测仪器仪表中，单片机的应用更加广泛，如多功能信号发生器、智能电压电流测试仪、医疗器械、检测仪器等。

5. 家用电器

家用电器包括洗衣机、空调器、汽车控制系统、保安系统、电视机、摄像机、VCD 机、音响设备、电子秤、IC 卡、手机等。在这些设备中大量使用各种各样的单片机，使其性能提高很大，实现了智能化、最优化控制。

6. 终端及外部设备控制

计算机网络终端设备，如银行终端、数据采集终端机、GPS 电子地图、复印机等，以及计算机外部设备，如打印机、绘图仪、键盘和通信终端等，在这些设备中使用单片机，使其具有计算、存储、显示和数据处理功能，提高了设备的附加值。

7. 智能卡

IC 卡以其存储信息量大、安全方便、读卡简单、经济实用等优点，已经广泛应用于金融、商贸、交通、医疗卫生、公安税务等与人民生活息息相关的领域。据有关资料介绍，截至 2003 年 6 月我国已累计发放 IC 卡 13 亿张，并仍在迅速增长。

8. 智能电子玩具

利用具有语言处理能力单片机制造各种智能玩具，使玩具正在朝着智能化的方向发展，具有人机交互功能的电子玩具已成为玩具行业的新宠，也为单片机的应用开辟了广阔的新天地。

习　题　1

1.1　什么是单片机？它由哪几部分组成？何谓单片机应用系统？

1.2　简述单片机的特点？

1.3　简述单片机的发展过程及分类。

1.4　简述单片机的发展趋势。

1.5　结合自己的生活实际说明单片机的应用领域。

第 2 章

单片机硬件系统设计基础

本章要点与学习目标：

　　本章介绍了 MCS－51 系列单片机的硬件结构，包括 CPU 基本模型、存储器配置、单片机外部引脚及功能等。通过对本章的学习，读者应掌握以下知识点：

- CPU 的基本组成与专用寄存器的作用；
- 51 系列单片机存储器系统配置及特点；
- 51 系列单片机外部引脚及功能；
- 单片机的并行口及应用；
- 单片机的基本时序。

2.1　51 系列单片机家族成员

　　MCS－51 单片机是由美国的 Intel 公司开发研制的。该系列的单片机以其典型的体系结构和完善的专用寄存器集中管理方式，方便的逻辑位操作功能及丰富的指令系统，堪称一代"名机"，为之后的其他单片机的发展奠定了基础。正因为其优越的性能和完善的结构，导致后来的许多单片机生产厂商多沿用或参考了其体系结构。像 Atmel、Philips、Dallas 等著名的半导体公司都推出了兼容 MCS－51 的单片机产品，我国台湾的 Winbond 公司也推出了兼容 MCS－51 的单片机产品。这些著名厂商的加盟使 51 系列单片机获得了飞速发展，进一步丰富和发展了 51 系列单片机，产品性能得到了很大提升。为了使广大读者更好地了解和掌握 51 系列单片机的产品特点，以下对 51 系列单片机的家族成员作以简要介绍。

2.1.1　Intel 公司的 MCS－51 系列单片机

　　MCS－51 系列单片机是 Intel 公司于 1980 年推出的产品，与 MCS－48（Intel 公司于 1976 年推出的产品）单片机相比，其结构更先进，功能更强，增加了更多的电路单元和功能模块，指令数达 111 条。MCS－51 系列单片机是相当成功的产品，直到现在，MCS－51 系列或与其兼容的单片机仍是单片机应用领域中的主流产品。

　　MCS－51 系列单片机虽种类繁多，但总体来说可分为两个子系列：MCS－51 子系列和 MCS－52 子系列。MCS－51 子系列中典型机型有 8031、8051 和 8751 三种产品，而

MCS-52 子系列中也有 8032、8052 和 8752 3 种典型机型。各子系列的资源配置见表 2.1。

由表 2.1 可知，在子系列内各类芯片的主要区别在于片内有无程序存储器及存储器的类型(PROM、EPROM)。MCS-51 与 MCS-52 子系列不同的是片内程序存储器 ROM 从 4 KB 增至 8 KB；片内数据存储器由 128 个字节增至 256 个字节；增加了一个定时器/计数器；增加了 1～2 个中断源。另外，按照制造工艺可分为：HMOS 工艺(高密度短沟道 MOS 工艺)和 CHMOS 工艺(互补金属氧化物 HMOS 工艺)。在单片机型号中含字母 C 表示其制造工艺为 CHMOS 工艺，其余均为 HMOS 工艺。采用 CHMOS 技术制造的单片机功耗低。如 8051 功耗约为 630 mW，而 80C51 的功耗仅为 120 mW。低功耗有利于直流供电的应用场合，对便携式野外作业的仪器设备有非常重要的意义。

表 2.1　MCS-51 系列单片机资源配置一览表

系列	片内存储器（Byte）				定时器/计数器/位	并行 I/O /位	串行口	中断源	制造工艺	封装形式
	无 ROM	PROM	EPROM	RAM						
51 子系列	8031	8051 4 KB	8751 4 KB	128 B	2×16	4×8	1	5	HMOS	DIP
	80C31	80C51 4 KB	87C51 4 KB	128 B	2×16	4×8	1	5	CHMOS	
52 子系列	8032	8052 8 KB	8752 8 KB	256 B	3×16	4×8	1	6	HMOS	
	80C32	80C52 8 KB	87C52 8 KB	256 B	3×16	4×8	1	6	CHMOS	

2.1.2　Atmel 公司的 AT89 系列单片机

美国 Atmel 公司是世界著名的半导体制造公司，除生产各种专用集成电路外，Atmel 公司还为通信、家电、仪器仪表、IT 行业及各种应用系统提供性价比高的产品。Atmel 公司最引人注目的是它的 E^2PROM 电可擦除技术、Flash 存储器技术和优秀的生产工艺与封装技术。1994 年，Atmel 公司率先把 MCS-51 内核与其擅长的 Flash 存储技术相结合，推出了轰动业界的 AT89 系列单片机。Atmel 公司的这些先进技术用于单片机生产，使单片机在结构和性能等方面更具明显优势，AT89 系列产品进入中国市场十多年来已获得了巨大成功。至今，AT89 系列单片机在 51 兼容机市场上仍占有很大份额，其产品受到了众多用户的喜爱。

Atmel 公司的 AT89 系列单片机以 AT89C51 和 AT89C52 为代表，其主要单片机品种及其特性见表 2.2。它们是低电压、低功耗、高性能的 8 位单片机，除了与 MCS-51 指令系统兼容以外，还具有许多优点：器件采用 Atmel 公司的高密度、非易失性存储技术生产，内部含 Flash 存储器，可反复擦写 1000 次以上，有效地降低了开发成本；有更宽的工作电压范围(可达 4.0~6.0 V);软件设置的电源省电模式能停止 CPU 的工作进入睡眠状态,睡眠期间,定时器/计数器、串行口等均停止工作,RAM 中的数据被"冻结",直到下次被中断激活或硬件复位方可恢复工作。

表 2.2　AT89 系列单片机配置一览表

型号/特性	AT89 C51	AT89 C52	AT89 S51	AT89 S52	AT89 LS51	AT89 LS52	AT89 LV51	AT89 LV52
程序存储器 Flash	4 K	8 K	4 K	8 K	4 K	8 K	4 K	8 K
数据存储器	128	256	128	256	128	256	128	256
工作频率	33 MHz		24 MHz		16 MHz			
定时/计数器	2	3	2	3	2	3	2	3
串行接口	1							
ISP	yes							
工作电压	4.0~6.0 V				2.7~6.0 V			
封装形式	DIP, PLCC, PQFP							

现将 AT89C51 的主要特点归纳如下:
- 兼容 MCS-51 指令系统;
- 4 KB Flash ROM;
- 32 条双向 I/O 口线;
- 两个 16 位可编程定时器/计数器;
- 1 个串行接口;
- 低功耗空闲和掉电模式;
- 128×8 bit 内部 RAM;
- 可直接驱动 LED 显示器;
- 两个外部中断源;
- 时钟频率 0~24 MHz;
- 软件设置睡眠和唤醒功能。

AT89C51 和 AT89C52 有 3 种封装形式。图 2.1 给出了双列直插式封装(DIP, DualIn-line Package),DIP 封装与 MCS-51 系列单片机的引脚完全兼容,可互换使用。CMOS 工艺制造的低功耗芯片也采用塑封方型扁平式封装(PQFP, Plastic Quad Flat Package)和塑封有引线芯片载体封装(PLCC, Plastic Leaded Chip Carrier)形式,这两种封装采用 44 个引脚,其中 4 个引脚不用,其引脚排列如图 2.2 所示。

图 2.1　51 系列单片机 DIP 封装图

(a)　　　　　　　　　　　　　　　　(b)

图 2.2　51 系列单片机 PQFP 和 PLCC 封装图

（a）PQFP 封装图；（b）PLCC 封装图

2.1.3　Atmel 公司的 AT89C2051 单片机

除了上述 AT89 系列单片外，Atmel 还提供一种低价位、高性能、小尺寸的 8 位单片机 AT89C2051。AT89C2051 兼容 MCS-51 指令系统，其功能强大，但它只有 20 个引脚，采用 DIP-20 封装形式，其引脚配置如图 2.3 所示。

图 2.3　AT89C2051 引脚图

　　AT89C2051 内部含 2 KB 的 Flash 存储器，128 B 的 RAM。与 AT89C51 相比，AT89C2051 少了 P0 和 P2 两个并行端口。它为用户提供了 15 条可编程双向输入/输出(I/O)口线，这些 I/O 线能提供 20 mA 的电流，可直接驱动 LED 显示器，为应用系统的开发带来了方便。AT89C2051 为用户提供的 15 条可编程双向输入/输出口线中，P1 是一个完整的 8 位双向 I/O 口(P1.7～P1.0)，另有两个外中断口(INT0，INT1)，两个 16 位可编程定时计数器信号输入端(T0，T1)，全双向串行通信口数据接收端 RXD 和数据发送端 TXD，一个模拟比较放大器输入端(P1.0，P1.1 为同相或反相输入端)。

　　AT89C2051 的时钟频率可以为零，即具备可用软件设置的睡眠省电功能。省电模式中，片内 RAM 被冻结，内部时钟停止振荡，所有功能停止工作，直至系统被硬件复位方可继续运行。AT89C2051 单片机为用户提供了一个高性价比的系统设计方案。

2.1.4　Philips 公司的 51 系列单片机

　　Philips 公司在发展 51 系列单片机的低功耗、高速度和增强型功能上做出了不少贡献。Philips 公司的 51 系列单片机以 P89C51 为代表，该产品基于 80C51 内核、采用 Philips 高密度 CMOS 技术设计制造，包含中央处理单元，4 K 字节非易失性 Flash 只读程序存储器，128 字节内部数据存储器 RAM，32 个双向输入/输出(I/O)口线，3 个 16 位定时/计数器和 6 个中断源，4 个优先级中断嵌套结构，可用于多机通信的串行 I/O 口，I/O 扩展或全双工 UART，片内时钟振荡电路。

　　此外，P89C51 采用低功耗静态设计，宽工作频率(DC～33 MHz)，宽工作电压范围(2.7～5.5 V)，两种软件方式选择电源空闲和掉电模式。空闲模式下，冻结 CPU，而 RAM 定时器、串行口和中断系统维持其功能。由于是静态设计，因此在掉电模式下，时钟振荡停止，RAM 数据会得以保存，停止芯片内其他功能。CPU 被唤醒后，从时钟断点处恢复执行程序。P89C51 有 DIP40、PLCC44 和 LQFP44 等多种封装形式。

　　P89C51 单片机的主要功能如下：

- 基于 MCS-51 内核和指令系统；
- 4 KB Flash 只读程序存储器(ROM)；
- 32 个双向 I/O 口线；
- 128×8 bit 内部 RAM(可扩充 64 KB 外部存储器)；

- 3 个 16 位可编程定时器/计数器;
- 时钟频率 0～33 MHz;
- 6 个中断源;
- 双 DPTR 数据指针寄存器;
- 电源空闲和掉电模式;
- 布尔处理器;
- 全静态操作,双数据指示器;
- 4 个中断优先级嵌套;
- 外中断唤醒电源掉电模式;
- 全双工增强 UARL 通道;
- 可编程时钟输出(数据帧错误检测、自动地址识别)。

2.2　51 系列单片机内部结构及引脚功能

2.2.1　51 系列单片机内部结构

图 2.4 是按功能划分的 MCS - 51 系列单片机内部功能模块框图,各模块及其基本功能为:

(1) 一个 8 位中央处理器 CPU。它由运算器和控制部件构成,包括振荡电路和时钟电路,主要完成单片机的运算和控制功能,是单片机的核心部件,决定了单片机的主要性能。

(2) 4 KB(MCS - 52 子系列为 8 KB)的片内程序存储器,用于存放目标程序及一些原始数据和表格。51 系列单片机的地址总线为 16 位,确定了其程序存储器可寻址范围为 64 KB。

(3) 128 B(52 子系列为 256 字节)的片内数据存储器 RAM。习惯上把片内数据存储器称为片内 RAM,它是单片机中使用最频繁的数据存储器。由于其容量有限,合理的分配和使用好片内 RAM 有利于提高编程效率。

图 2.4　单片机内部功能模块图

（4）18 个（52 子系列为 21 个）特殊功能寄存器 SFR。用于控制和管理片内算术逻辑部件 ALU、并行 I/O 接口、串行通信口、定时器/计数器、中断系统、电源等功能模块的工作方式和运行状态。

（5）4 个 8 位并行 I/O 接口：P0 口、P1 口、P2 口、P3 口（共 32 线），用于输入或输出数据和形成系统总线。

（6）1 个串行通信接口。可实现单片机系统与计算机或与其他通信系统实现数据通信。串行口可设置为 4 种工作方式，分别用于多机系统通信、I/O 端口扩展或全双工异步通信（UART）。

（7）2 个（52 子系列为 3 个）16 位定时器/计数器。它可以设置为计数方式对外部事件进行计数，也可以设置为定时方式。计数或定时范围可通过编程来设定，具有中断功能，一旦计数或定时时间到，可向 CPU 发出中断请求，以便及时处理突发事件，提高系统的实时处理能力。

（8）具有 5 个（52 子系列为 6 个或 7 个）中断源。可以处理外部中断、定时器/计数器中断和串行口中断。常用于实时控制、故障自动处理、单片机系统与计算机或与外设间的数据通信及人—机对话等。

2.2.2　51 系列单片机外部引脚及功能

51 系列单片机的封装形式见图 2.1 和图 2.2 所示，其引脚功能分类如图 2.5 所示。

图 2.5　引脚功能分类示意图

51 系列单片机的 40 个引脚中有电源和地线引脚，2 个外接时钟源引脚，4 个控制信号或与其他电源复用的引脚和 32 条 I/O 口线。

1. 主电源引脚 Vcc 和 Vss

Vcc（40 脚）：接＋5 V 电源正端；

Vss（20 脚）：接电源地。

2. 外接时钟引脚 XTAL1 和 XTAL2

XTAL1（19 脚）：外接石英晶体振荡器的一端。在单片机内部有一个反相放大器，XTAL1 是该反相放大器的输入端，它与外接时钟源构成了片内振荡器。当采用外部时钟信号时，对于 HMOS 单片机，该引脚接地；对于 CHMOS 单片机，该引脚作为时钟振荡信号的输入端。

XTAL2(18 脚)：外接石英晶体振荡器的另一端。它接至单片机内部振荡器的反相放大器的输出端。当采用外部时钟时，对于 HMOS 单片机，该引脚作为时钟振荡信号的输入端；对于 CHMOS 芯片，该引脚悬空。

3. 控制信号或与其他电源复用引脚

控制信号与其他电源复用引脚有 RST/VPD、ALE/PROG、$\overline{PSEN}$ 和 $\overline{EA}$/V$_{PP}$ 等 4 种形式。

(1) RST/V$_{PD}$(9 脚)：RST 即 RESET，V$_{PD}$ 为备用电源，该引脚为单片机的上电复位或掉电保护端。当单片机振荡器工作时，该引脚上出现持续两个机器周期的高电平，即可实现系统复位，使单片机回到初始状态(复位电路详情可参阅 2.7.2 节)。

当 V$_{CC}$ 发生故障、降低到低电平规定值或掉电时，该引脚可接上备用电源 V$_{PD}$(＋5± 0.5 V)为内部 RAM 供电，以保证 RAM 中的数据不丢失。

(2) ALE/PROG(30 脚)：地址锁存允许信号。当访问外部存储器时，在每个机器周期内 ALE 信号会出现两个正脉冲，用于锁存出现在 P0 口的低 8 位地址信息。在不访问外部存储器时，ALE 端仍以上述频率(振荡器频率的 1/6)周期性地输出正脉冲信号，此信号可作为外部其他部件的时钟脉冲或用于定时目的。例如，为单片机扩展 A/D 转换器时，常常把 ALE 作为 A/D 转换器的时钟源使用。但要注意，在访问片外数据存储器期间，ALE 信号会跳过一个正脉冲信号(详见 2.6.2 节)，因此在频率稳定性或定时精度要求较高的场合，若把 ALE 作为时钟信号就不妥当了。

对于片内含有 EPROM 的单片机，在 EPROM 编程期间，该引脚作为编程脉冲/PROG 的输入端。

(3) $\overline{PSEN}$(29 脚)：片外程序存储器读选通信号输出端，低电平有效。当从外部程序存储器读取指令或读取常数期间，每个机器周期 $\overline{PSEN}$ 两次有效，以通过数据总线口读取指令或数据。访问外部数据存储器期间，$\overline{PSEN}$ 信号将不出现。

(4) $\overline{EA}$/V$_{PP}$(31 脚)：$\overline{EA}$ 为访问外部程序存储器控制信号，低电平有效。当 $\overline{EA}$ 端为高电平时，单片机访问片内程序存储器 4 KB(MCS－52 子系列为 8 KB)。若超出此范围时，自动转去执行外部程序存储器的程序。当 $\overline{EA}$ 端为低电平时，无论片内有无程序存储器，均只访问外部程序存储器。

对于片内含有 EPROM 的单片机，在 EPROM 编程期间，该引脚用于接编程电源 V$_{PP}$。

4. 输入/输出(I/O)引脚 P0 口、P1 口、P2 口及 P3 口

(1) P0 口(39 脚～32 脚)：P0.0～P0.7。当不接外部存储器，也不扩展 I/O 接口时，它可作为准双向 8 位输入/输出接口。当接有外部存储器或扩展 I/O 接口时，P0 口为地址/数据分时复用端口。它分时提供低 8 位地址信息和 8 位双向数据信息。

(2) P1 口(1 脚～8 脚)：P1.0～P1.7。为准双向 I/O 接口。对于 MCS－52 子系列单片机，P1.0 与 P1.1 还有第 2 功能：P1.0 可用作定时器/计数器 2 的计数脉冲输入端 T2；P1.1 用作定时器/计数器 2 的外部控制端 T2EX。

(3) P2 口(21 脚～28 脚)：P2.0～P2.7，可作为普通准双向 I/O 接口。当构成系统总线时，P2 口作为高 8 位地址总线，传送高 8 位地址信息。

(4) P3 口(10 脚～17 脚)：P3.0～P3.7。为双功能端口，可以作为一般的准双向 I/O

接口使用,而每 1 位都具有第 2 功能,并且 P3 口的每一条引脚均可独立定义为第 1 功能的输入/输出或第 2 功能。P3 口的第 2 功能详见表 2.3。

表 2.3　P3 口第 2 功能表

引脚	符号	第 2 功能
P3.0	RXD	串行口输入端
P3.1	TXD	串行口输出端
P3.2	$\overline{INT0}$	外部中断 0 请求输入端
P3.3	$\overline{INT1}$	外部中断 1 请求输入端
P3.4	T0	定时器/计数器 0 计数脉冲输入端
P3.5	T1	定时器/计数器 1 计数脉冲输入端
P3.6	$\overline{WR}$	外部数据存储器写选通信号输出端,低电平有效
P3.7	$\overline{RD}$	外部数据存储器读选通信号输出端,低电平有效

综上所述,MCS-51 系列单片机外特性有以下特点:

(1) 单片机功能多,引脚少,因而许多引脚都具有第 2 功能;

(2) 单片机对外呈 3 总线形式,由 P2、P0 口构成 16 位地址总线;由 P0 口分时复用作为低 8 位地址总线与数据总线;由 ALE、$\overline{PSEN}$、$\overline{EA}$ 与 P3 口中的 $\overline{WR}$、$\overline{RD}$ 组成控制总线。

(3) 由于 51 系列单片机有 16 位地址线,因此存储器的寻址范围为 64 KB,程序存储器实行统一编址,片内、外共可寻址 64 KB。

2.3　单片机 CPU 基本模型

中央处理器 CPU 是单片机内部的核心部件,它决定了单片机的指令系统及主要功能。CPU 由运算器和控制器两部分组成。

运算器是以算术逻辑单元 ALU 为核心,加上累加器 A、寄存器 B、程序状态字 PSW 及专门用于位操作的布尔处理机等组成的,它可以实现数据的算术运算、逻辑运算、位变量处理和数据传送等操作。

控制器是单片机的神经中枢,它包括控制逻辑(时基电路、复位电路)、程序计数器 PC、指令寄存器、指令译码器、堆栈指针 SP、数据指针寄存器 DPTR 以及信息传送控制等部件。控制器以主振频率为基准产生 CPU 的时序,对指令进行译码,然后发出各种控制信号,完成一系列定时控制的微操作,协调单片机内部各功能部件之间的数据传送、数据运算等操作,对外发出地址锁存 ALE、外部程序存储器选通 $\overline{PSEN}$,数据存储器读($\overline{RD}$)、写($\overline{WR}$)等控制信号;处理复位 RST 和外部程序存储器访问控制 $\overline{EA}$ 信号,是单片机的控制中心。

为了使读者更直观地理解 CPU 内部各模块及其基本功能,迅速掌握 51 系列单片机的使用方法与编程技术,图 2.6 给出了 51 系列单片机 CPU 的基本编程模型。

图 2.6　CPU 基本编程模型

2.3.1　算术逻辑单元 ALU、累加器 ACC 及寄存器 B

算术逻辑单元 ALU 不仅能完成 8 位二进制数的加、减、乘、除、加 1、减 1 及 BCD 加法的十进制调整等算术运算,还可以实现 8 位变量的逻辑"与"、"或"、"异或"、"清零"及"置位"等逻辑操作,并具有数据传送、程序转移等功能。

累加器 ACC 简称累加器 A,是一个 8 位寄存器,它是 CPU 中使用最频繁的寄存器。利用 ALU 作算术、逻辑运算的操作数之一多来自于 A,运算结果也常保存于 A。

寄存器 B 在 ALU 进行乘、除法运算时有其专门的作用。执行乘法指令时,运算前存放其中一个乘数,指令执行后存放积的高 8 位;执行除法指令时,运算前 B 存放除数,指令执行后存放余数;不作乘、除法运算时,则作为通用寄存器使用。

2.3.2　程序状态字 PSW

程序状态字 PSW 又称为程序状态寄存器,是一个 8 位标志寄存器,保存指令执行结果的特征信息,以供程序查询和判别,其含义如下:

PSW.7　　　　　　　　　　　　　　　　　　　　　　　　　　PSW.0

C_Y	AC	F0	RS1	RS0	OV	—	P

C_Y(PSW.7):进位标志位。由硬件或软件置位和清零,表示运算结果是否有进位(或借位)。如果运算结果在最高位有进位输出(加法时)或有借位输入(减法时),则 $C_Y=1$,否则 $C_Y=0$。

AC(PSW.6):辅助进位(或称半进位)标志。它表示两个 8 位数运算时,低 4 位有无进位(借)位的状况。当低 4 位相加(或相减)时,若 D3 位向 D4 位有进位(或有借位)时,AC=1,否则 AC=0。在 BCD 码运算的十进制调整中要用到该标志。

F0(PSW.5):用户自定义标志位。用户可根据自己的需要用软件对 F0 赋以一定的含义,并根据 F0=1 或 0 来决定程序的执行方式。

RS1(PSW.4)、RS0(PSW.3):工作寄存器组选择位。可用软件置位或清零,用以确定当前使用的工作寄存器组。

OV(PSW.2)：溢出标志位。由硬件置位或清零。它反映运算结果是否有溢出(即运算结果的正确性)，有溢出时(结果不正确)OV＝1，否则 OV＝0。

溢出标志 OV 和进位标志 C_Y 是两种不同性质的标志。溢出是指有正、负号的两数运算时，运算结果超出了累加器以补码所能表示一个有符号数的范围(−128～＋127)。而进位则表示两数运算最高位(D7)相加(或相减)有无进(或借)位。一般来说，对带符号数的运算关心溢出标志位，而对无符号数的运算则关心进位标志位。

PSW.1：未定义。

P(PSW.0)：奇偶标志位。在执行指令后，单片机根据累加器 A 中 1 的个数是奇数还是偶数自动给该标志置位或清零。若 A 中 1 的个数为奇数，则 P＝1，否则 P＝0。该标志位常用于串行通信的奇偶校验位。

2.3.3　程序计数器 PC

程序计数器 PC 用于存放 CPU 要执行的下一条指令的地址。程序中的每条指令都有自己的存放地址(指令都存放在 ROM 区的某一单元)，CPU 要执行某条指令时，就把该条指令的地址码(即 PC 中的值)送到地址总线，从 ROM 中读取指令，当 PC 中的地址码被送上地址总线后，PC 会自动指向 CPU 要执行的下一条指令的地址。执行指令时，CPU 按 PC 的指示地址从 ROM 中读取指令，所读取指令码送入指令寄存器中，由指令译码器对指令进行译码，发出相应的控制信号，从而完成指令所指定的操作。

PC 是一个 16 位的专用寄存器，寻址范围为 64 KB(0000H～FFFFH)。系统复位后 PC 的初始值为 0000H。

程序计数器在物理上是独立的，它不属于特殊功能寄存器 SFR 块。即 PC 本身并没有地址，因而不可寻址，用户无法对它进行读/写，但是可以通过转移、调用、返回等指令改变其内容，以控制程序按要求转移。

2.3.4　堆栈指针 SP

51 系列单片机的堆栈区设定在片内 RAM 中。在特殊功能寄存器中有一个堆栈指针寄存器 SP，用 SP 指示栈顶的位置。SP 是 8 位专用寄存器，系统复位后 SP 的值为 07H。数据入栈时，先将堆栈指针 SP 的内容加 1，然后将数据送入堆栈(SP 指向的内部 RAM 单元)；数据出栈时，将 SP 所指向的内部 RAM 单元的内容送入 POP 指令给出的直接地址单元，再将堆栈指针 SP 的内容减 1。

2.3.5　数据指针寄存器 DPTR

数据指针寄存器 DPTR 是一个 16 位的专用寄存器，DPTR 主要用于存放 16 位的地址码。当 CPU 访问 64 KB 的外部数据存储器时，DPTR 作为间接寄存器使用；当 CPU 访问 64 KB 的程序存储器时，DPTR 用作基址寄存器。

DPTR 在特殊功能寄存器 SFR 中占用两个单元，其高字节寄存器为 DPH，低字节寄存器为 DPL。DPTR 既可作为一个 16 位的寄存器来使用，也可作为两个独立的 8 位的寄存器 DPH 和 DPL 来使用。

2.4　51 系列单片机存储器结构

2.4.1　存储器分类及配置

51 系列单片机存储器采用哈佛(Har-vard)结构,即将程序存储器和数据存储器分开,程序存储器和数据存储器有各自的寻址方式、寻址空间和控制系统。这种结构对于面向控制对象的单片机系统来说应用十分方便。为了满足用户需求,单片机尽可能地利用其自身资源提供多种存储器。51 系列单片机存储器有如下几种分类方法:

按物理结构分为:片内程序存储器、片外程序存储器、片内数据存储器和片外数据存储器 4 个部分。

按功能分为:程序存储器、内部数据存储器、特殊功能寄存器、位寻址区和外部数据存储器 5 部分。

按逻辑分为:程序存储器、内部数据存储器和外部数据存储器 3 部分,如图 2.7 所示。

图 2.7　51 系列单片机存储器结构
(a) 程序存储器;(b) 内部数据存储器;(c) 外部数据存储器

2.4.2　程序存储器

1. 程序存储器的编址

程序存储器是用来存放已调试完成的程序和常数表格的。由于单片机主要用于控制系统,因此一旦系统研制成功,其硬件、应用程序和常数表格均已定型。为了提高系统的可靠性,应用程序通常固化在程序存储器中。CPU 为了有序的工作设置了一个专用寄存器——程序计数器 PC,用以存放将要执行的指令地址。PC 的长度为 16 位,故程序存储器的寻址范围为 64 KB(0000H~FFFFH),也就是说,51 系列单片机具有 64 KB 的程序存储器空间。

根据程序存储器的组成原理,片内程序存储器分为 ROM 型、PROM 型、EPROM 型和 E^2PROM 型存储器。单片机型号不同,其片内程序存储器的种类也就不同,容量也有所差异。当片内程序存储器容量不够时,可以扩展外部程序存储器。如 80C51、87C51 和 89C51 单片机内部分别有 4 KB PROM、4 KB EPROM 和 4 KB E^2PROM 型程序存储器,其片内程序存储器编址为 0000H~0FFFH,片外扩展编址为 1000H~FFFFH。80C52、

87C52 和 89C52，内部分别有 8 KB PROM、8 KB EPROM 和 8 KB E²PROM 型程序存储器，片内编址为 0000H～1FFFH，片外扩展编址则为 2000H～FFFFH。而 80C31 和 80C32 片内没有程序存储器，只能用片外扩展的程序存储器，地址空间为 0000H～FFFFH，如图 2.7(a)所示。由此可见程序存储器的编址规律为：先片内、后片外，片内、片外连续统一编址，两者一般不要重叠。

CPU 执行程序时，是从片内程序存储器读取指令，还是从片外程序存储器读取指令，由单片机 $\overline{EA}$ 引脚电平的高低来决定。$\overline{EA}=1$ 为高电平时，先执行片内程序存储器的程序，当 PC 的值超过 0FFFH（对应 MCS-51 子系列低 4 KB）或 1FFFH（对应 MCS-52 子系列低 8 KB）时，将自动转向片外程序存储器执行；$\overline{EA}=0$ 为低电平时，CPU 执行片外程序存储器的程序。片内无程序存储器的 80C31、80C32 单片机，$\overline{EA}$ 引脚应设置为低电平。片内有程序存储器的芯片，如果 $\overline{EA}$ 引脚接低电平，将强行执行片外程序存储器中的程序，多用于在片外程序存储器中存放调试程序，使计算机工作在调试状态。该调试程序的编址可与片内程序存储器的编址重叠，借 $\overline{EA}$ 电平的变化实现分别访问。由此可见，究竟执行片内还是片外程序存储器的程序，由 $\overline{EA}$ 引脚的电平决定，而片内、外程序存储器的地址 0000H～FFFFH 是连续的，即片内、片外的程序存储器同属一个逻辑空间。

2. 程序入口地址

在系统设计时，程序占用的地址空间原则上可由用户任意安排。但 51 系列单片机程序初始运行的入口地址是固定的，用户不能随意更改。程序存储器中有复位和中断源共 7 个固定的入口地址，见表 2.4。

表 2.4　51 系列单片机复位、中断入口地址

功　　能	入口地址
系统复位	0000H
外部中断 0（INT0）	0003H
定时器/计数器 0 中断 T0	000BH
外部中断 1（INT1）	0013H
定时器/计数器 1 中断 T1	001BH
串行口中断	0023H
定时器/计数器 2 中断 T2（MCS-52 子系列）	002BH

单片机复位后程序计数器 PC 的内容为 0000H，CPU 从 0000H 单元开始读取指令执行程序。0000H 单元是系统的起始地址，一般在该单元存放一条无条件转移指令 LJMP addr16 跳转至用户程序的起始地址开始执行。

除 0000H 单元外，其他 6 个特殊单元分别对应 6 个中断源的中断服务程序的入口地址，用户也应该在这些入口地址存放 1 条无条件转移指令，跳转至相应中断源的中断服务程序起始地址。

另外，当 CPU 从片外程序存储器读取指令时，要相应提供片外程序存储器的地址信号和控制信号 ALE、$\overline{PSEN}$。关于片外扩展程序存储器访问地址及控制信号的作用将在第 6 章中介绍。

2.4.3　内部数据存储器

1. 内部数据存储器地址

51 系列单片机的内部数据存储器属随机存储器 RAM，由数据存储器和特殊功能寄存器两部分组成，如图 2.7(b)所示。数据存储器 RAM 有 128 B，其地址为 00H～7FH；特殊功能寄存器 SFR 模块占 128 B，其地址为 80H～FFH，两者地址连续但不重叠。

在 MCS - 52 子系列中，RAM 模块有 256 B，地址为 00H ～FFH，它比 51 子系列多 128 B。其中，高 128 字节的地址和 SFR 模块的地址是重叠的，地址编址都是 80H～FFH。但由于 CPU 访问内部数据存储器和特殊功能寄存器时，使用不同的寻址方式，因此并不会引起混乱。

2. 内部数据存储器 RAM

如图 2.8 所示，内部数据存储器 RAM 区分为工作寄存器区、位寻址区和数据缓冲区 3 个部分。

1）工作寄存器区

内部 RAM 区的 00H～1FH 为工作寄存器区，分为 4 个工作寄存器组，每组有 8 个工作寄存器用 R0～R7 表示，共占用 32 个内部 RAM 单元。寄存器组和 RAM 地址的对应关系，见表 2.5。

图 2.8　片内 RAM 区

表 2.5　工作寄存器对应 RAM 地址表

寄存器名	工作寄存器组地址			
	0 组	1 组	2 组	3 组
R0	00H	08H	10H	18H
R1	01H	09H	11H	19H
R2	02H	0AH	12H	1AH
R3	03H	0BH	13H	1BH
R4	04H	0CH	14H	1CH
R5	05H	0DH	15H	1DH
R6	06H	0EH	16H	1EH
R7	07H	0FH	17H	1FH

工作寄存器共有 4 组，但程序每次只能选择一组作为当前工作寄存器组使用。究竟选择哪一组由程序状态字 PSW 中的 PSW.4(RS1)和 PSW.3(RS0)两位来确定，其对应关系见表 2.6。CPU 通过指令修改 PSW 中 RS1 和 RS0 两位的状态，即可选定一个工作寄存器组。这一特点使 51 系列单片机具有快速现场保护功能，在调用子程序、执行中断服务程序等场合十分有用，可以提高程序的效率和中断响应速度。若程序中并不要 4 个工作寄存器组，那么其他工作寄存器组所对应的单元也可以作为一般的数据缓冲区使用。在实际应用中，内部 RAM 的 00H～1FH 单元尽量作为工作寄存器区使用，这对程序设计十分有利。

表 2.6 工作寄存器组的选择表

PSW.4(RS1)	PSW.3(RS0)	工作寄存器组
0	0	0 组(00H～07H)
0	1	1 组(08H～0FH)
1	0	2 组(10H～17H)
1	1	3 组(18H～1FH)

2) 位寻址区

RAM 区中 20H～2FH 单元为位寻址区,这 16 个单元(共计 128 位)的每 1 位都有一个位地址,其范围为 00H～7FH,见表 2.7。位寻址区的每一位都可当作为软件触发器,由程序直接进行位处理。通常可以把各种程序状态标志、位控制变量、位状态暂存于位寻址区内。当然,位寻址的 RAM 单元也可以按字节操作作为一般的数据缓冲器使用。

表 2.7 内部 RAM 中的位地址表

字节地址	位 地 址							
	D7	D6	D5	D4	D3	D2	D1	D0
2FH	7FH	7EH	7DH	7CH	7BH	7AH	79H	78H
2EH	77H	76H	75H	74H	73H	72H	71H	70H
2DH	6FH	6EH	6DH	6CH	6BH	6AH	69H	68H
2CH	67H	66H	65H	64H	63H	62H	61H	60H
2BH	5FH	5EH	5DH	5CH	5BH	5AH	59H	58H
2AH	57H	56H	55H	54H	53H	52H	51H	50H
29H	4FH	4EH	4DH	4CH	4BH	4AH	49H	48H
28H	47H	46H	45H	44H	43H	42H	41H	40H
27H	3FH	3EH	3DH	3CH	3BH	3AH	39H	38H
26H	37H	36H	35H	34H	33H	32H	31H	30H
25H	2FH	2EH	2DH	2CH	2BH	2AH	29H	28H
24H	27H	26H	25H	24H	23H	22H	21H	20H
23H	1FH	1EH	1DH	1CH	1BH	1AH	19H	18H
22H	17H	16H	15H	14H	13H	12H	11H	10H
21H	0FH	0EH	0DH	0CH	0BH	0AH	09H	08H
20H	07H	06H	05H	04H	03H	02H	01H	00H

3）数据存储区

RAM 区中 30H～7FH 是数据存储区，即用户 RAM 区，共 80 个单元。（MCS - 52 子系列片内 RAM 有 256 个单元，寄存器组和位寻址区地址及 MCS - 51 子系列一致。用户 RAM 区从 30H 到 FFH，共 208 个单元。）

4）堆栈与堆栈指针

51 系列单片机的堆栈区设定在片内 RAM 中。SP 为堆栈指针寄存器，其长度为 8 位，系统复位后 SP 的初值为 07H。堆栈是向上生长型，如图 2.9 所示。

图 2.9　堆栈示意图

单片机堆栈区域不是固定的，原则上可设在内部 RAM 的任意区域，但为了避开使用频率较高的工作寄存器区和位寻址区，一般设在 30H 以后的范围内。例如，可用 MOV SP，♯60H 设置 SP 为 60H，系统工作时堆栈就从 60H 开始向上生成。

3. 特殊功能寄存器 SFR

特殊功能寄存器 SFR 又称为专用寄存器。用于控制和管理单片机算术逻辑部件、并行 I/O 口锁存器、串行通信口、定时器/计数器、中断系统等功能模块的工作设置和状态保存，SFR 的地址为 80H～FFH。51 系列单片机中，除程序计数器 PC 外，MCS - 51 子系列有 18 个专用寄存器，其中 3 个为双字节寄存器（DPTR 和两个 16 位定时计数器计数单元），共占用了 21 个存储单元；MCS - 52 子系列在 MCS - 51 子系列的基础上增加了 3 个专用寄存器，其中 2 个为双字节寄存器，因此，MCS - 52 子系列共有 21 个专用寄存器，其中 5 个为双字节寄存器，共占用 26 个存储单元。按地址排列的各特殊功能寄存器名称、标识符、地址等见表 2.8。

表 2.8　特殊功能寄存器名称、标识符、地址

专用 寄存器名称	符号	字节 地址	位地址（十六进制）/位名称							
			D7	D6	D5	D4	D3	D2	D1	D0
P0 口	P0	80H	87	86	85	84	83	82	81	80
堆栈指针	SP	81H								
DPTR 低字节	DPL	82H								
DPTR 高字节	DPH	83H								
定时器/计数器 控制寄存器	TCON	88H	TF1 8F	TR1 8E	TF0 8D	TR0 8C	IE1 8B	IT1 8A	IE0 89	IT0 88

续表

专用寄存器名称	符号	字节地址	位地址(十六进制)/位名称							
			D7	D6	D5	D4	D3	D2	D1	D0
定时器/计数器方式控制寄存器	TMOD	89H								
定时器 0 低字节	TL0	8AH								
定时器 1 低字节	TL1	8BH								
定时器 0 高字节	TH0	8CH								
定时器 1 高字节	TH1	8DH								
P1 口	P1	90H	97	96	95	94	93	92	91	90
电源控制寄存器	PCON	97H								
串行口控制寄存器	SCON	98H	SM0 9F	SM1 9E	SM2 9D	REN 9C	TB8 9B	RB8 9A	TI 99	RI 98
串行口数据缓冲器	SBUF	99H								
P2 口	P2	A0H	A7	A6	A5	A5	A3	A2	A1	A0
中断允许寄存器	IE	A8H	EA AF	—	ET2 AD	ES AC	ET1 AB	EX1 AA	ET0 A9	EX0 A8
P3 口	P3	B0H	B7	B6	B5	B4	B3	B2	B1	B0
中断优先级设置寄存器	IP	B8H	— —	—	PT2 BD	PS BC	PT1 BB	PX1 BA	PT0 B9	PX0 B8
定时器/计数器 2控制寄存器	T2CON *	C8H	TE2 CF	EXF2 CE	RCLK CD	TCLK CC	EXEN CB	TR2 CA	C/T2 C9	C/L2 C8
定时器/计数器 2自动重装载低字节	RLDL *	CAH								
定时器/计数器 2自动重装载高字节	RLDH *	CBH								
定时器/计数器 2低字节	TL2 *	CCH								
定时器/计数器 2高字节	TH2 *	CDH								
程序状态寄存器	PSW	D0H	C$_Y$ D7	AC D6	F0 D5	RS1 D4	RS0 D3	OV D2	— D1	P D0
累加器	A	E0H	E7	E6	E5	E4	E3	E2	E1	E0
B 寄存器	B	F0H	F7	F6	F5	F4	F3	F2	F1	F0

注：表中带 * 的寄存器与定时器/计数器 2 有关，只在 52 子系列芯片中存在。RLDH、RLDL 也可写作 RCAP2H、RCAP2L，分别称为定时器/计数器 2 捕捉高字节、低字节寄存器。

从表 2.8 中可以看出：特殊功能寄存器反映了单片机的状态，实际上是单片机的状态及芯片引脚有关的寄存器。与内部功能控制有关的寄存器有运算部件寄存器 A、B、PSW，堆栈指针 SP，数据指针 DPTR，定时器/计数器控制，中断控制和串行口控制等。而与芯片引脚有关的寄存器有 P0、P1、P2、P3，它们实际上是 4 个锁存器，每个锁存器再附加上相应的输出驱动器和输入缓冲器就构成了并行口。以上各特殊功能寄存器的用途将在有关章节中做详细介绍。

SFR 块的地址空间为 80H～FFH，但仅有 21 个(MCS-51 子系列)或 26 个(MCS-52子系列)字节作为特殊功能寄存器分布在这 128 个字节范围内，其余字节无定义，用户也不能使用这些单元。若对其进行访问，则将得到一个不确定的随机数。

在 51 单片机的内部数据寄存器 RAM 块和特殊功能寄存器 SFR 块中，有一部分地址空间可以按位寻址，按位寻址的地址空间又称之为位寻址区。位寻址区一部分在内部RAM 的 20H～2FH 16 个字节寄存器内，共 128 位；另一部分为 SFR 的 80H～FFH 空间的可按位寻址的寄存器。字节地址能被 8 整除的专用寄存器都可以实现位寻址，个别不能被 8 整除的专用寄存器也可以实现位寻址，其位地址见表 2.7 和表 2.8。

这些位寻址单元与布尔指令集构成了 51 系列单片机具有的布尔处理系统，它是一个完整的布尔处理机，在开关判别决策、逻辑功能实现和实时控制等方面是非常有用的。

2.4.4 外部数据存储器

外部数据存储器一般由静态 RAM 芯片扩展而成。用户可根据需要确定扩展存储器容量的大小。51 单片机是利用 1 个特殊功能寄存器——数据指针寄存器 DPTR，以寄存器间接寻址方式访问外部数据存储器。由于地址总线为 16 位，DPTR 也是 16 位，其可寻址的范围为 64 KB，因此扩展外部数据存储器的最大容量是 64 KB。

由于访问片外数据存储器有专用的 MOVX 指令，访问内部数据存储器用 MOV 指令，因此其内部数据存储器和外部数据存储器地址可以相同，不会产生错误。即片内数据存储器 128 个字节地址为 00H～7FH，而片外数据存储器地址为 0000H～FFFFH。当需要扩展的外部数据存储器容量较小时，也可用 8 位地址，其编址范围为 00H～FFH。

应用系统扩展的 I/O 接口地址与外部数据存储器统一编址，所有的外围接口地址均占用外部 RAM 的单元地址，采用相同的寻址方式访问。因此，系统设计时要合理地分配地址空间，保证译码的惟一性。

2.5 单片机的并行端口及应用

2.5.1 并行端口的内部结构

1. P0 口的结构及用途

P0 口由 P0.0～P0.7 共 8 位组成。它是一个三态双向口，可作为地址/数据分时复用口，也可作为通用 I/O 接口，其每一位的位结构原理如图 2.10 所示。锁存器起输出锁存作用，8 个锁存器构成了特殊功能寄存器 P0；场效应管 V1、V2 组成输出驱动器，以增大带负载能力；三态门 1 是读引脚输入缓冲器；三态门 2 用于读锁存器的状态；与门 3、反相器

4 及模拟转换开关构成了输出控制电路。

图 2.10　P0 口位结构图

在单片机系统中，P0 口有两种用途：

（1）分时复用作为地址/数据总线。当需要对单片机进行外部扩展时，P0 口作为地址/数据分时复用总线（参见图 2.5）。在访问片外存储器而需从 P0 口输出地址或数据信号时，控制信号 C 应为高电平"1"，使转换开关 MUX 把反相器 4 的输出端 A 与 V1 接通，同时把与门 3 打开。当地址或数据为"1"时，经反相器 4 使 V1 截止，同时经与门 3 使 V2 导通，P0.X 引脚上出现相应的高电平"1"；当地址或数据为"0"时，经反相器 4 使 V1 导通，同时经与门 3 使 V2 截止，引脚上出现相应的低电平"0"。这样就将地址/数据信号输出到外部引脚 P0.X 上了。

（2）P0 口作为通用 I/O 口使用。当 P0 口作为通用 I/O 使用时，对应的控制信号 C 为 0，转换开关 MUX 把输出级与锁存器输出端 B 接通，同时因与门 3 输出为 0 使 V2 截止，此时，输出级是漏极开路电路。在 CPU 向端口输出数据时，只要写脉冲加在锁存器时钟端 CLK 上，与内部总线相连的 D 端数据取反后出现在 Q̄ 端，又经输出 V1 反相，在 P0 引脚上出现的数据正好是内部总线的数据。当要从 P0 口输入数据时，只要给一个读引脚信号，引脚状态便经输入缓冲器读入内部总线。

P0 口作为通用 I/O 口使用时，需要注意以下几点：

① P0 口在输出数据时，由于 V2 截止，输出级是漏极开路电路，要使"1"信号正常输出，必须外接上拉电阻。

② P0 口作为通用 I/O 口使用时，是准双向口。当 P0 口作为通用 I/O 口使用时，由于控制信号 C 的作用使 V2 一直处于截止状态。在输入数据时，应先把端口置 1（写 1），此时锁存器的 Q̄ 端为 0，使输出级的场效应管 V1 也处于截止状态，引脚处于悬浮状态，才可作高阻输入。输入数据时，引脚上的外部信号既加在三态缓冲器 1 的输入端，又加在 V1 的漏极。若在此之前曾输出锁存过数据 0，则 V1 是导通的，这样引脚上的电位就始终被钳位在低电平，使输入高电平无法读入。因此，在输入数据时，应人为地先向端口写 1，使 V1 截止，方可作为高阻输入，否则可能烧坏端口。

③ 在 P0 用作地址/数据分时复用功能连接外部存储器时，由于访问外部存储器期间，CPU 会自动向 P0 口的锁存器写入 0FFH，对用户而言，P0 口此时则是真正的三态双向口，不必外接上拉电阻。

2. P1 口的结构及用途

P1 口为准双向口,只能作为通用 I/O 口使用,其内部位结构如图 2.11 所示。P1 口与 P0 口的区别在于输出驱动部分,其输出驱动部分由一个场效应管 V1 与内部上拉电阻组成。当其某位输出高电平时,可以提供拉电流负载,不必像 P0 口那样需要外接上拉电阻。

图 2.11　P1 口位结构图

P1 口只有通用 I/O 接口一种功能(对 51 子系列),其输入/输出原理特性与 P0 口作为通用 I/O 接口使用时一样。

另外,对于 52 子系列单片机 P1 口的 P1.0 和 P1.1 引脚除作为通用 I/O 端口外,还具有第 2 功能,即 P1.0 作为定时器/计数器 2 的外部计数脉冲输入端 T2,P1.1 作为定时器/计数器 2 的外部控制输入端 T2EX。

3. P2 口的结构及用途

P2 口既可作为普通 I/O 端口使用,也可作为地址总线使用。其内部位结构如图 2.12 所示。当作为准双向通用 I/O 口使用时,控制信号使转换开关接向左侧,锁存器 Q 端经反相器 3 接 V1,其工作原理与 P1 相同。

图 2.12　P2 口位结构图

当作为外部扩展存储器的高 8 位地址总线使用时,控制信号使转换开关接向右侧,由程序计数器 PC 送来的高 8 位地址信号,或数据指针 DPTR 的高 8 位地址信号经反相器 3 和 V1 输出到 P2 口的引脚上,输出高 8 位地址信息 A15~A8。在上述情况下,端口锁存器的内容不受影响,所以,取指或访问外部存储器结束后,由于转换开关又接至左侧,使输出驱动器与锁存器 Q 端相连,引脚上将恢复原来的数据。

4. P3 口的结构及用途

P3 口内部结构如图 2.13 所示，P3 口是个多功能端口，它除了可以作为通用 I/O 端口外，还具有第 2 功能，见表 2.3。

作为 I/O 端口使用时，第 2 功能输出控制信号为高电平，与非门等效为一个反相器，与 P2 口情况类似。作为第 2 功能输出时，CPU 会自动向锁存器写入"1"，打开与非门 3，这时与非门同样等效于一个反相器，第 2 功能输出信号经与非门 3→V1 管的栅极→控制漏极→P3.X 引脚；作为第 2 功能输入时，"第 2 功能输出"控制端、锁存器输出端均为"1"，与非门 3 输出低电平，V1 管截止，输入信号经引脚→缓冲器 4→第 2 功能输入。

图 2.13　P3 口位结构图

2.5.2　并行端口的应用

经过上述图 2.10～图 2.13 对并行口 P0～P3 的内部结构的介绍可以看出，P0 口在有外部扩展存储器时用作地址/数据总线，此时是一个真正的双向口；在没有外部扩展存储器时，P0 口可作为通用的 I/O 端口，此时只是一个准双向口。P0 口、P2 口和 P3 口都具有第 2 功能，除第 2 功能外也可用作通用 I/O 端口。而 P1 口只能用作通用 I/O 口。在此，对这些端口用作通用 I/O 端口的特点作如下说明。

1. P0 口～P3 口用作输入/输出端口

P0 口～P3 口用作通用 I/O 口时，P0 口必须外接上拉电阻，而其他端口不需要外接上拉电阻，除此之外，四个并行口用法相似。对于每一个并行口，如果作为普通的输入输出端口，根据需要均可定义一部分引脚作为输入脚，另一部分引脚作为输出脚，没有使用的引脚也可悬空。

注意：系统复位后 P0 口、P1 口、P2 口和 P3 口输出均为高电平，在系统的软硬件设计时要特别注意被控对象的初始状态，防止出现误动。

2. 端口的输入/输出指令

如图 2.14 所示，用 P1 口的 P1.0～P1.3 作为输入，读取开关 K0～K3 上的数据，用P1.4～P1.7 作为输出，控制发光二极管 L0～L3。注意，P1 口是准双向口，其特点是在输入数据时，应先把对应的输入位置 1（写 1），此时锁存器的 $\overline{Q}$ 端为 0，使输出级的场效应管 V1 截止，该位才可作高阻输入，其他端口作输入时也应同样处理。设置完输入位后，用

MOV 指令可直接访问端口引脚。

图 2.14　P1 口输入/输出控制电路

例如，用下列程序输入 K0～K3 上的数据，控制对应发光二极管 L0～L3 的亮和灭。

```
MAIN: MOV    A，#0FH        ；主程序开始
      MOV    P1，A          ；数据送 P1 口，设置 P1.0～P1.3 为输入
NEXT: MOV    A，P1          ；读 K0～K3 上的数据
      SWAP   A             ；A 的低 4 位与高 4 位交换
      ORL    A，#0FH        ；A 的高 4 位不变，低 4 位为全 1
      MOV    P1，A          ；送数据到 L0～L3，设置 P1.0～P1.3 为输入
      LCALL  DELAY         ；调用延时子程序(子程序略)
      LJMP   NEXT          ；循环
```

上述的 MOV 指令直接访问端口引脚，访问端口引脚时也可用下列的指令格式：

```
MOV    A，P1
MOV    @Ri，P1         ；Ri 代表 R1 或 R2
MOV    P1，A
MOV    @Ri，A
MOV    C，P1.0         ；位传送指令，K0 数据输入到 CY 标志位
MOV    P1.4，C         ；CY 数据输出到 P1.4
```

3. 端口的"读—修改—写"操作

CPU 在执行 MOV A，P1 指令时，产生"读引脚"命令(见图 2.11 P1 口位结构图)，所以，MOV 指令直接访问端口引脚，称为读引脚指令。除 MOV 指令读引脚外，51 单片机有一类读锁存器指令，通常把这类指令称为"读—修改—写"指令，例如：

```
ANL    P1，A          ；(P1)←(P1)∧(A)
ORL    P1，#data       ；(P1)←(P1)∨data
DEC    P1            ；(P1)←(P1)-1
```

这些指令的执行过程分为"读—修改—写"三步，先将 P1 口锁存器的数据读入 CPU，在 ALU 中进行运算，运算结果再送回 P1 口。执行"读—修改—写"类指令时，CPU 产生"读锁存器"命令，通过三态门 2 读回锁存器 Q 端的数据来代表引脚状态。

　　如果要把某个端口的当前状态直接读入 CPU，不能用 MOV 指令直接访问端口引脚，否则可能会发生错误。例如，用一根端口线去驱动一个晶体管的基极，如图 2.15 所示。当向此端口线输出 1 时，端口锁存器 Q＝1，$\overline{Q}$＝0，使 V1 截止（见图 2.11），输出高电平驱动外接三极管 V，当三极管导通时，引脚上的电平被拉到低电平（0.7 V 左右）。此时，若从引脚直接读回数据，原本输出为 1 的状态则会错读为 0，所以要从锁存器 Q 端读取数据。

图 2.15　驱动三极管

　　属于读锁存器而不是读引脚的指令有（指令的详细功能在第 3 章讨论）：

逻辑与指令 ANL	例如：ANL P1，A
逻辑或指令 ORL	例如：ORL P2，A
逻辑异或指令 XRL	例如：XRL P3，A
位监测指令 JBC	例如：JBC P1.1，LABEL
位取反指令 CPL	例如：CPL P3.0
位传送指令 MOV	例如：MOV C，P1.7
增量指令 INC	例如：INC P2
减量指令 DEC	例如：DEC P2
循环跳转指令 DJNZ	例如：DJNZ P2，LABEL

2.5.3　并行端口的负载能力

　　Intel 公司的 8031、8051、8751 等产品，其四个并行端口中，P0 口的每个引脚输出能够驱动 8 个 TTL 门电路，即输出电流不大于 800 μA。其余三个端口 P1、P2 和 P3 口的每个引脚输出能够驱动 4 个 TTL 门电路。

　　Atmel 公司的 AT89C51、52 及 AT89C2051 等产品，其端口能提供 20 mA 的电流，可直接驱动 LED 显示器。

2.6　单片机时序

　　时序是 CPU 总线信号在时间上的顺序关系。CPU 的控制器实质上是一个复杂的同步时序电路，所有工作都是在时钟信号控制下进行的。每执行一条指令，CPU 的控制器都要发出一系列特定的控制信号，这些控制信号在时间上的相互关系就是 CPU 的时序。

　　CPU 发出的时序控制信号有两大类：一类是用于单片机内部协调控制的，对用户来说，并不直接接触这些信号，可不必了解太多；另一类时序信号是通过单片机控制总线送到片外，形成对片外的各种 I/O 接口、RAM 和 EPROM 等芯片工作的协调控制，对于这部分时序信号用户应该予以关心，并在系统设计时正确使用这部分时序信号。下面先介绍几个时序概念。

2.6.1　几个基本概念

振荡周期：也叫时钟周期，指为单片机提供定时信号振荡源的周期，即为 CPU 引脚 XTAL2 上振荡脉冲的周期。一个振荡周期也称为一个节拍，用 P 表示，通常称为 P 节拍，如图 2.16 所示。

图 2.16　CPU 基本时序图

状态周期：2 个振荡周期为 1 个状态周期，简称为 S 状态。每个 S 状态周期包含两个节拍脉冲，S 的前半周期称为节拍 P1，S 的后半周期称为节拍 P2。一般情况下，CPU 中的算术逻辑运算在 P1 有效期间完成，在 P2 有效期间进行内部寄存器间的信息传送。

机器周期：机器周期是单片机的基本操作周期，一个机器周期包含 6 个状态周期 S1～S6，12 个振荡周期。也就是说，在 12 个时节拍内，CPU 才可能完成一个独立的操作。

指令周期：指 CPU 执行一条指令所需要的时间。由于执行不同的指令所需要的时间长短不同，因此通常是以指令消耗的机器周期的多少为依据来确定指令周期的。MCS-51 系统中，一个指令周期通常含 1～4 个机器周期。大多数指令是单字节单周期指令，还有一些指令是单字节双周期指令和双字节双周期指令，而乘法指令 MUL 和除法指令 DIV 都是单字节四周期指令(参见附录 B)。

例 2.6.1　设 MCS-51 单片机的外接晶体振荡器的振荡频率为 12 MHz，求该单片机的振荡周期、状态周期、机器周期和指令周期。

解　振荡周期＝1/12 μs

状态周期＝1/6 μs

机器周期＝振荡周期×12＝1 μs

指令周期＝1～4 μs

2.6.2　CPU 取指令和执行指令的时序

CPU 在执行指令时，对每条指令的执行都分为取指令和执行指令两个阶段，图 2.18 给出了 MCS-51 单片机取指令和执行指令的时序。由于取指令和执行指令是在单片机内部进行的,在外部无法观察到单片机内部的时序信号,因此在图 2.17 中画出了外部引脚 XTAL2 的振荡信号和 ALE 引脚上的输出信号作为时间参考,帮助读者理解取指令和执行指令的过程。

ALE 称为地址锁存允许信号,是单片机的一个输出信号。一般情况下,ALE 信号是周期信号,在每个机器周期内 ALE 信号会出现两个正脉冲,出现时刻为 S1P2 和 S4P2,信号的有效宽度为一个 S 状态。ALE 的主要作用是,当 CPU 访问外部存储器时,利用 ALE 上的正脉冲锁存出现在 P0 口的低 8 位地址,因此把 ALE 称为地址锁存允许信号。在不访问外部存储器时,ALE 端仍以上述不变的频率(振荡器频率的 1/6)周期性地出现正脉冲信号,因此,ALE 信号也可作为对外输出的时钟脉冲信号或用于定时目的。但要注意,在访问片外数据存储器期间,ALE 脉冲会跳过一个正脉冲信号,ALE 就不是周期信号了,此时作为时钟输出就不妥当了。但一般程序中,用于访问外存指令使用得不多,因此,在对时钟频率要求不高的情况下,仍可用其作为时钟信号使用。例如,经常把 ALE 用作 A/D 转换器 ADC0809 的时钟信号等。

执行指令时,CPU 从内部或外部 ROM 中取出指令操作码及操作数,然后再执行这条指令。大部分指令在整个指令执行过程中,在每个机器周期内 ALE 信号出现两次。每出现一次 ALE 信号,CPU 就依次进行取指令操作,但并不是每条指令在 ALE 生效时都能有效地读取指令,在此,我们针对单字节单周期指令、双字节单周期指令、单字节双周期指令及访问外部数据存储器 MOVX 等几种典型指令,介绍其取指令和执行指令的时序。

图 2.17(a)为单字节单周期指令(如指令 INC A)的取指令和执行指令的时序。CPU 在 S1P2 时刻开始读取指令操作码,在 S4P2 时刻开始仍有一次读操作,但读出的字节被丢弃(因为是单字节指令),且读后的 PC 之值不加 1,CPU 在 S6P2 时完成指令相应的操作。因此,对于单字节单周期指令,CPU 在一个机器周期内完成取指令和执行指令,一个指令周期包含一个机器周期。

图 2.17(b)为双字节单周期指令(如指令 ADD A,♯30H)的取指令和执行指令的时序。CPU 在 S1P2 时刻开始读取指令代码的第一个字节,在 S4P2 时刻开始读取指令代码的第二个字节,在 S6P2 时完成指令相应的操作,取指令和执行指令共需要一个机器周期。

图 2.17(c)为单字节双周期指令的取指令和执行指令时序,它在两个机器周期内发生 4 次读操作,后 3 次读操作是无效的,这时一个指令周期包含两个机器周期。

图 2.17(d)为访问外部数据存储器指令 MOVX 的取指令和执行指令的时序。MOVX 是一条单字节双周期指令,具有其特殊性。执行 MOVX 时,仍然在第一个机器周期的 S1P2 时刻开始读取指令操作码,在 S4P2 时刻开始仍有一次读操作,但读出的字节被丢弃,且读后的 PC 之值不加 1。从第一个机器周期的 S5 开始,CPU 送出外部数据存储器的地址,随后读或写外部数据存储器,直到在第二机器周期的 S3 结束,在此期间在 ALE 端不输出有效信号(即 ALE 会少输出一个正脉冲信号,ALE 就不是周期信号了)。在第二机器周期,即外部数据存储器已被寻址和选通后,也不产生取指令操作,而是进行外部数据存储器的读/写。

注意:当 CPU 对外部数据存储器 RAM 读/写时,ALE 不是周期信号。

图 2.17　MCS-51指令的取指/执行时序
(a) 单字节单周期指令的取指令和执行指令时序；(b) 双字节单周期指令的取指令和执行指令时序；
(c) 单字节双周期指令的取指令和执行指令时序；(d) MOVX单字节双周期指令的取指令和执行指令时序

2.7　时钟及复位电路

时钟电路及复位电路是单片机工作的基本电路，单片机加上这两部分电路就构成了单片机最小系统，即单片机系统就可以工作了。

2.7.1　时钟电路

在单片机内部有一个振荡器，可用两种方式为单片机提供时钟信号：一种是内部时钟方式；另一种是外部时钟方式，如图 2.18(a)、(b)所示。根据应用领域及完成的任务不同，可选用不同的时钟电路。一般情况下，单机系统采用外接石英晶振与内部运放组成时钟振荡器作为系统时钟源。而在多机系统中，单片机只作为一个功能模块使用时，为了节省硬件和统一系统的时钟信号，常采用外时钟源。

图 2.18　MCS－51 单片机时钟产生方式

(a) 内部时钟方式；(b) 外部时钟方式

采用内部时钟方式时，我们只需要提供振荡源，通常以石英晶体振荡器和两个片电容组成外部振荡源，其电路如图 2.18(a) 所示。片内的高增益反相放大器通过 XTAL1、XTAL2 外接，作为反馈元件的片外晶体振荡器（呈感性）与电容组成的并联谐振回路构成一个自激振荡器，向内部时钟电路提供振荡时钟。振荡器的频率取决于晶振的振荡频率，振荡频率可在 1.2～12 MHz 之间任选，工程应用时通常采用 6 MHz 或 12 MHz。电容 C1、C2 可在 10～30 pF 之间选择，电容的大小对振荡频率有微小的影响，可起频率微调作用。通常取 30 pF。

采用外部时钟方式时，利用外部振荡信号直接作为时钟源，电路如图 2.18(b) 所示。外部振荡信号通过 XTAL2 端直接接至内部时钟电路，这时输入端 XTAL1 端应接地。通常外接振荡信号为低于 12 MHz 且与 TTL 电平兼容的方波信号。

2.7.2　复位电路

51 单片机的 RST 引脚为复位（Reset）端。当单片机振荡器工作时，该引脚上出现持续两个机器周期的高电平，就可实现系统复位，使单片机回到初始状态。与其他计算机一样，51 单片机系统常常有上电复位和按钮复位两种方法。所谓上电复位，是指计算机加电瞬间，要在 RST 引脚上形成一个正脉冲，使单片机进入复位状态。按钮复位是指用户按下"复位"按钮，使单片机回到初始状态。图 2.19 是一种简单的复位电路，其中，图 2.19(a) 是上电复位电路，也称为自动复位电路。当接通电源的瞬间，RST 端与 V_{CC} 同电位，随着电容上的电压逐渐上升，RST 端的电压逐渐下降，于是在 RST 端便形成了一个正脉冲，只要该正脉冲的宽度持续两个机器周期的高电平，就可实现系统自动复位。图 2.19(b) 是上电复位和按钮复位（也称为手动复位）的组合，当人工按下 P 按钮后就可实现系统复位，图中电路参数为：C＝22 μF，R＝1 kΩ，R1＝200 Ω。

注意：在单片机应用系统中，对系统进行可靠的复位是非常重要的，无论现场出现何种情况，上电后单片机系统都应正常复位。否则系统会出现严重事故，这在单片机应用系统中是绝对不允许的。只要 RST 引脚上持续出现两个机器周期的高电平就可实现系统复位，但为了使系统可靠复位，一般该脉冲宽度可取大一些，通常可取 RST 引脚上正脉冲宽度为 10 ms 左右。图 2.20 给出了一种上电复位及按钮复位的实用电路，读者可参考使用。

在一些重要场合也可使用看门狗电路，以保证系统的可靠性。

图 2.19 简单的复位电路

(a) 上电复位；(b) 上电复位及按钮复位

图 2.20 实用复位电路

(a) 上电复位；(b) 上电复位及按钮复位

单片机在复位后，各寄存器和程序计数器 PC 的状态见表 2.9。

表 2.9 MCS－51 单片机复位状态表

寄存器	复位状态	寄存器	复位状态
PC	0000H	TCON	00H
A	00H	T2CON	00H
B	00H	TH0	00H
PSW	00H	TL0	00H
SP	07H	TH1	00H
DPTR	0000H	TL1	00H
P0～P3 端口	FFH	SCON	00H
TMOD	00H	IP	00H
IE	00H		

(PSW)＝00H，由于 RS1(PSW.4)＝0，RS0(PSW.3)＝0，复位后单片机默认工作寄存器 0 组。

(SP)＝07H，复位后堆栈在片内 RAM 的 08H 单元处建立。

TH1、TL1、TH0、TL0 的内容为 00H，定时器/计数器的初值为 0。

(TMOD)＝00H，复位后定时器/计数器 T0、T1 为定时器方式 0，非门控方式。

(TCON)＝00H，复位后定时器/计数器 T0、T1 停止工作，外部中断 0、1 为电平触发方式。

(T2CON)＝00H，复位后定时器/计数器 T2 停止工作。

(SCON)＝00H，复位后串行口工作在移位寄存器方式，且禁止串行口接收。

(IE)＝00H，复位后屏蔽所有中断。

(IP)＝00H，复位后所有中断源都设置为低优先级。

P0～P3 口锁存器都是全 1 状态，说明复位后 4 个并行接口设置为输入口。

各寄存器的具体功能，将在后面章节详细介绍。

习　题　2

2.1　MCS－51 系列单片机的内部硬件结构主要包括哪几部分？各部分的作用是什么？

2.2　MCS－51 系列单片机总体上可分为两个子系列：MCS－51 子系列与 MCS－52 子系列。这两个子系列的主要产品有哪些？它们的主要区别是什么？

2.3　AT89C51 与 AT89C52 单片机的主要区别在哪里？

2.4　MCS－51 系列单片机程序状态字 PSW 包含哪些程序状态信息？这些状态信息的作用是什么？

2.5　决定程序执行顺序的寄存器是哪个？它是几位寄存器？它是不是特殊功能寄存器？

2.6　简述 51 片内 RAM 区地址空间的分配特点及各部分的作用。

2.7　51 系列单片机如何实现工作寄存器组 R_0～R_7 的选择？开机复位后，CPU 使用的是哪组工作寄存器？它们的地址是什么？

2.8　简述布尔处理存储器的空间分配，片内 RAM 中包含哪些可位寻址单元。

2.9　堆栈有哪些功能？堆栈寄存器(SP)的作用是什么？在程序设计时，为什么要对 SP 重新赋值？

2.10　51 系列单片机的存储器分哪几个空间？CPU 是如何对不同空间进行寻址的？

2.11　单片机的 $\overline{EA}$ 信号有何功能？在使用 8031 时，$\overline{EA}$ 信号引脚应如何处理？

2.12　试画出 51 系列单片机程序存储器和数据存储器的配置图。

2.13　MCS－51 单片机有多少 I/O 引脚？它们和单片机对外的地址总线和数据总线有何关系？

2.14　51 单片机的 ALE、$\overline{PESN}$ 信号各自的功能是什么？

2.15　51 单片机怎样进行复位？复位后内部各寄存器的状态是什么？

2.16　什么是时钟周期、机器周期、指令周期？当单片机时钟频率为 12 MHz 时，一个机器周期是多少？

2.17　试列举出几种复位电路，说明它们是如何完成复位功能的？

2.18　试设计一单片机最小应用系统，画出复位电路、时钟电路与单片机的连接图。

第 3 章

指令系统与编程技术

本章要点与学习目标：

　　本章介绍了 MCS - 51 系列单片机的寻址方式、指令系统和程序设计技术。在介绍寻址方式和指令系统的过程中配备有大量例题，以帮助读者理解单片机指令的特点和应用方法，并且给出了程序设计的一些典型示例，力求使读者通过对本章的学习掌握以下知识点：

- 单片机寻址方式；
- 单片机指令系统及指令的功能；
- 灵活运用常用指令解决实际问题；
- 程序设计的方法和技巧。

3.1　51 系列单片机指令系统概述

　　计算机所有指令的集合称为指令系统，它是表征计算机性能的重要标志，指令系统越丰富，说明 CPU 的功能越强。各类计算机都有自己的指令系统，对于用户来说，指令系统是提供给用户使用计算机功能的软件资源。要用计算机解决问题，首先要编写程序，实际上就是利用指令将设计者的思想和解决问题的方法"教"给计算机，使计算机能够按照您的思路来解决问题。因此，学习指令系统就要从编程使用的角度出发掌握常用指令格式及每条指令的功能。要对单片机编程，首先必须掌握其指令系统。

3.1.1　51 系列单片机指令特点及分类

　　51 单片机的指令系统具有功能强、指令短、执行速度快等特点。其指令系统共有 111 条指令，从功能上可划分成 5 大类指令：数据传送指令、算术运算指令、逻辑运算指令、位操作指令和程序转移指令，如图 3.1 所示。若按指令长度分类，则可分为单字节指令（49 条）、双字节指令（46 条）和三字节指令（16 条）。若按指令的执行时间分类，则可分为单机器周期指令（64 条）、双机器周期指令（45 条）和 4 机器周期的指令，4 机器周期的指令只有乘、除法两条。

图 3.1 MCS-51 系列单片机指令功能分类

3.1.2 51 系列单片机汇编语言指令格式

指令的描述形式有 3 种：机器语言、汇编语言和高级语言。用机器语言编写的程序称为目标程序，计算机能够直接识别并执行的只有机器语言。采用汇编语言编写的程序称为汇编语言程序。汇编语言程序不能被计算机直接识别并执行，必须经过一个中间环节把它翻译成机器语言程序，这个中间翻译过程叫做汇编。汇编有两种方法：机器汇编和手工汇编。机器汇编是用专门的汇编程序在计算机上进行翻译；手工汇编是编程员把汇编语言指令逐条翻译成机器指令。由于单片机开发是在计算机和开发系统的基础上进行的，因此，主要采用机器汇编，使用十分方便。而高级语言程序设计在单片机系统中应用也十分普遍，大多数单片机开发系统均支持使用 C 语言等多种高级语言，使得编程更加轻松。

在描述计算机指令系统及实际应用中主要采用汇编语言形式，51 单片机汇编语言指令格式如下：

　　　　[标号：]操作码 [目的操作数][，源操作数][；注释]

例如，LOOP1：ADD A，♯10H ；(A) ←(A)+10H

(1) 方括号[]表示该项是可选项，根据需要选择，可有可无。

(2) 标号是用户设定的符号，它代表该指令所在的地址。标号必须以字母开头，其后跟 1~8 个字母或数字，并以"："结尾。

(3) 操作码是用英文缩写的指令功能助记符。它确定了本条指令完成什么样的操作功能。任何一条指令都必须有该助记符项，不得省略，如 ADD 表示加法操作。

(4) 目的操作数给出操作的对象，并给出一个目标地址，该目标地址就是操作结果应存放的单元地址，它与操作码之间必须以一个或几个空格分隔。

如上例中，A 表示操作对象是累加器 A 的内容，并指出操作结果又回送 A 中存放。

(5) 源操作数指出的是一个源地址(或立即数)，表示操作的对象或操作数的来源。它与目的操作数之间要用"，"号隔开。

(6) 注释部分是在编写程序时，为了增加程序的可读性，由用户拟写对该条指令或该段程序功能的说明。它以分号"；"开头，可以用中文、英文或某些符号来表示，计算机对注释部分不进行编译，只在源程序中起说明作用。

为了描述方便，在介绍指令系统之前，先对描述指令的一些符号意义进行一些简单约定：

(1) Ri 和 Rn：R 表示当前工作寄存器区中的工作寄存器，i 表示 0 或 1，即 R0 或 R1。n 表示 0~7，即 R0~R7，当前工作寄存器的选定是由 PSW 的 RS1 和 RS0 位决定的。

（2）＃data：＃表示立即数符号，data 为 8 位立即数。＃data 是指包含在指令中的 8 位立即数。

（3）＃data16：包含在指令中的 16 位立即数。

（4）rel：相对地址，以 8 位补码形式表示的地址偏移量，范围为－128～＋127，主要用于无条件相对短转移指令 SJMP 和所有的条件相对转移指令中。

（5）addr16：16 位目的地址。目的地址可在全部程序存储器的 64 KB 空间范围内，主要用于无条件长转移指令 LJMP 和子程序长调用指令 LCALL 中。

（6）addr11：11 位目的地址。目的地址应与下条指令处于相同的 2 KB 程序存储器地址空间范围内，主要用于绝对转移指令 AJMP 和子程序绝对调用指令 ACALL 指令中。

（7）direct：表示直接寻址的地址，即 8 位内部数据存储器 RAM 的单元地址（0～127/255），或特殊功能寄存器 SFR 的地址。对于特殊功能寄存器 SFR 可直接用寄存器名称来代替其直接地址。

（8）bit：内部数据存储器 RAM 和特殊功能寄存器 SFR 中的可直接寻址的位地址。

（9）@：间接寻扯寄存器或基地址寄存器的前缀，如@Ri，@DPTR，表示寄存器间接寻址。

（10）（X）：表示 X 地址中的内容。

（11）（（X））：表示由 X 寻址的单元中的内容（X）作地址时该地址的内容。

（12）/和→符号：/表示对该位操作数取反后参与运算，但不影响该位的值。→表示指令操作流程，将箭头一方的内容送入箭头另一方的单元中去。

3.1.3　指令长度和指令周期

1. 指令长度

指令长度是指指令的机器代码所占存储单元的字节数。为了节省程序存储器的空间，MCS - 51 单片机采用变长的指令方式。从指令代码的结构来看，每条指令通常由操作码和操作数两部分组成。操作码表示计算机执行该指令将进行何种操作，操作数表示参与操作的数据本身或操作数所在的地址。根据指令中操作数的多少，51 单片机的指令可分为无操作数指令、单操作数指令和双操作数指令 3 种情况。按指令长度可分为 3 种类型的指令：单字节指令、双字节指令和三字节指令。在图 3.2 中给出了几种典型指令的机器码结构，其他指令的机器码参见附录 B。

图 3.2　指令的机器码

2. 指令周期

指令周期是指 CPU 执行一条指令所花费的时间。由于执行不同的指令所需要的时间不同，因此通常是以指令消耗的机器周期数为单位来确定指令周期。51 系统中，一个指令周期通常含 1～4 个机器周期，大多数指令是单字节、单机器周期指令，还有一些指令是单字节、双周期指令和双字节、双周期指令，而乘法指令 MUL 和除法指令 DIV 都是单字节四周期指令。

注意：指令的字节数越多，其机器代码所占的存储单元就越多。若指令周期中包含的机器周期数越多，则表明指令所需的执行时间就越长。但指令周期并不与指令的字节数成比例，如乘除法指令，虽然都是单字指令，但执行时间最长，需要 4 个机器周期。

3.2　51 系列单片机寻址方式

指令获得操作数所在的地址或转移地址的方式称为寻址方式。指令通常由操作码和操作数组成，而操作数又有目的操作数和源操作数之分，它们指出了参与运算的数或该数所在的单元地址。为了描述方便，对于有目的操作数和源操作数的双操作数指令，在无特别声明的情况下，某条指令的寻址方式一般是指源操作数的寻址方式。

寻址方式的多少是计算机功能强弱的重要标志之一。51 系列单片机有 7 种寻址方式，分别为：**立即寻址、寄存器寻址、直接寻址、寄存器间接寻址、变址寻址、相对寻址和位寻址。**

3.2.1　立即寻址

立即寻址是指 CPU 能够立即得到操作数的一种寻址方式，它只适应对源操作进行寻址。在立即寻址方式中，源操作数直接出现在指令中，跟在操作码的后面，作为指令的一部分与操作码一起存放在程序存储器内，CPU 可以立即得到源操作数并执行，不需要另在寄存器或存储器中寻找和读取操作数，故称为立即寻址。立即寻址中，该操作数称为立即数，并在其前冠以"＃"号作前缀，表示并非地址。当立即数以十六进制数据表示时，应以 H 为后缀，当数据以 A～F 开头时必须加前导 0。十进制数据可不带后缀。立即数长度可以是 8 位或 16 位。例如：

　　　　MOV　R0，＃09H　　　；(R0)←09H

立即数 09H 跟在操作码之后，成为指令代码的一部分，占用紧跟在后面的一个存储单元。故该指令为双字节指令，其机器码为 78H 09H。例如：

　　　　MOV　R0，＃16H　　　；(R0)←16H，其机器码为 78H 16H

　　　　MOV　R1，＃16　　　　；(R1)←10H，其机器码为 79H 10H

　　　　MOV　A，＃0C0H　　　；(A)←C0H，其机器码为 74H C0H

　　　　MOV　DPTR，＃2510H　；(DPTR)←2510H，其机器码为 90H 25H 10H

立即寻址方式主要用来给寄存器或存储单元赋初值，立即数只能用于源操作数，不能作为目的操作数。

3.2.2　寄存器寻址

将操作数存放于某寄存器中，CPU 执行指令时从寄存器中读取操作数，以完成指令规定的操作，称为寄存器寻址。例如：

　　　　MOV　A，R0　　　　　；(A)←(R0)

该指令的功能是把工作寄存器 R0 中的内容传送到累加器 A 中，如 R0 内容为 88H，则执行该指令后 A 的内容也为 88H。在该指令中,源操作数是由工作寄存器 R0 取得的,故该指令的寻址方式称为寄存器寻址方式。实际上该指令中目的操作数的寻址方式也是寄存器寻址方式。

　　用寄存器寻址方式可以访问工作寄存器 R0～R7,也可把特殊功能寄存器 A、B、DPTR 和 C_Y(C_Y 称为布尔处理机的累加器)作为寻址的对象,如 MOV DPTR,♯1234H;SETB C 等。

3.2.3　直接寻址

　　指令中直接给出操作数所在的存储单元的地址,供指令读取数据或存储数据,把这种寻址方式称为直接寻址。例如:

　　　　MOV　A,60H　　　　　　;(A)←(60H)

该指令的功能是把内部数据存储器 60H 单元内的内容送到累加器 A 中。指令直接给出了源操作数的地址 60H,其机器码为 E5H 60H,源操作数属于直接寻址方式。例如:

　　　　MOV　30H,♯12H　　　;(30H)←12H

该指令的功能是把立即数♯12H 送到片内 RAM 的 30H 单元。指令直接给出目的操作数的地址 30H,目的源操作数属于直接寻址方式,源操作数属于立即寻址方式。

　　(1) 51 系列单片机的直接寻址用于访问内部 RAM 的低 128 个单元。在指令中直接给出单元地址,地址范围为 00H～7FH。

　　(2) 直接寻址用于访问高 128 个单元(80H～FFH)的特殊功能寄存器 SFR。访问 SFR 时,可在指令中直接给出特殊功能寄存器 SFR 的地址,但为了增强程序的可读性,一般都用寄存器名称来代替其地址。例如:

　　　　MOV P1,♯35H;

目的操作数 P1 代表其口地址 90H,目的操作数属于直接寻址方式。其实,该指令也可写成MOV 90H,♯35H;但可读性差,一般不用此种写法。

　　(3) 直接寻址还可直接访问片内位地址空间。例如:

　　　　MOV C,P1.0

　　　　MOV 20H,C

　　(4) 直接寻址访问程序存储器的指令有:长转移 LJMP addr16 与绝对转移 AJMP addr11 指令、长调用 LCALL addr16 与绝对调用 ACALL addr11 指令。它们都直接给出了程序存储器的 16 位地址(寻址范围覆盖 64 KB)或 11 位地址(寻址范围覆盖 2 KB)。

　　注意:① 注意区别立即寻址和直接寻址的书写方法。

　　例如:

　　　　MOV R0,♯30H　　　;立即寻址

　　　　MOV R1,30H　　　　;直接寻址,访问片内 RAM 的 30H 单元

　　　　MOV R2,80H　　　　;直接寻址,访问 SFR 中的 P0 端口

　　② A 累加器有 3 种表示方法,即 A、ACC 和 A 累加器地址 E0H。使用这 3 种表示方法时,对寻址方式的称呼虽然可能不同,但指令的执行结果完全一样。例如:

　　　　INC A　　　　　;寄存器寻址方式

　　　　INC ACC　　　　;寄存器寻址方式

　　　　INC 0E0H　　　　;直接寻址方式

③ 由于特殊功能寄存器 SFR 占用片内 RAM 80H～FFH 间的地址，对于 51 子系列，片内 RAM 只有 128 个单元，它与 SFR 的地址没有重叠；而对于 52 子系列，片内 RAM 有 256 个单元，其高 128 个单元与 SFR 的地址是重叠的，为避免混淆，规定：直接寻址的指令不能访问片内 RAM 的高 128 个单元(80H～FFH)，若要访问这些单元只能用寄存器间接寻址指令，而要访问 SFR 只能用直接寻址的指令。

3.2.4　寄存器间接寻址

在指令中指定某一个寄存器的内容作为操作数的地址，而该地址指定单元中的内容便是操作数。这种寻址方法称为寄存器间接寻址方式，简称寄存器间址，也称为间接寻址方式。通常将用来存放操作数地址的寄存器称为指针。

MCS-51 中，用于间接寻址的寄存器有 R0、R1、数据指针寄存器 DPTR 和堆栈指针 SP。用 R0、R1 或 DPTR 作为地址指针寄存器时，应在寄存器符号前加前缀"@"，用于表示间接寻址。

(1) 用 R0 和 R1 作为地址指针来寻址片内数据存储器 RAM(00H～FFH)中的 256 个单元。例如：

　　　　MOV A, @R0　　　;(A)←((R0))

该指令的功能是将 R0 所指示的片内 RAM 单元中的数据传送到累加器 A 中去。例如，若 R0 的内容为 30H，片内 RAM 30H 单元中的内容是 0FH，则执行该指令后，片内 RAM 30H 单元的内容 0FH 被送到累加器 A 中，如图 3.3(a)所示。

图 3.3　寄存器间接寻址
(a) MOV A, @R0；(b) MOVX A, @DPTR

(2) 用 MOVX 指令和 R0、R1 访问片外数据存储器(片外 RAM)的 00H～0FFH 单元。用 MOVX 指令和 DPTR 访问片外 RAM 的 64 KB 空间。

例如，设(DPTR)=2000H，则 MOVX A, @DPTR 执行过程如图 3.3(b)所示。

(3) 堆栈操作指令也是间接寻址方式，它以 SP 为指针。

注意：寄存器间接寻址不能访问特殊功能寄存器 SFR。

3.2.5　变址寻址

变址寻址是将基址寄存器与变址寄存器的内容相加，其结果作为操作数地址的一种寻址方式。它以数据指针 DPTR 或程序计数器 PC 作为基址寄存器，累加器 A 作为变址寄存器，两者的内容相加形成 16 位的程序存储器地址，该地址就是操作数所在地址。例如：

　　　　MOVC A, @A+DPTR　　　　　;(A)←((A)+(DPTR))

设该指令执行之前，(A)=05H，(DPTR)=2000H，(2005H)=35H。执行时，将

（A）＋（DPTR）的值 2005H 作为地址，把程序存储器 2005H 单元的数据 35H 传送到累加器 A 中，如图 3.4 所示。

图 3.4　变址寻址

注意：① 这种变址寻址方式用于对程序存储器的寻址，只有 3 条变址寻址指令：

MOVC A，@A＋DPTR

MOVC A，@A＋PC

JMP @A＋DPTR

② 主要用于访问程序存储器中的数据表格，或实现程序的转移。

3.2.6　相对寻址

相对寻址是以当前程序计数器 PC 的值加上指令规定的偏移量 rel 构成实际操作数地址的寻址方法。相对寻址用来访问程序存储器，常用于相对转移指令中。

使用相对寻址时要注意以下两点：

（1）当前 PC 值是指相对转移指令所在地址（一般称为源地址）加上转移指令的字节数。即

$$当前 PC 值＝源地址＋转移指令字节数$$

例如，JZ rel 是一条累加器 A 为零转移的双字节指令。若该指令地址（源地址）为 5000H，则执行该指令时的当前 PC 值即为 5002H。

（2）偏移量 rel 是有符号的单字节数，以补码表示，其相对值的范围为 $-128 \sim +127$，负数表示从当前地址向前转移，正数表示从当前地址向后转移。所以，相对转移指令满足转移条件后，转移的地址（目的地址）应为

$$目的地址＝当前 PC 值＋rel＝源地址＋转移指令字节数＋rel$$

3.2.7　位寻址

位寻址是指令中可以直接给出位地址，CPU 按位进行访问的一种寻址方式。位寻址方式可以对内部数据存储器 RAM 20H～2FH 中的 128 位和特殊寄存器 SFR 中的可寻址位进行位寻址，位操作指令可对位寻址空间和相关端口的每一位进行传送及逻辑操作。

例如：

SETB　P1.0　　；（P1.0）←1

该指令的功能是将 P1 端口的第 0 位置 1。

综上所述，在 51 系列单片机的存储空间中，指令究竟对哪个存储器空间进行操作是由指令操作码和寻址方式确定的。7 种寻址方式及适用空间见表 3.1。

表 3.1　7 种寻址方式及适用空间

序号	寻址方式	适用空间
1	立即寻址	程序存储器
2	寄存器寻址	R0～R7，A，B，DPTR，C_Y
3	直接寻址	内部 RAM(00H～7FH)，SFR，程序存储器(转移指令)
4	寄存器间接寻址	内部 RAM(00H～FFH)，外部 RAM
5	变址寻址	程序存储器
6	相对寻址	程序存储器
7	位寻址	内部 RAM(20H～2FH) 的 128 位，SFR 中的相应位

3.3　指 令 系 统

本节分别介绍 51 单片机的数据传送指令、算术运算指令、逻辑运算指令、程序转移指令、位操作指令等五大类指令的功能和用法。

3.3.1　数据传送指令

在 51 系列单片机指令系统中，有以下几种数据传送指令：

(1) 内部 RAM 与特殊功能寄存器之间的数据传送，这类指令使用"MOV"作为指令操作码的助记符。

(2) 外部 RAM 与累加器 A 之间的数据传送，这类指令使用"MOVX"作为指令操作码的助记符。

(3) 将程序存储器 ROM 中某一单元的信息传送到累加器 A 中的指令，这类指令使用"MOVC"作为指令操作码的助记符。

(4) 堆栈操作指令，分别使用 PUSH 和 POP 指令。

(5) 字节交换指令，指令助记符为 XCH、XCHD、SWAP 等几类。

1. 内部 RAM 与特殊功能寄存器之间的数据传送

内部 RAM 与特殊功能寄存器之间的数据传送指令使用"MOV"作为指令操作码的助记符，指令格式如下：

　　　　MOV 目的操作数，源操作数　　　　；目的操作数 ← 源操作数

指令的功能是：把源操作数的内容送入目的操作数。

例如，MOV A，R7，该指令执行时将工作寄存器 R7 中的内容送入累加器 A 中。MOV 指令用于单片机内部的数据传送，主要指 A、Rn、片内 RAM、SFR 间的数据传送。图 3.5 给出了 MOV 指令的数据传送方向示意图。

图 3.5　MOV 指令数据传送方向示意图

（1）以累加器 A 为目的操作数的指令。

MOV A，# data	；（A）←# data，# data 表示 8 位立即数
MOV A，direct	；（A）←（direct），direct 表示 8 位直接寻址的地址
	；直接地址 00H～7FH，访问片内 RAM
	；直接地址 80H～FFH，访问 SFR
MOV A，Rn	；（A）←（Rn），n＝0～7，Rn 表示 R0～R7
MOV A，@Ri	；（A）←（（Ri）），Ri 表示 R0 和 R1，@Ri 一定访问片内 RAM

（2）以 Rn 为目的操作数的指令。

MOV Rn，# data	；（Rn）←# data
MOV Rn，A	；（Rn）←（A）
MOV Rn，direct	；（Rn）←（direct）
	；00H～7FH 访问片内 RAM，80H～FFH 访问 SFR
MOV DPTR，# data16	；如 MOV DPTR ，#1234H

这组指令的功能是：把源操作数的内容送入当前工作寄存器区的 R0～R7 中的某一寄存器。

例如：MOV R0，30H　　；将片内 RAM 30H 单元中的数据传送至工作寄存器 R0 。

（3）以 direct 为目的操作数的指令。

MOV direct，A	；如 MOV 40H，A
MOV direct，Rn	；如 MOV P1，R3
MOV direct，direct	；如 MOV 30H，31H
MOV direct，# data	；如 MOV P1，#0FH
MOV direct，@Ri	；如 MOV 60H，@R0

这组指令的功能为：把源操作数的内容送入内部 RAM 单元或特殊功能寄存器。其中，MOV direct，direct 指令和 MOV DPTR，# data16 指令都是三字节指令。而直接地址间数传指令的功能很强，能实现内部 RAM 之间、特殊功能寄存器之间或特殊功能寄存器与内部 RAM 之间的直接数据传送。最后一条指令是将 16 位的立即数送入数据指针寄存器 DPTR。

（4）以@Ri 为目的操作数的指令。

MOV @Ri，A	；如 MOV @R0 ，A
MOV @Ri，direct	；如 MOV @R0 ，30H
MOV @Ri ，# data	；如 MOV @R0 ，# 30H

注意：MOV 指令用于单片机内部的数据传送，在图 3.5 中，虚线表示的数据传送是以

@Ri 间接寻址方式进行的，在此种指令中，不允许目的操作数和源操作数同时为间接寻址方式。另外，Rn 之间不允许相互传送数据。例如，下列各指令都是非法指令格式：

```
MOV Rn，Rn        ;非法指令格式
MOV @Ri，@Ri      ;非法指令格式
MOV Rn，@Ri       ;非法指令格式
MOV @Ri，Rn       ;非法指令格式
```

例 3.3.1 分析下列指令，判断其指令格式是否正确。

```
(1) MOV A，P1           ;正确
(2) MOV 30H，P1         ;正确，目的操作数为片内 RAM，源操作数为 SFR
(3) MOV P0，P1          ;正确，源操作数和目的操作数均为 SFR
(4) MOV 50H，60H        ;正确，源操作数和目操作数均为片内 RAM
(5) MOV 30H，#25H       ;正确
(6) MOV 30H，@R0        ;正确，@R0 一定是片内 RAM
(7) MOV R0，R1          ;非法指令
(8) MOV @R0，P1         ;正确，@R0 一定为片内 RAM
(9) MOV @R0，A          ;正确，@R0 一定为片内 RAM
(10) MOV @R0，R1        ;非法指令
(11) MOV R3，@R0        ;非法指令
```

2. 累加器 A 与外部数据存储器之间的传送指令 MOVX

51 单片机用 MOVX 指令同外部数据存储器或 I/O 端口之间交换信息，而且只能通过累加器 A 实现 CPU 与外部的数据传送，即两个操作数中必定有一个是 A。MOVX 指令只有 4 种格式：

```
MOVX A，@DPTR        ;用@DPTR 访问外部 RAM 64 KB 空间
MOVX A，@Ri          ;用@Ri 访问外部 RAM 低 256 B 空间(00H～FFH)
MOVX @DPTR，A
MOVX @Ri，A
```

这组指令的功能为：在累加器 A 与外部数据存储器 RAM 单元或 I/O 端口之间进行数据传送，前两条指令执行时，P3.7（$\overline{RD}$ 信号）引脚上输出 $\overline{RD}$ 有效信号，作为外部数据存储器的读选通信号；后两条指令执行时，在 P3.6（$\overline{WR}$ 信号）引脚上输出 $\overline{WR}$ 有效信号，用作外部数据存储器的写选通信号。

例 3.3.2 把外部 RAM 3000H 单元的数据传送到 2000H 单元中（片外两单元之间的数据传送）。

解 因为没有片外两存储单元之间直接传送数据的指令，只能通过累加器 A 进行中转才能完成把 3000H 单元中的数据传送到 2000H 单元中。参考程序如下：

```
MOV    DPTR，#3000H        ;设置源数据指针，DPTR←3000H 单元地址
MOVX   A，@DPTR            ;A←(3000H)
MOV    DPTR，#2000H        ;设置目的数据指针，DPTR←2000H 单元地址
MOVX   @DPTR，A            ;(2000H)←A
```

例 3.3.3 把从 60H 单元开始的外部 RAM 中的 16 个字节数据依次传送到以 30H 开始的内部 RAM 区域中（片外与片内的数据块传送）。

　　解　对于片外 RAM 与片内 RAM 间的数据传送，也只能通过累加器 A 进行传送。参考程序如下：

```
        MOV    R0, #30H      ; R0 为目的数据地址指针
        MOV    R7, #16       ; R7 为计数器
        MOV    R1, #60H      ; R1 为源数据地址指针
NEXT:   MOVX   A, @R1
        MOV    @R0, A
        INC    R1
        INC    R0
        DJNZ   R7, NEXT
```

　　例 3.3.4　将外部 RAM 2000H～2020H 单元的数据传送到以 3000H 为首址的外部 RAM 中。

　　解　在外部 RAM 之间进行批量数据传送时，可先将外部 RAM 数据传送到内部 RAM 中，然后再传送到外部 RAM 目标地址。参考程序如下：

```
        ; 先将外部 RAM 数据传送到内部 RAM 30H～50H 中
        MOV    R0, #30H
        MOV    R7, #20H
        MOV    DPTR, #2000H
LOOP1:  MOVX   A, @DPTR
        MOV    @R0, A
        INC    DPTR
        INC    R0
        DJNZ   R7, LOOP1
        ; 再将暂存于内部 RAM 30H～50H 中的数据传送到外部 RAM 目标地址中
        MOV    R0, #30H
        MOV    R7, #20H
        MOV    DPTR, #3000H
LOOP2:  MOV    A, @R0
        MOVX   @DPTR, A
        INC    DPTR
        INC    R0
        DJNZ   R7, LOOP2
```

　　3. 查表指令 MOVC

　　MOVC 指令称为查表指令，可用来查找存放在程序存储器中的常数表格。它只有两种格式：

```
        MOVC A, @A+DPTR    ; (A)←((DPTR)+(A))
        MOVC A, @A+PC      ; (A)←((PC)+(A))
```

　　第一条指令是以 DPTR 作为基址寄存器，累加器 A 的内容作为无符号数与 DPTR 的值相加，得到一个 16 位地址，并把该地址指示的程序存储器单元的内容送到累加器 A。这条指令的执行结果只与指针 DPTR 及累加器 A 的内容有关，与该指令存放的地址无关。因此，表格的大小和位置可以存放在 64 KB 程序存储器中任意位置，并且一个表格可以为各

个程序块所共用。

第二条指令是以 PC 作为基址寄存器，A 的内容作为无符号数和 PC 的当前值（下一条指令的起始地址）相加后得到一个 16 位地址，并将该地址指示的程序存储器单元的内容送到累加器 A。这条指令的缺点是，表格只能放在该条查表指令后面的 256 个单元之中，表格的大小受限制，而且表格只能被一段程序利用。

通常把 MOVC A，@A＋DPTR 称为远程查表指令，把 MOVC A，@A＋PC 称为近程查表指令。近程查表指令往往需要对地址增加适当的修正量。

例 3.3.5 编写一个子程序，其入口参数 A 为一个 0～9 的数（BCD 码），利用查表指令找出其对应的 ASCII 码，求得的 ASCII 码存放于 A 中返回。

解 所谓表格是指在程序中定义了一串有序的常数，如 ASCII 码表、平方表、字型码表、键码表等。因为程序一般都是固化在程序存储器（通常是只读存储器 ROM 类型）中，所以可以说表格是预先定义在程序的数据区中，然后和程序一起固化在 ROM 中的一串常数。查表程序的关键是表格的定义和如何实现查表。

程序 1，远程查表：

```
BCD－ASC1：MOV DPTR，＃TAB        ;取表格首址＃TAB
          MOVC A，@A+DPTR
          RET
TAB：     DB'0123456789'          ;定义 ASCII 码表，TAB 为表格首址
```

程序 2，近程查表：

```
BCD－ASC2：INC A                  ;(A)←(A)+1，增加的修正量
          MOVC A，@A+PC
          RET
TAB：     DB'0123456789'          ;ASCII 码表
```

执行 MOVC A，@A＋PC 指令时，PC 的当前值指向的是 RET 指令，没有指向 TAB 的首地址。RET 指令代码占一个单元，子程序用 INC A 指令对 A 加 1，是为了"绕过"RET 指令所占的一个单元而增加的修正量。

例 3.3.6 在外部程序存储器 ROM/EPROM 中，从 TABLE 单元开始依次存放有 0～9 的平方值（常数表格，表格首址为 TABLE）。设累加器 A 中有一个 0～9 范围内的数，从上述常数表格中查找该数的平方值。

解 用 MOVC A，@A＋DPTR 指令查表

```
          ⋮
          MOV A，＃2               ;设要查找 2 的平方值
          MOV DPTR，＃2000H        ;取表格首址
          MOVC A，@A+DPTR         ;(A)←((DPTR)+(A))
          ⋮
          ORG 2000H              ;设表格首址为 2000H
TABLE：   DB 0，1，4，9，16，25，36，49，81    ;常数表格
          ;执行前若(A)=2，则执行后(A)=4
```

4. 堆栈操作指令

在程序实际运行中，需要一个先进后出的堆栈区，在子程序调用、中断服务程序等场

合用以保护现场,这种先进后出的缓冲区称为堆栈区。51 系列单片机的堆栈区设定在片内 RAM 中,SP 为堆栈指针寄存器,其长度为 8 位。系统复位后 SP 之值为 07H。单片机堆栈区域不是固定的,原则上可设在内部 RAM 的任意区域,但为了避开使用频率较高的工作寄存器区和位寻址区,一般设在 60H 以后的范围内。

　　堆栈有两种最基本操作:向堆栈存入数据称为"入栈"或"压入堆栈"(PUSH);从堆栈取出数据称为"出栈"或"弹出堆栈"(POP)。堆栈中数据的存取采用先进后出的方式,即先入栈的数据,后弹出,类似货栈堆放货物的存取方式,"堆栈"一词也因此而得名。

　　入栈指令为:

```
PUSH direct          ;(SP)←(SP)+1
                     ;((SP))←(direct)
```

例:MOV SP,#30H
　　MOV A,#78H
　　PUSH A

数据入栈时,先将堆栈指针 SP 的内容加 1,然后将数据送入堆栈,如图 3.6 所示。

图 3.6　入栈示意图

出栈指令为:

```
POP direct           ;(direct)←((SP))
                     ;(SP)←(SP)−1
```

数据出栈时,按 SP 的指示先把数据出栈,接着堆栈指针 SP 的内容自动减 1。

　　例 3.3.7　编写中断服务程序,进入中断服务程序时,需要把程序状态寄存器 PSW、累加器 A、数据指针 DPTR 进栈保护,中断返回之前恢复。

　　解　中断服务程序如下:

```
PUSH PSW
PUSH ACC
PUSH DPL
PUSH DPH
   ⋮                 ;中断处理程序
POP DPH
POP DPL
POP ACC
POP PSW
RET                  ;中断返回
```

例 3.3.8   设片内 RAM(30H)＝12H，(40H)＝34H，试用堆栈实现 30H 和 40H 单元中的数据互换。

解   参考程序如下，堆栈变化如图 3.7 所示。

```
MOV    SP，＃50H          ;设置 SP 为 50H
PUSH   30H               ;12H 压栈，注意，PUSH 后紧跟直接地址
PUSH   40H               ;34H 压栈
POP    30H               ;34H 出栈，存入 30H 单元
POP    40H               ;12H 出栈，存入 40H 单元
```

图 3.7   堆栈变化示意图

（a）入栈示意图；（b）出栈示意图

注意：

（1）堆栈操作与 RAM 操作的区别。堆栈作为内部 RAM 的一个特殊区域，有其独特性。使用内部 RAM 必须知道单元具体地址，而堆栈只需设置好栈底地址，就可放心使用，无需再记住单元具体地址。堆栈所特有的先进后出的特点，使数据弹出之后，存储单元自动回收，虽然数据仍在 RAM 中，但从逻辑上认为该数据已不存在了，存储单元可再次使用，充分提高了内存的利用率；而内部 RAM 的操作是不能实现存储单元自动回收和再利用的，必须通过编程重新分配，才能再次使用。

（2）51 系列单片机的堆栈区是向上生成的，因此设置 SP 初值时要充分考虑堆栈的深度，预留出足够的内存空间，满足堆栈使用，否则就会发生堆栈溢出引起程序出错。

5．字节交换指令

```
XCH     A，Rn        ;(A)⇌(Rn)
XCH     A，@Ri       ;(A)⇌((Ri))
XCH     A，direct    ;(A)⇌(direct)
XCHD    A，@Ri       ;(A)₃~₀⇌((Ri))₃~₀
SWAP    A           ;(A)₇~₄⇌(A)₃~₀
```

XCH 指令是将累加器 A 的内容和源操作数内容相互交换；XCHD 是半字节交换指令，是将累加器 A 的低 4 位二进制数和(Ri)所指示的内部 RAM 单元的低 4 位相互交换，高 4 位数保持不变。SWAP 是将累加器 A 中的高 4 位与低 4 位进行交换。

例如，设累加器 A 的内容为 12H，而 R0 的内容为 34H，则执行 XCH A，R0 指令后，累加器 A 的内容为 34H，R0 的内容为 12H，即 A 和 R0 的内容交换了。交换指令与数据传

送指令不同，数据传送指令执行后，源操作数传送到目的操作数中覆盖了目的操作数原来的内容。

再如，设累加器 A 的值为 2EH，R0 的内容为 30H，内部 RAM 30 单元的内容为 48H，执行 XCHD A,@R0 指令后，累加器 A 的内容为 28H，内部 RAM 30H 单元的内容将为 4EH，即 A 与寄存器 R0 指定的内存单元的低 4 位交换，而高 4 位不变。

3.3.2 算术运算指令

算术运算指令用来完成各种算术运算。51 系列单片机有加、减、乘、除 4 种算术运算。

1. 加法指令

1）不带进位的加法指令

```
ADD     A,#data     ;(A)←(A)+#data
ADD     A,Rn        ;(A)←(A)+(Rn)
ADD     A,direct    ;(A)←(A)+(direct)
ADD     A,@Ri       ;(A)←(A)+((Ri))
```

上述指令完成累加器 A 与相应源操作数的相加，结果存放在累加器 A 中，且运算对程序状态寄存器 PSW 中的标志位产生影响。

注意：用户可根据需要把参与运算的数据看成无符号数（0～255），也可以把它们看成带符号数（补码数）。无符号数参与运算时，关心进位标志位 C_Y，若 $C_Y=0$，则表示运算结果小于等于 255，没有进位；若 $C_Y=1$，则表示运算结果大于 255，产生了进位。带符号数参与运算时，关心溢出标志位 OV，若 OV=0，则表示运算正确，运算结果在 $-128\sim+127$ 范围内；若 OV=1，则表示运算出错，运算结果超出了 $-128\sim+127$ 范围，需要进行出错处理。溢出标志 OV 和进位标志 C_Y 是两种不同性质的标志。

例 3.3.9 试分析执行下列指令后，PSW 中 C_Y、OV、AC 及 P 标志位的状态。

```
MOV   A,#0FFH
ADD   A,#02H
```

解 ADD 指令的执行过程及运算结果如图 3.8 所示。溢出标志的判断方法为：$OV=C_Y\oplus C_Y'$，其中 C_Y' 为次高位向最高位的进位。

图 3.8　ADD 对 PSW 的影响

2）带进位加法指令

```
ADDC A,#data        ;(A)←(A)+#data+C_Y
ADDC A,Rn           ;(A)←(A)+(Rn)+C_Y
ADDC A,direct       ;(A)←(A)+(direct)+C_Y
ADDC A,@Ri          ;(A)←(A)+((Ri))+C_Y
```

这组指令的功能与加法指令类似，惟一的不同之处是，在执行加法时，还要将进位标

志 C_Y 的内容加进去，对于标志位的影响与普通加法指令相同。

例如，可通过如下指令将存放在 30H、31H 单元中的 16 位二进制数与存放在 32H、33H 单元中的 16 位二进制数相加并将结果存放在 30H、31H 中。

```
MOV   A, 30H       ；将被加数低 8 位送到累加器 A
ADD   A, 32H       ；与加数低 8 位，即 32H 单元内容相加，结果存放在 A 中
MOV   30H, A       ；将和的低 8 位保存到 30H 单元
MOV   A, 31H       ；将被加数高 8 位送累加器 A
ADDC  A, 33H       ；与加数高 8 位，即 33H 单元内容相加，结果存放在累加器 A 中
                   ；由于低 8 位相加时，结果可能大于 0FFH，产生进位，因此在高
                   ；8 位相加时用 ADDC 指令
MOV   31H, A       ；将和的高 8 位保存到 31H 单元中
```

3）增量指令

```
INC A          ；(A)←(A)＋1
INC Rn         ；(Rn)←(Rn)＋1
INC direct     ；(direct)←(direct)＋1
INC @Ri        ；((Ri))←((Ri))＋1
INC DPTR       ；(DPTR)←(DPTR)＋1
```

这组指令的功能是将指令中所指出操作数的内容加 1。除 INC A 影响 P 标志外，这组指令都不影响任何标志。若原来的内容为 0FFH，则加 1 后使操作数的内容变成 00H，但不影响任何标志（除 INC A 影响 P 标志外）。最后一条指令是对 16 位的数据指针寄存器 DPTR 加 1。

注意：INC 指令中，当操作数是某一 I/O 端口时，如" INC P1"，先将 P1 口锁存器内容读出，加 1 后，再写入 P1 口锁存器中，因此 INC Pi(i＝0，1，2，3)属于"读—修改—写"指令。

4）十进制调整指令

```
DA A
```

这条指令用于压缩 BCD 码加法运算的十进制调整。它只能跟在 ADD 或 ADDC 指令之后，对累加器 A 中所获得的 8 位运算结果进行十进制调整，使 A 中的内容调整为二位 BCD 码。它判断 A 中的低 4 位是否大于 9 和辅助进位标志 AC 是否为"1"，若两者有一个条件满足，则低 4 位加 6；同样，A 中的高 4 位大于 9 或进位标志 C_Y 为"1"，若两者有一个条件满足时，则高 4 位加 6。

例如，两个 BCD 数 36 与 45 相加，结果应为 BCD 码 81，程序如下：

```
MOV A, ＃36H
ADD A, ＃45H
DA A
```

该程序中，第一条指令将立即数 36H(BCD 码 36)送入累加器 A；第二条指令完成加法，结果为 7BH；第三条指令对累加器 A 进行十进制调整，低 4 位（为 0BH）大于 9。因此，要加 6，得调整的 BCD 码 81。

注意：这条指令不能对减法指令的结果进行调整，且其结果不影响溢出标志位。

例 3.3.10　将 R2 中以压缩形式存放的两位 BCD 码减 1。

解　51 单片机没有减法的十进制调整指令，而 DA A 指令只能对加法进行调整。所以，可将减法用加法来实现，减 1 相当于加 99。因此，实现两位 BCD 码减 1 的程序如下：

```
MOV A, R2
ADD A, ♯99H
DA A
MOV R2, A
```

2. 减法指令

1）带借位减法指令

```
SUBB A, ♯ data        ; (A)←(A)— ♯ data — CY
SUBB A, Rn            ; (A)←(A)—(Rn)— CY
SUBB A, direct        ; (A)←(A)—(direct)— CY
SUBB A, @Ri          ; (A)←(A)—((Ri))— CY
```

这组指令的功能是：将累加器 A 的内容与第二操作数及进位标志相减，结果送回累加器 A 中。在执行减法过程中，如果 D7 有借位，则进位标志 C_Y 置"1"，否则 C_Y 清"0"；如果 D3 有借位，则辅助进位标志 AC 置"1"，否则清"0"；如果 D6 有借位而 D7 没有借位，或 D7 有借位而 D6 没有借位，则溢出标志 OV 置"1"，否则清"0"。

注意：51 单片机没有不带借位的减法指令。若要进行不带借位的减法操作，则可以先将 C_Y 清"0"然后再用减法指令。

例 3.3.11　求内部 RAM 两单元的差值，被减数存放在内部 30H 单元，减数存放在 31H 单元，将差放在 30H 单元。

```
MOV A, 30H          ；被减数送累加器 A
CLR C                ；进位标志 CY 清零
SUBB A, 31H          ；与 31H 单元内容相减
MOV 30H, A          ；将结果保存在 30H 单元
```

2）减 1 指令

```
DEC A                ; (A)←(A)— 1
DEC Rn               ; (Rn)←(Rn)— 1
DEC direct           ; (direct)←(direct)— 1
DEC @Ri             ; ((Ri))←((Ri))— 1
```

这组指令的功能是将相应的操作数减 1。除 DEC A 影响 P 标志外，这组指令都不影响任何标志。若原来的内容为 00H，则减 1 后使操作数的内容变成 FFH，但不影响任何标志（除 DEC A 影响 P 标志外）。

3. 乘法指令

完成单字节乘法运算，只有一条指令：

```
MUL AB              ; (B7~0 A7~0)←(A) * (B)
```

将累加器 A 的内容与寄存器 B 的内容相乘，乘积的低 8 位存放在累加器 A 中，高 8 位存放于寄存器 B 中。如果乘积超过 0FFH，则溢出标志 OV 置"1"，否则清"0"。乘法指令执行后进位标志 C_Y 总是为"0"。

4. 除法指令

完成单字节的除法，只有一条指令：

```
DIV AB        ;(A)←(A)/(B)的商
              ;(B)←(A)/(B)的余数
```

将累加器 A 中的内容除以寄存器 B 中的 8 位无符号整数，所得商存放在累加器 A 中，余数存放在寄存器 B 中，清进位标志 C_Y 和溢出标志 OV。若原来 B 中的内容为 0，则执行该指令后 A 与 B 中的内容不定，并将溢出标志 OV 置"1"。在任何情况下，进位标志 C_Y 总是被清"0"。

3.3.3　逻辑运算指令与移位指令

1. 逻辑与指令

```
ANL    A，#data        ;(A)←(A)∧#data
ANL    A，Rn           ;(A)←(A)∧(Rn)
ANL    A，direct        ;(A)←(A)∧(direct)
ANL    A，@Ri           ;(A)←(A)∧((Ri))
ANL    direct，A        ;(direct)←(direct)∧(A)
ANL    direct，#data    ;(direct)←(direct)∧#data
```

这组指令的功能是将两个操作数的内容按位进行逻辑与操作，并将结果送回目的操作数单元中。

例如，(A)＝35H，执行 ANL A，#0FH 后，(A)＝05H。

2. 逻辑或指令

```
ORL    A，#data         ;(A)←(A)∨#data
ORL    A，Rn            ;(A)←(A)∨(Rn)
ORL    A，direct         ;(A)←(A)∨(direct)
ORL    A，@Ri            ;(A)←(A)∨((Ri))
ORL    direct，A         ;(direct)←(direct)∨(A)
ORL    direct，#data     ;(direct)←(direct)∨#data
```

这组指令的功能是将两个操作数的内容按位进行逻辑或操作，并将结果送回目的操作数单元中。

3. 逻辑异或指令

```
XRL    A，#data         ;(A)←(A)⊕#data
XRL    A，Rn            ;(A)←(A)⊕(Rn)
XRL    A，direct         ;(A)←(A)⊕(direct)
XRL    A，@Ri            ;(A)←(A)⊕((Ri))
XRL    direct，A         ;(direct)←(direct)⊕(A)
XRL    direct，#data     ;(direct)←(direct)⊕#data
```

这组指令的功能是将两个操作数的内容按位进行逻辑异或操作，并将结果送回到目的操作数单元中。

4. 移位指令

```
RL     A        ;累加器 A 的内容向左环移 1 位
RR     A        ;累加器 A 的内容向右环移 1 位
RLC    A        ;累加器 A 的内容带进位标志位向左环移 1 位
RRC    A        ;累加器 A 的内容带进位标志位向右环移 1 位
```

这组指令的功能是对累加器 A 的内容进行简单的移位操作。除了带进位标志位的移位指令外，其他都不影响 C_Y，AC 和 OV 等标志，如图 3.9 所示。

图 3.9　移位指令

(a) RL A；(b) RR A；(c) RLC A；(d) RRC A

5. 累加器 A 清零与取反指令

```
CLR A        ;累加器 A 清 0
CPL A        ;累加器 A 按位取反
```

例 3.3.12　利用移位指令把片内 RAM 的 30H 单元的数据乘 2，乘积的低 8 位存放于片内 RAM 的 30H 单元中，高 8 位存放于 31H 单元中。

解　参考程序如下：

```
MOV A, 30H
CLR C
RLC A            ;数据与 2 相乘，超出位存于 C_Y
MOV 30H, A       ;乘积的低 8 位存放在 30H 单元中
CLR A            ;累加器 A 清 0
RLC A            ;C_Y 移入 A
MOV 31H, A       ;乘积的高 8 位存放于 31H 单元中
```

例 3.3.13　求双字节数的补码。设有一个 16 位二进制正数 X，X 的高 8 位存放在 R3 中，X 的低 8 位存放在 R2 中，求 −X 的补码。其补码仍存放于 R3 和 R2 中。

解　参考程序如下：

```
MOV   A, R2      ;取低 8 位
CPL   A          ;低 8 位取反
ADD   A, #01H    ;取低 8 位＋1
MOV   R2, A      ;存低 8 位
MOV   A, R3      ;取高 8 位
CPL   A          ;取高 8 位取反
ADDC  A, #00H    ;加低 8 位的进位
MOV   R3, A      ;存高 8 位
```

例 3.3.14　设片内 RAM 的 20H 单元和 21H 单元各有一个 8 位数据：

$$(20H) = X_7 X_6 X_5 X_4 X_3 X_2 X_1 X_0$$

$$(21H) = Y_7 Y_6 Y_5 Y_4 Y_3 Y_2 Y_1 Y_0$$

现要求从 20H 中取出低 5 位，并从 21H 中取出低 3 位，把取出的 8 位数据重新装配成一个字节存于 30H 单元，且规定装配格式如下：

$$(30H) = Y_2 Y_1 Y_0 X_4 X_3 X_2 X_1 X_0$$

解　参考程序如下：

```
MOV   30H, 20H      ; 将 X 传送到 30H
ANL   30H, ♯1FH     ; 屏蔽将 X_7 X_6 X_5
MOV   A, 21H        ; 将 Y 传送到 A
SWAP  A             ; 将 Y_7 Y_6 Y_5 Y_4 与 Y_3 Y_2 Y_1 Y_0 互换
RL    A             ; 将 Y_2 Y_1 Y_0 互移至高 3 位
ANL   A, ♯0E0H      ; 屏蔽低 5 位
ORL   30H, A        ; 完成装配
```

3.3.4　控制转移指令

51 系列单片机提供了较丰富的控制转移指令，编程相当灵活。其中有 64 KB 范围内的长转移指令 LJMP、长调用指令 LCALL；有 2 KB 范围内的绝对转移 AJMP 和绝对调用指令 ACALL；有一页范围内的相对转移指令 SJMP；还有多种条件转移指令。

1. 无条件转移指令

1）长转移指令

LJMP addr16　　　; (PC)← addr16

LJMP 为 3 字节指令，其操作码为 02H，随后两个字节是要转向的 16 位的目标地址。执行该指令时，直接将 16 位的目标地址 addr16 装入 PC，程序无条件转向指定的目标地址。转移的目标地址可以在 64 KB 程序存储器地址空间的任何区域，如图 3.10 所示。执行跳转时，不影响任何标志位。

(a)　　　　　　　　　　　　　　　　(b)

图 3.10　LJMP addr16 指令示意图

(a) LJMP 机器码结构；(b) LJMP 转移范围 64 KB

例如，在 0000H 单元存放一条指令：

LJMP 0040H　　　; addr16＝0040H

其机器码的 3 个字节依次为 02H、00H、40H。上电复位后，（PC）＝0000H，执行 LJMP 时，（PC）←0040H，则程序转向 0040H 执行用户程序。书写程序时，addr16 用符号地址表示。如：

```
ORG 0000H
LJMP START          ; 上电复位时执行该指令，再转向 START
ORG 0040H
START: …            ; 用户程序从 0040H 开始
```

2）绝对转移指令

　　　　　　AJMP addr11　　　　　　　；(PC)←(PC)＋2

　　　　　　　　　　　　　　　　　　；(PC10～0)← a10～0

　　AJMP 为 2 字节指令，其机器码由要转向的 11 位的地址码和该指令特有的操作码 00001 组成（见图 3.11 所示）。执行该指令时，先将 PC＋2，然后将 addr11（即 a10～0）送入 PC10～0，而 PC15～11 保持不变。这样便可得到跳转的目的地址。需要注意的是，由于 11 位地址的范围是 00000000000～11111111111，即 2 KB 范围，而目的地址的高 5 位是 PC 当前值，因此程序可转移的位置只能是和 PC 当前值在同一 2 KB 范围内。本指令执行后不影响状态标志位。

AJMP addr11 机器码结构	a10	a9	a8	0	0	0	0	1	a7	a6	a5	a4	a3	a2	a1	a0
形成的 目标地址 PC	PC15	PC14	PC13	PC12	PC11	a10	a9	a8	a7	a6	a5	a4	a3	a2	a1	a0

图 3.11　AJMP addr11 指令示意图

　　例如，若 AJMP 指令地址(PC)＝2300H，则执行指令 AJMP 0FFH 后，结果为：转移目的地址(PC)＝20FFH，程序向前转到 20FFH 单元开始执行。

　　又如，若 AJMP 指令地址(PC)＝2FFFH，则执行指令 AJMP 0FFH 后，结果为：转移目的地址(PC)＝28FFH，程序向前转到 28FFH 单元开始执行。

　　由此可见：若 addr11 相同，则 AJMP 指令的机器码相同，但转移的目的地址却可能不同，这是因为转移的目的地址是由 PC 当前值的高 5 位与 addr11 共同决定的。

3）相对转移指令

　　　　　　SJMP rel　　　　　　　　　；(PC)←(PC)＋ 2

　　　　　　　　　　　　　　　　　　；(PC)← (PC)＋ rel

　　SJMP rel 为双字节指令，其机器码由操作码 80H 和操作数 rel 组成，如图 3.12(a)所示。其中，rel 是用 8 位补码（带符号数）表示的一个偏移量。执行该指令时，先将 PC＋2（即 SJMP 指令所在地址加 2，称为 PC 的当前值），再加 rel 便是要跳转到的目的地址。因为 8 位补码的取值范围为 －128～＋127，所以该指令的转移范围是：相对于 PC 当前值先向前跳转 128 字节，后向后跳转 127 字节。即

　　　　　　目的地址＝ SJMP 指令所在地址 ＋ 2 ＋ rel

　　　　　　　　　　＝PC 当前值 ＋ rel

　　例如，在 2100H 单元有指令 SJMP 08H ；指令执行情况如图 3.12(b)所示。若在此 rel ＝ 08H（正数），则转移的目的地址为 210AH（向后转）。用汇编语言编程时，指令中的相对地址 rel 往往用符号地址表示。如写成 SJMP KL0，其中 KL0 是用符号表示的目的地址，则机器汇编时，能自动算出相对地址值。

　　又如，在 3100H 单元有指令 SJMP 0F0H，指令执行情况如图 3.12(c)所示。在此 rel ＝ F0H，是一个负数(－16)，则转移目的地址为

　　　　　　PC 当前值 ＋ rel ＝ PC 当前值 ＋(－16 的 16 位补码 FFF0H)

　　　　　　　　　　　　　＝ PC 当前值 －16

　　　　　　　　　　　　　＝3102H － 10H

　　　　　　　　　　　　　＝30F2H

再如，在 4100H 单元有指令

　　HERE：SJMP HERE

该指令执行情况如图 3.12(d) 所示。在此 rel ＝ FEH，是一个负数(−2)，目的地址就是 SJMP 指令的首地址，程序就不会再向后执行，造成单指令的无限循环，进入等待状态，往往用该指令作为停机指令使用。在汇编语言中，可用 $ 符号表示 SJMP 指令的地址，于是该指令即可写成 SJMP $。

图 3.12　SJMP rel 指令示意图

(a) SJMP 转移范围；(b) SJMP 08H；(c) SJMP 0F0H；(d) SJMP $

注意：以上 3 种无条件转移指令在应用上的区别有以下几点：

(1) 转移距离不同。LJMP 可在 64 KB 范围内转移，AJMP 指令可以在本指令取出后的 2 KB 范围内转移，SJMP 的转移范围是相对 PC 当前值的 −128～＋127 个字节。

(2) 汇编后机器码的字节数不同。LJMP 是 3 字节指令，AJMP 和 SJMP 都是 2 字节指令。

(3) LJMP 和 AJMP 都是绝对转移指令，而 SJMP 是相对转移指令。当修改程序时，只要相对地址不变，SJMP 指令的机器码就不变。

选择无条件转移指令的原则是根据跳转的远近和 ROM 的存储空间大小而定。若 ROM 的存储空间有限，则尽可能选择占用字节数少的指令。例如，动态暂停指令一般都选用 SJMP $，而不用 LJMP $。若 ROM 的存储空间不受限制，则尽可能使用 LJMP，因为 LJMP 的转移地址比较直观，便于调试程序。

4) 散转指令(间接长转移指令)

　　JMP @A＋DPTR　　　；(PC)←(A)＋(DPTR)

执行该指令时，把累加器 A 中的 8 位无符号数与数据指针中的 16 位数相加，结果作为下一条指令的地址送入 PC，利用该指令能实现程序的散转。该指令不改变累加器 A 和数据指针 DPTR 的内容，也不影响标志。

例 3.3.15　编写程序，根据累加器 A 的值转向不同的入口地址。当

　　（A）＝0 时，转向 KL0

　　（A）＝1 时，转向 KL1

　　（A）＝2 时，转向 KL2

　　⋮

解　参考程序如下：

```
          MOV    DPTR，#TABLE          ；取转移表首址
          RL     A                    ；(A)←(A)＊2，因为 AJMP 占 2 个字节，所以要修正 A 值
          JMP    @A＋DPTR
TABLE：AJMP    KL0                  ；若原(A)＝0，则转向 KL0
          AJMP   KL1                  ；若原(A)＝1，则转向 KL1
          AJMP   KL2
                 ⋮
```

2. 条件转移指令

```
     JZ  rel      ；当 A＝0 时跳转，A≠0 时则顺序执行下面的指令，即不跳转
     JNZ rel      ；A≠0 时跳转，A＝0 时不跳转继续执行程序
```

这类指令是双字节指令，第一个字节是操作码，第二个字节是 8 位的相对偏移量（带符号数）。它们依据累加器 A 的内容是否为 0 进行转移。条件满足时程序跳转，条件不满足时则顺序执行下面的指令。当条件满足时，其转移情况类似于 SJMP 指令的转移，有

$$目的地址 ＝ 指令所在地址 ＋ 2 ＋ rel$$
$$＝ PC 当前值 ＋ rel$$

它们的转移范围是相对于 PC 当前值的 $-128 \sim +127$ 个字节。指令不影响任何标志位。

例 3.3.16　在片外 RAM 中，从首地址为 DATA1 的存储区中读取一个数据块，该数据块中不包含 0 元素。试将该数据块传送到片内 RAM 首地址为 DATA2 的存储区中，若遇到 0 结束传送。

解　外部 RAM 向内部 RAM 的数据转送一定要经过累加器 A，正好利用判零条件转移可以判断是否要继续传送数据。完成数据传送的程序段如下：

```
          MOV   DPTR，#DATA1         ；DPTR 作为外部数据块的地址指针
          MOV   R1，#DATA2           ；R1 作为内部数据块的地址指针
          MOV   R7，#len
LOOP：MOVX  A，@DPTR            ；取外部 RAM 数据送入 DPTR
          JZ    EXIT                 ；数据为零则结束传送
          MOV   @R1，A               ；数据传送至内部 RAM 单元
          INC   DPTR                 ；修改指针，指向下一个地址
          INC   R1
          DJNZ  R7，LOOP             ；循环
EXIT：…
```

3. 比较转移指令

在 51 系列单片机中没有专门的比较指令，但提供了下面 4 条比较不相等转移指令：

CJNE A，direct，rel

CJNE A，#data，rel

CJNE Rn，#data，rel

CJNE @Ri，#data，rel

这组指令是先对两个规定的操作数进行比较，再根据比较的结果来决定是否转移。若两个操作数相等，则不转移，程序顺序执行；若两个操作数不等，则转移。

注意：

（1）以上指令在执行时要进行一次比较操作，比较是进行一次减法运算，但不保存差值，不影响任何操作数，只是根据比较的结果影响程序状态字寄存器 PSW 的 C_Y 标志。如果第一个操作数（无符号整数）小于第二个操作数，则进位标志 C_Y 置"1"，否则清"0"。利用标志位 C_Y 作进一步的判断，可实现三分支转移。

（2）转移地址的计算方法与 SJMP 指令相同。它们的转移范围是相对于 PC 当前值的 $-128 \sim +127$ 个字节。

例 3.3.17 设 P2 口是一般的输入端口，不断检测 P2 口的输入数据，当从 P2 口输入数据为 01H 时，程序继续执行，否则等待，直到 P2 口出现 01H。

解 参考程序如下：

```
        MOV A，#01H              ;立即数 01H 送 A
WAIT：CJNE A，P2，WAIT          ;(P2)≠01H，则等待
```

例 3.3.18 在图 3.13 中，P1 口控制了 8 个发光二极管 L7～L0。试编写程序，使 L7～L0 按二进制计数规律从 1～128 增 1 计数，某位为 1，对应的发光二极管发亮，否则熄灭，计到 128 时结束。

图 3.13　P1 口输出控制电路

解 参考程序如下：

```
        MOV   A，#00H            ;加 1 后从 1 开始计数
NEXT：  INC A
        MOV   P1，A
        LCALL DELAY2S           ;调子程序，延迟 2 s
        CJNE   A，#128，NEXT ；
              ⋮
```

4. 减 1 不为 0 转移指令

DJNZ Rn，rel

DJNZ direct，rel

减 1 条件转移指令有两条。每执行一次这种指令，就把第一操作数减 1，并把结果仍保存在第一操作数中，然后判断是否为零。若不为零，则转移到指定的地址单元，转移地址的计算方法与 SJMP 指令相同。它们的转移范围是相对于 PC 当前值的 $-128 \sim +127$ 个字节。这组指令对于构成循环程序是十分有用的，可以指定任何一个工作寄存器或者内部 RAM 单元作为循环计数器。每循环一次，这种指令被执行一次，计数器就减 1。到达预定的循环次数，计数器就被减为 0，顺序执行下一条指令，也就结束了循环。

例 3.3.19　试编程序，使图 3.13 中的 8 个发光二极管 L7～L0 从左至右依次发亮，共亮两遍结束。

解　参考程序如下：

```
            MOV    R7, #16
            MOV    A, #80H
L1:         MOV    P1, A
            LCALL  DELAY2S
            RR     A
            DJNZ   R7, L1
            ⋮
```

5. 进位条件转移指令

```
    JC rel          ；若 Cʏ=1，则转移 (PC)←(PC)+2+rel
    JNC rel         ；若 Cʏ=0，则转移 (PC)←(PC)+2+rel
```

这两条指令测试进位标志 C_Y，并根据 Cy 的值完成转移。

6. 位测试转移指令

```
    JB bit, rel     ；若(bit)=1，则转移(PC)←(PC)+3+rel
    JNB bit, rel    ；若(bit)=0，则转移(PC)←(PC)+3+rel
    JBC bit, rel    ；若(bit)=1，则转移(PC)←(PC)+3+rel，并 bit←0
```

这组指令测试指定位 bit 的值，并根据其值完成转移。

7. 调用及返回指令

程序设计时，为了提高编程效率，通常把具有一定功能的公用程序段编制成子程序，当主程序需要使用子程序时用调用指令；而在子程序的最后安排一条子程序返回指令，以便执行完子程序后能返回主程序继续执行。下列指令格式中给出的是地址，通常我们在编程时不必直接给出地址，而是给出子程序名，即子程序的首地址标号。

1）长调用指令

```
    LCALL addr16          ；(PC)←(PC)+3
                          ；(SP)←(SP)+1, ((SP))←(PC7～0)
                          ；(SP)←(SP)+1, ((SP))←(PC15～8)
                          ；(PC)← addr16
```

LCALL 为 3 字节指令，其操作码为 12H，随后两个字节是 16 位的目标地址。如图 3.14 所示，执行该指令时，CPU 自动将 PC+3 以获得下一条指令的首地址，并把它压入堆栈(先低字节后高字节)，SP 内容加 2，然后将 16 位目的地址 addr16 放入 PC 中，转去执行以该地址为入口的子

图 3.14　LCALL 的机器码

程序。这条指令可以调用 64 KB 范围内存储器中的子程序，指令执行后不影响任何标志。

　　2) 绝对调用指令

　　　　ACALL addr11　　　　; (PC)←(PC)+2

　　　　　　　　　　　　　　; (SP)←(SP)+1, ((SP))←(PC7~0)

　　　　　　　　　　　　　　; (SP)←(SP)+1, ((SP))←(PC15~8)

　　　　　　　　　　　　　　; (PC10~0)← addr11

　　ACALL 的机器码与 AJMP 指令类似，它为 2 字节指令，其机器码由 11 位的目标地址码和该指令特有的操作码 10001 组成，如图 3.15 所示。

ACALL addr11 机器码结构	a10	a9	a8	1	0	0	0	1	a7	a6	a5	a4	a3	a2	a1	a0
形成的 目标地址 PC	PC15	PC14	PC13	PC12	PC11	a10	a9	a8	a7	a6	a5	a4	a3	a2	a1	a0

图 3.15　ACALL 指令与目标地址

　　执行该指令时，先将 PC+2 以获得下一条指令的地址，然后将 PC 中 16 位地址压入堆栈(PCL 内容先进栈，PCH 内容后进栈)，堆栈指针 SP 内容加 2，最后把 PC 的高 5 位 (PC15~11)与指令中提供的 11 位地址 addr11 相连接(PC15~11，a10~0)，形成子程序的入口地址送入 PC，使程序转向子程序执行。

　　注意：这是一条 2 KB 范围内的子程序调用指令。调用的子程序的入口地址必须与 ACALL 下面一条指令的第一个字节在同一个 2 KB 区域的存储器区内。

　　3) 子程序返回指令

　　　　RET　　　　　　　　　; (PC15~8)←((SP))，(SP)←(SP)-1

　　　　　　　　　　　　　　; (PC7~0)←((SP))，(SP)←(SP)-1

　　这条指令的功能是恢复断点，将调用子程序时压入堆栈的下一条指令的首地址弹出送回 PC，使程序返回主程序继续执行。

　　4) 中断返回指令

　　　　RETI　　　　　　　　; (PC15~8)←((SP))，(SP)←(SP)-1

　　　　　　　　　　　　　　; (PC7~0)←((SP))，(SP)←(SP)-1

　　这条指令的功能与 RET 指令相似，所不同的是，它除了完成程序返回功能之外，还要清除单片机内部的中断状态标志位。

3.3.5　位操作指令

　　位操作类指令的操作数是字节中的某一位(bit)，由于每一位的取值只能是 0 或 1，因此位操作指令也称为布尔变量操作指令。位操作指令可以完成以位为对象的数据转送、逻辑运算和控制转移等操作。

　　位操作类指令在单片机指令系统中占有重要地位，这是因为单片机在控制系统中主要用于控制线路的通、断及继电器的吸合与释放等。MCS-51 单片机内部有一个功能相对独立的布尔处理机，借用进位标志 C_Y(在指令中简写为 C)作为位累加器进行各种位操作。位操作指令的寻址范围是片内 RAM 的 20H~2FH 单元的 128 位(位址为 00H~7FH)和 SFR 中的可进行位寻址的寄存器中的每一位。在位操作指令中，位地址的表达形式有以下几种：

　　（1）直接位地址方式：如 00H，97H，0A8H；

　　（2）点操作符方式：如 20H.0，P1.7，IE.0；

　　（3）位名称方式：如 EX0；

　　（4）用户定义名方式：如用伪指令 BIT 定义：FLG BIT EX0，经定义后，允许指令中使用 FLG 代替 EX0。

1. 位数据传送指令

```
MOV C, bit        ; C ←(bit)
MOV bit, C        ; (bit)←C
```

这组指令的功能是把源操作数指出的布尔变量送到目的操作数指定的位地址单元中。其中，一个操作数必须为进位标志 C_Y，另一个操作数可以是任何可直接寻址位地址。

2. 位清 0 置 1 指令

```
CLR C             ; C_Y ← 0
CLR bit           ; (bit)← 0
SETB C            ; C_Y ← 1
SETB bit          ; (bit)← 1
```

这组指令对操作数所指出的位进行清"0"或 置"1"操作，不影响其他标志位。

3. 位变量逻辑运算指令

1）位逻辑与指令

```
ANL C, bit        ; C_Y←C_Y ∧ (bit)
ANL C, /bit       ; C_Y←C_Y ∧ /(bit)
```

这组指令的功能是位累加器 C 的值与指定位的位状态相"与"，结果保存在 C 中，不影响其他标志。bit 前的斜杠表示对(bit)取反，直接寻址的位状态取反后用作源操作数，但不改变直接寻址位原来的值。

例如，指令 ANL C，/P1.7，若执行前 P1.7 为 0，C 为 1，则指令执行后 C 为 1，而 P1.7 仍为 0。

2）位逻辑或指令

```
ORL C, bit        ; C_Y←C_Y ∨ (bit)
ORL C, /bit       ; C_Y←C_Y ∨ /(bit)
```

这组指令的功能是位累加器 C_Y 的值与指定位的状态相"或"，结果保存在 C_Y 中，不影响其他标志。

3）位取反指令

```
CPL C             ; C_Y ← /C_Y
CPL bit           ; (bit)←/(bit)
```

4. 空操作指令

```
NOP               ; (PC)←(PC)+1
```

执行空操作指令 NOP 时，CPU 什么事也不做，只是消耗了 1 个机器周期的执行时间，常用于实现短时间的延迟等待，编程时处理少量的空余单元等。

5. 位变量条件转移指令

位变量条件转移指令在 3.3.4 节中已作了介绍，为便于大家学习和查找，我们将这些指令再罗列如下：

  JC rel　　　　　；若 $C_Y=1$，则转移 PC←(PC)+2+rel

  JNC rel　　　　 ；若 $C_Y=0$，则转移 PC←(PC)+2+rel

  JB bit，rel　 ；若(bit)=1，则转移 PC←(PC)+3+rel

  JNB bit，rel ；若(bit)=0，则转移 PC←(PC)+3+rel

  JBC bit，rel ；若(bit)=1，则转移 PC←(PC)+3+rel，并 bit← 0

例 3.3.20　　试编程序，使 8051 的 P1.7 引脚输出一串脉冲信号。

解　参考程序如下：

   MOV R7，＃8

   NEXT：CPL P1.7　　　；P1.7 取反，执行时间为 1 个机器周期

   NOP　　　　　　　　；空操作 NOP，执行时间为 1 个机器周期

   DJNZ R7，NEXT　 ；执行时间为 2 个机器周期

该程序在 P1.7 引脚输出 4 个脉冲，每个脉冲的宽度为 4 个机器周期。当振荡频率为 12 MHz 时，1 个机器周期为 1 μs。

例 3.3.21　　利用位操作指令实现图 3.16 中的逻辑电路的功能。

解　参考程序如下：

  MOV C，P1.1

  ORL C，P1.2

  ANL C，P1.0

  ANL C，/P1.3

  CPL C

  MOV P1.7，C

图 3.16　逻辑电路

3.4　常 用 伪 指 令

伪指令是用来对汇编器做说明的，它没有对应的机器码，不产生目标程序，不影响程序的执行，只是帮助进行汇编的一些指令。下面介绍几种常用的伪指令。

1. 设置目标程序起始地址伪指令 ORG

格式：［标号：］ORG addr16

该伪指令的功能是规定其后面的目标程序或数据块的起始地址。它放在一段源程序（主程序、子程序）或数据块的前面，说明紧跟在其后的程序段或数据块的起始地址就是 ORG 后面给出的地址 addr16。

例如：

   ORG　　0040H

  START：MOV　A，＃8EH

表明指令 MOV A，＃8EH 的目标代码从 0040H 单元开始存放。

2. 结束汇编伪指令 END

格式：［标号：］END

END 是汇编语言源程序的结束标志，表示汇编结束。在 END 以后所写的指令，汇编程序都不予处理。

3. 定义字节数据的伪指令 DB

格式：［标号：］DB 项或项表

项或项表指一个字节数据，用逗号分开的字节数据串，或以引号括起来的字符串。该伪指令的功能是把项或项表的数据（字符串按字符顺序以 ASCII 码）存入从标号地址开始的连续存储单元中。

例如：

```
        ORG     5000H
TAB1：  DB      12H,34H,0ABH,100
        DB      '1234','A','B'
```

由于使用了 ORG 5000H，因此 TAB1 的首地址为 5000H。所以，以上伪指令经汇编后，将对 5000H 开始的连续存储单元赋值：

```
(5000H)=12H ,(5001H)=34H,(5002H)=ABH,(5003H)=64H；十进制数 100
(5004H)=31H        ;31H 是数字 1 的 ASCII 码
(5005H)=32H        ;32H 是数字 2 的 ASCII 码
(5006H)=33H        ;33H 是数字 3 的 ASCII 码
(5007H)=34H        ;33H 是数字 4 的 ASCII 码
(5008H)=41H        ;41H 是字母 A 的 ASCII 码
(5009H)=42H        ;42H 是字母 B 的 ASCII 码
```

4. 定义字数据的伪指令 DW

格式：［标号：］DW 项或项表

DW 伪指令与 DB 相似，但 DW 用于定义字数据。项或项表指所定义的一个字数据（两个字节）或用逗号分开的字串。汇编时，机器自动按高 8 位先存入，低 8 位在后的格式排列。

例如：

```
        ORG 6000H
TAB2：  DW 1234H,5H
```

汇编以后：(6000H)=12H,(6001H)=34H,(6002H)=00H,(6003H)=05H。

5. 预留存储空间伪指令 DS

格式：［标号：］DS 表达式

该伪指令的功能是从标号地址开始，保留若干个字节的内存空间以备存放数据。保留的字节单元数由表达式的值决定。

例如：

```
        ORG 6100H
        DS 10H
TAB3：DB 'abcd'
```

汇编后从 6100H 开始，预留 16 个字节的内存单元，从 6110H 开始存放 'abcd'。

6. 等值伪指令 EQU

格式：标号：EQU 项

该伪指令的功能是将指令中项的值赋予 EQU 前面的标号。项可以是常数、地址标号或表达式。

例如：

    PORT1：　　　EQU 8000H

    PORT2：　　　EQU 8001H

汇编后 PORT1、PORT2 分别具有值 8000H、8001H。

用 EQU 伪指令对某标号赋值后，该标号的值在整个程序中就不能再改变了。往往用 EQU 定义端口的口地址，以增强程序的可读性。

7. 定义位地址的伪指令 BIT

格式：标号：BIT 位地址

该伪指令的功能是将位地址赋予 BIT 前面的标号，经赋值后可用该标号代替 BIT 后面的位地址。

例如：

    K1：BIT F0

    K2：BIT P1.0

汇编后，在程序中可以把 K1 和 K2 作为位地址来使用。

3.5　程序设计技术

本节通过介绍汇编语言一些典型的程序设计实例，使读者进一步理解和掌握 51 系列单片机的指令系统，并熟练掌握程序设计的方法和技巧。

3.5.1　数据运算与处理

例 3.5.1　BCD 数运算。把 R1、R2、R3 三个工作寄存器中的压缩 BCD 码数据累加，要求计算结果存入片内 RAM 的 30H 和 31H 单元。

解　本题要求计算(R1)＋(R2)＋(R3)，其结果可能大于 100，所以把累加的高位存入片内 RAM 的 30H，低位存入 31H 单元，则程序为：

```
ORG   0100H
MOV   A，R1
ADD   A，R2        ；计算(R1)＋(R2)
DA    A           ；低位进行 BCD 调整
MOV   31H，A       ；暂存于 31H 单元
MOV   A，#00H
ADDC  A，#00H      ；处理进位位
MOV   30H，A       ；高位暂存于 30H 单元
MOV   A，31H
ADD   A，R3        ；计算(R1)＋(R2)＋(R3)
DA    A           ；低位进行 BCD 调整
MOV   31H，A
MOV   A，30H
ADDC  A，#00H      ；处理进位，因为高位不会大于 9，所以不需要进行 BCD 调整
MOV   30H，A       ；高位存入 30H 单元
SJMP  $
```

例 3.5.2　二进制数转换为 BCD 码。设 8 位二进制数已在 A 中，转换后存于片内 RAM 的 20H 和 21H 单元，转换后的百位数存入 20H 单元，十位和个位数存入 21H 单元。

解　参考程序如下：

```
MOV   B, #100        ;设 A 为要转换的 8 位二进制数
DIV   AB             ;该数除 100，在 A 中是 BCD 码的百位数
MOV   R0, #20H       ;R0 指向 20H 单元
MOV   @R0, A         ;百位数存入片内 RAM 的 20H 单元
INC   R0             ;调整 R0 指向 21H 单元
MOV   A, #10
XCH   A, B           ;该 8 位二进制数除 100 所得余数自 B 交换到 A,
                     ;A 中的 10 交换进 B
DIV   AB             ;除 10 后，十位数在 A 中，个位数在 B 中
SWAP  A              ;A 的十位数调整到 A 的高半字节
ADD   A, B           ;十位数与个位数合并
MOV   @R0, A         ;十位数与个位数存入 20H 单元
SJMP  $
```

例 3.5.3　数据拼拆程序。将内部 RAM 30H 单元中存放的压缩 BCD 数变换成相应的 ASCII 码，分别存放到 31H 和 32H 单元中，如图 3.17 所示。

解　参考程序如下：

```
MOV R0, #30H
MOV A, #30H
XCHD A, @R0          ;A 的低 4 位与 30H 单元的低 4 位交换
MOV 32H, A           ;A 中的数值为低位的 ASCII
MOV A, @R0
SWAP A               ;将高位数据换到低位
ORL A, #30H          ;装配成 ASCII 码
MOV 31H, A
    ⋮
```

图 3.17　数据拼拆示意

3.5.2　程序分支与转移

分支程序比顺序程序的结构复杂得多，其主要特点是程序的流向有两个或两个以上的出口，编程的关键是如何确定供判断或选择的条件以及选择合理的分支指令。要编写高质量的程序不但要有一定的编程技巧，而且必须非常熟悉 MCS - 51 单片机的指令及功能，两者缺一不可。

例 3.5.4　双分支程序设计。片内 RAM 的 20H 单元和 30H 单元各存放了一个 8 位无符号数，请比较这两个数的大小，利用图 3.18(a)中的发光二极管显示比较结果：

若(20H)≥(30H)，则 P1.0 管脚连接的 L0 发光；

若(20H)<(30H)，则 P1.1 管脚连接的 L1 发光。

解　本例是典型的分支程序，根据两个无符号数的比较结果(判断条件)，程序可以选择两个流向之中的某一个，分别点亮相应的 LED。

比较两个无符号数常用的方法是将两个数相减，然后判断有否借位 C_Y。若 $C_Y=0$，无借位，(20H)≥(30H)；若 $C_Y=1$，有借位，(20H)<(30H)。程序的流程图如图 3.18(b)所示。

源程序如下：

```
            ORG   0100H
            MOV   A，20H
            CLR   C              ；C_Y＝0
            SUBB  A，30H          ；带借位减法
            JC    L1             ；若 C_Y＝1，则转移到 L1
            SETB  P1.0           ；若 C_Y＝0，(20H)≥(30H)，则点亮 L0
            SJMP  DOWN           ；直接跳转到结束等待
L1：        SETB  P1.1           ；(20H)<(30H)，点亮 L1
DOWN：      SJMP  $
            END
```

图 3.18　程序分支与结果显示

(a) 显示电路；(b) 二分支结构；(c) 三分支结构

例 3.5.5　三分支程序设计。片内 RAM 的 20H 单元和 30H 单元各存放了一个 8 位无符号数，请比较这两个数的大小，利用图 3.18(a)中的发光二极管显示比较结果：

若(20H)>(30H)，则 P1.0 管脚连接的 L0 发光；

若(20H)<(30H)，则 P1.1 管脚连接的 L1 发光；

若(20H)=(30H)，则 P1.2 管脚连接的 L2 发光。

解　程序的流程图如图 3.18(c)所示。源程序如下：

```
            MOV   A，20H
            CJNE  A，30H，NEQUAL      ；(20H)≠(30H)，转移到 NEQUAL
```

```
EQUAL：　　SETB　P1.2　　　　　　　　;(20H)=(30H)，点亮 L2
　　　　　　LJMP　EXIT
NEQUAL：　CLR　　C　　　　　　　　　;Cy=0
　　　　　　SUBB　A,30H　　　　　　　;带借位减法
　　　　　　JC　　MIN　　　　　　　　;若 Cy=1，(20H)<(30H)，则转移到 MIN
MAX：　　　SETB　P1.0　　　　　　　　;若 Cy=0，(20H)>(30H)，则点亮 L0
　　　　　　LJMP　EXIT　　　　　　　　;直接跳转到结束等待
MIN：　　　SETB　P1.1　　　　　　　　;(20H)<(30H)，点亮 L1
EXIT：　　 SJMP　$
　　　　　　END
```

例 3.5.6　带符号数的大小比较。设 X 为一带符号数，如下式所示，X 存放在工作寄存器 R0 中。编写子程序求 Y，并把 Y 存入 R1 中。

$$Y=\begin{cases} 1 & X>0 \\ 0 & X=0 \\ -1 & X<0 \end{cases}$$

解　参考程序：

```
SUB1：　MOV　A,R0　　　　　;(A)←X
　　　　 JNZ　LL1　　　　　　;(A)≠0 转移
　　　　 MOV　R1,#00H　　　　;X=0,(R1)← 0
　　　　 SJMP　DOWN
LL1：　　JB　　ACC.7,SS2　　;若(A)为负数,转向 SS2
　　　　 MOV　R1,#01H　　　　;X>0,则(R1)←01
　　　　 SJMP　DOWN
SS2：　　MOV　R1,#−1　　　　;X<0,则(R1)←0FFH
DOWN：　RET
```

3.5.3　程序的散转

在实际应用中，常常需要从两个以上的出口中选一个，称为多分支程序或散转程序。MCS-51 单片机指令系统中专门提供了散转指令，使得散转程序的编制更加简洁。散转指令格式如下：

```
JMP　@A+DPTR　　　;(PC)←((DPTR)+(A))
```

一般情况下，数据指针 DPTR 固定，根据累加器 A 的内容，程序转入相应的分支程序中去。

例 3.5.7　设计可多达 128 路分支出口的转移程序。

解　设 128 个出口分别转向 128 段小程序，它们的首地址依次为 L00，L01，L02，L03，…，L7F。要转移到某分支的信息存放在工作寄存器 R7 中，R7 的值为 0~127，根据 R7 的值进行转移。

参考程序(1)：

```
　　　　 MOV　DPTR,#TABLE
　　　　 MOV　A,R7
　　　　 RL　　A　　　　　　　　　　;出口分支信息乘 2(修正量)
　　　　 JMP　@A+DPTR
```

```
TABLE：  AJMP   L00
         AJMP   L01
         AJMP   L02
           ⋮
         AJMP   L7F
```

AJMP 指令的转移范围不超出所在的 2 KB 区间。若各段小程序较长，在 2 KB 范围内无法全部容纳，则可改用 LJMP 指令，每条 LJMP 指令占用 3 个字节，修正量为 3 的倍数，这时应直接修改 DPTR，然后再用散转指令实现散转。

参考程序(2)：

```
         MOV   DPTR，＃TABLE
         MOV   A，R7
         MOV   B，＃3
         MUL   AB              ；出口值乘 3
         XCH   A，B            ；积的高 8 位交换到 A，低 8 位暂存于 B
         ADD   A，DPH
         MOV   DPH，A          ；把积的高 8 位叠加到 DPH
         XCH   A，B            ；积的低 8 位交换回 A
         JMP   @A＋DPTR
TABLE：  LJMP  L00
         LJMP  L01
         LJMP  L02
           ⋮
         LJMP  L7F
```

例 3.5.8　用图 3.19 中的 S1、S0 控制 8 个发光二极管的亮灭模式。假设 8 个发光二极管的显示方式如下：

P3.5	P3.4	显示方式
0	0	全亮
0	1	间隔发亮
1	0	L7～L4 灭，L3～L0 亮
1	1	L7～L4 亮，L3～L0 灭

解　参考程序如下：

```
         ORG   0100H
         MOV   P3，＃00110000B     ；使 P3 口锁存器相应位置位
         MOV   A，P3              ；读 S1，S0 信号
         ANL   A，＃00110000B      ；屏蔽无关位
         SWAP  A                 ；将相应位移位到低位
         RL    A                 ；左环移一位，(A)←(A)×2
         MOV   DPTR，＃TABLE       ；转移指令表的基地址送数据指针 DPTR
         JMP   @A＋DPTR           ；散转指令
TABLE：  AJMP  ONE               ；转移指令表
         AJMP  TWO
         AJMP  THREE
         AJMP  FOUR
```

```
ONE:      MOV    P1，#0FFH              ;全亮
          SJMP   DOWN
TWO:      MOV    P1，#55H               ;间隔发亮
          SJMP   DOWN
THREE:    MOV    P1，#0FH               ;L7～L4 灭，L3～L0 亮
          SJMP   DOWN
FOUR:     MOV    P1，#0F0H              ;L7～L4 亮，L3～L0 灭
          SJMP   DOWN
DOWN:     …
```

图 3.19　输入/输出控制电路

3.5.4　循环程序设计

例 3.5.9　单重循环程序设计。设在片内 RAM 的 BUFF 单元开始有 LEN 个字节的无符号数，试编写一个求和子程序，把这些数据累加，不考虑进位，并将累加和存入内部 RAM 的 SUM 单元。

解　参考程序如下：

```
BUFF      EQU    50H
SUM       EQU    30H
LEN       EQU    10                    ;数据长度为 10 个字节
START:    CLR    A                     ;清累加器 A
          MOV    R2，#LEN               ;数据块长度送 R2
          MOV    R1，#BUFF              ;数据块首址送 R1
NEXT:     ADD    A，@R1                 ;数据累加
          INC    R1                    ;修改地址指针
          DJNZ   R2，NEXT               ;修改计数器并判断
          MOV    SUM，A                 ;存累加和
          RET
```

例 3.5.10　在片内 RAM 中从 STRING 单元开始存放了一个字符串，该字符串以"$"为结束标志。试编一个子程序，测试该字符串的长度(即字符个数，长度不包含字符

"$"），其长度存入 R6 中。

解　参考程序如下：

```
STRING   EQU    40H
START：  MOV    R6，#00H－1      ；R6 初值为－1
         MOV    R0，#STRING－1   ；地址指针 R0 置初值为 STRING－1
NEXT：   INC    R0
         INC    R6
         CJNE   @R0，#'$'，NEXT
         RET                     ；R6 为串长度
```

例 3.5.11　双重循环程序设计。分析下列子程序的功能。

```
         MOV    R7，#8
L1：     CPL    P1.0            ；P1.0 取反，执行时间为 1 个机器周期
         MOV    R6，#10         ；MOV R6，#10 的执行时间为 1 个机器周期
L2：     NOP                    ；空操作 NOP，执行时间为 1 个机器周期
         DJNZ   R6，L2          ；DJNZ 的执行时间为 2 个机器周期
         DJNZ   R7，L1          ；执行时间为 2 个机器周期
         RET
```

解　该子程序是典型的双重循环程序，其功能是在 P1.0 引脚输出脉冲信号。R7 控制脉冲的个数，(R7)＝8 时，输出 4 个脉冲。R6 控制脉冲的宽度，(R6)＝10 时，每个脉冲的宽度为 34 个机器周期。当振荡频率为 12 MHz 时，1 个机器周期为 1 μs。

例 3.5.12　延时程序设计。设单片机时钟晶振频率为 fosc＝6 MHz，计算下列延时子程序的延时时间。

```
DELAY：  MOV    R3，#0FFH        ；1 周期指令
DEL2：   MOV    R4，#0FFH        ；1 周期指令
DEL1：   NOP                     ；1 周期指令
         DJNZ   R4，DEL1         ；2 周期指令
         DJNZ   R3，DEL2         ；2 周期指令
         RET                     ；2 周期指令
```

解　所谓延时，就是让 CPU 做一些与主程序功能无关的操作来消耗掉 CPU 的时间。由于我们知道 CPU 执行每条指令的时间，因此执行整个延时程序的时间也可以计算出来。

首先计算程序所消耗掉的机器周期个数。内循环的循环次数为 255(0FFH) 次，其中的两条指令占用 3 个机器周期，内循环一次需占用 3×255＝765 个机器周期。外循环的循环次数也为 255 次，需占用 (1＋765＋2)×255＝195 840 个机器周期。另外，加上第一条指令所占用的 1 个机器周期和 RET 所占用的 2 个机器周期，上述程序段运行一次共需 195 843 个机器周期。

再计算每个机器周期所占用的时间。题目给定 fosc＝6 MHz，那么 T 周期＝1/fosc＝1/6 μs，则机器周期＝12T＝2 μs。

因此，执行整个延时程序的时间为 2 μs×195 843＝391 686 μs≈392 ms。

延时程序在单片机汇编语言程序设计中使用非常广泛。例如，键盘接口程序设计中的软件消除抖动、动态 LED 显示程序设计、串行通信接口程序设计等。也就是说，延时是单片应用系统中所必需的一种编程技术，通过增加循环层次我们可以写出延时长度任意的延

时程序。

例3.5.13 三重循环程序设计。设单片机时钟晶振频率为 fosc＝6 MHz，计算下列延时子程序的延时时间。

```
DELAY:   MOV   R7，#100           ;1 周期指令
DEL0:    MOV   R6，#10            ;1 周期指令
DEL1:    MOV   R5，#125           ;1 周期指令
DEL2:    NOP                     ;1 周期指令
         NOP                     ;1 周期指令
         DJNZ  R5，DEL2           ;2 周期指令
         DJNZ  R6，DEL1           ;2 周期指令
         DJNZ  R7，DEL0           ;2 周期指令
         RET                     ;2 周期指令
```

解　在例3.5.12中已计算过，若 fosc＝6 MHz，那么机器周期＝2 μs。因此可计算出每条指令的执行时间，如图 3.20 所示。内循环次数为 125 次，延时时间约为 1 ms，第二层循环延时达到 10 ms(循环次数为 10)，第三层循环延时到 1 s(循环次数为 100)，所以该子程序的延时时间约为 1 s。

图 3.20　延时子程序

上述计算中忽略了比较小的时间段，有一定的误差，可用于时间精度要求不高的场合，若要求精确延时，一般要使用单片机的定时器来实现。

例3.5.14　试编写一个子程序，在数据块中查找关键字。数据块位于片内 RAM 中，R0 指向块首地址，R1 中为数据块长度，关键字存放在累加器 A 中，请在该数据块中查找关键字。若找到关键字，则把关键字在数据块中的序号存放到 A 中；若找不到关键字，则 A 中存放 FFH。

解　参考程序如下：

```
;程序名:FIND
;功能:在片内 RAM 中查找关键字
;入口参数:R0 指向块首地址，R1 中为数据块长度，关键字存放在 A 中
;出口参数:若找到关键字，则把关键字在数据块中的序号存放到 A 中，若找不到关键字，
        则 A 中存放 FFH
FIND:    PUSH  PSW
         PUSH  ACC
```

```
             MOV    R2，#00H          ;序号从 1 开始，其初值取 0
     LOOP：  POP    ACC
             MOV    B，A
             XRL    A，@R0            ;关键字与数据块中的数据进行异或运算
             INC    R0               ;指向下一个数
             INC    R2               ;R2 中的序号加 1
             JZ     LOOP1            ;找到
             PUSH   B
             DJNZ   R1，LOOP
             MOV    R2，#0FFH         ;找不到，R2 中存放 0FFH
     LOOP1： MOV    A，R2
             POP    PSW
             RET
```

例 3.5.15　编写一个子程序，查找无符号数据块中的最大值。内部 RAM 有一无符号数据块，工作寄存器 R1 指向数据块的首地址，其长度存放在工作寄存器 R7 中，求出数据块中最大值，并存入累加器 A 中。

解　本题采用比较交换法求最大值。比较交换法先使累加器 A 清零，然后把它和数据块中每个数逐一进行比较。只要累加器中的数比数据块中的某个数大就进行下一个数的比较，否则把数据块中的大数传送到 A 中，再进行下一个数的比较，直到 A 与数据块中的每个数都比较完，此时 A 中便可得到最大值。参考程序如下：

```
     ;程序名：MAX
     ;功能：查找内部 RAM 中无符号数据块的最大值
     ;入口参数：R1 指向数据块的首地址，数据块长度存放在 R7 中
     ;出口参数：最大值存放在累加器 A 中
     MAX：    PUSH  PSW
             CLR   A                ;清 A 作为初始最大值
     LOOP：  CLR   C                ;清进位位
             SUBB  A，@R1            ;最大值减去数据块中的数
             JNC   NEXT             ;小于最大值，继续
             MOV   A，@R1            ;较大值存放在 A 中
             LJMP  NEXT1
     NEXT：  ADD   A，@R1            ;恢复原较大值
     NEXT1： INC   R1               ;修改地址指针
             DJNZ  R7，LOOP
             POP   PSW
             RET
```

习　题　3

3.1　简述 51 系列单片机有哪几种寻址方式？

3.2　如何访问内部 RAM 单元，可使用哪些寻址方式？对片内 RAM 的高 128 B 的地址空间寻址要注意什么？

3.3　要访问专用寄存器应采用什么寻址方式?

3.4　如何访问外部 RAM 单元,可使用哪些寻址方式?

3.5　如何访问内、外程序存储器,可使用哪些寻址方式?

3.6　基址寄存器加变址寄存器间接寻址方式主要应用于什么场合? 采用 DPTR 或 PC 作基址寄存器,其寻址范围有何不同?

3.7　若要完成以下的数据传送,应如何用 MCS-51 的指令来实现。

(1) R1 内容传送到 R0。

(2) 外部 RAM 20H 单元内容送 R0,送内部 RAM 20H 单元。

(3) 外部 RAM 1000H 单元内容送内部 RAM 20H 单元。

(4) RAM 2000H 单元内容送 R0,送内部 RAM 20H 单元,送外部 RAM 20H 单元。

3.8　指出下列指令各是什么寻址方式?

```
MOV A, direct
MOV A, #data
MOV direct1, direct2
MOV 76H, #76H
```

3.9　设 R0 的内容为 32H, A 的内容为 48H,内部 RAM 的 32H 单元内容为 80H, 40H 单元内容为 08H,请指出在执行下列程序段后上述各单元内容变为什么。

```
MOV A, @R0
MOV @R0, 40H
MOV 40H, A
MOV R0, #35H
```

3.10　试比较下列每组两条指令的区别。

(1) MOV A, #24H 与 MOV A, 24H。

(2) MOV A, R0 与 MOV A, @R0。

(3) MOV A, @R0 与 MOVX A, @R0。

(4) MOVX A, @R1 与 MOVX A, @DPTR。

3.11　说明下列各指令的作用,并翻译成相应的机器码。

(1) MOV A, #7FH。　　　　　　　(2) MOV A, 7FH。

(3) MOV A, 80H。　　　　　　　　(4) MOV A, P0。

(5) MOV A, @R0。　　　　　　　　(6) MOV A, @R1。

(7) MOVX A, @R0。　　　　　　　(8) ADD A, R1。

(9) ADD A, R2。　　　　　　　　(10) LCALL 1500H。

(11) MOV P1, #35H。　　　　　　(12) MOV SP, #40H。

3.12　已知(40H)=50H,(41H)=55H,阅读下列程序,说明程序的功能。

```
MOV R0, #40H
MOV A, @R0
INC R0
ADD A, @R0
INC R0
```

问,执行该程序后,(A)= _____ ,(R0)= _____ 。

3.13　PSW 中的 C_Y 和 OV 有何不同？执行下列程序段后 C_Y 与 OV 各为多少？

　　　MOV A, #56H

　　　ADD A, #74H

3.14　设（A）＝83H，（R0）＝17H，（17H）＝34H。问执行以下指令后，（A）为多少？

　　　ANL A, #17H

　　　ORL 17H, A

　　　XRL A, @R0

　　　CPL A

3.15　用逻辑表达式表示下面程序的功能。

　　　MOV A, B

　　　ANL A, R0

　　　PUSH A

　　　MOV A, R0

　　　CPL A

　　　XRL A, B

　　　POP B

　　　ORL A, B

3.16　判断下列指令的正误。

(1) MOV 28H, @R4。

(2) MOV 0E0H, @R0。

(3) MOV A, @R1。

(4) INC DPTR。

(5) DEC DPTR。

(6) CLR R0。

3.17　使用位操作指令实现下列逻辑操作。

(1) 使 20H.0 置 1。

(2) 清除累加器高 4 位，要求不得改变未涉及位的内容。

(3) 把 ACC.3，ACC.4，ACC.5 和 ACC.6 各位取反，其他位不变。

3.18　用位操作指令，实现习题 3.18 图所示的逻辑功能。

习题 3.18 图

3.19　设布尔累加器 C_Y 的原值为 1，P1 口的内容为 A3H，P3 口的内容为 6DH，执行下列程序段后，写出 C_Y、P1 口和 P3 口的结果。

　　　MOV P1.3, C

　　　MOV P1.4, C

　　　MOV C, P1.6

```
MOV P3.6, C
MOV C, P1.0
MOV P3.4, C
```

3.20　编写程序，把外部 RAM 的 2000H～2010H 单元中的数据依次传送到外部 RAM 的 3000H～3010H 单元。

3.21　试编写程序，查找在内部 RAM 的 20H～50H 单元中出现 00H 的次数，并将查找的结果存入 51H 单元。

3.22　外部数据 RAM 中有一个数据块，存有若干字符、数字，首地址为 SOURCE。要求将该数据块传送到内部 RAM 以 DIST 开始的区域，直到遇到字符"＄"时结束（"＄"也要传送）。

3.23　已知(SP)＝25H，(PC)＝2345H，(24H)＝12H，(25H)＝34H，(26H)＝56H。问此时执行"RET"指令以后，(SP)与(PC)各为多少？

3.24　若(SP)＝25H，(PC)＝2345H，标号 LABEL 所在的地址为 3456H。问执行长调用指令"LCALL LABEL"后，堆栈指针和堆栈的内容发生什么变化？PC 的值等于什么？

3.25　试说明指令 CJNE @R1，♯7AH，10H 的作用。若本指令地址为 2500H，则其转移地址是多少？

3.26　在片内 RAM 中有两个以压缩 BCD 码形式存放的十进制数（每个数是 4 位，占 2 个字节），一个存放数在 30H～31H 单元中，另一个数存放在 40H～41H 的单元中。请编程求它们的和，结果放在 30H～31H 中（前者为高位，后者为低位）。

3.27　在片内 RAM 中，有一个以 BLOCK 为首地址的数据块，块长度存放在 LEN 单元。请编程，若数据块中的字节数据是 0～9 之间的数，把它们转换为对应的 ASCII 码，存放位置不变；若不是 0～9 之间的数，把对应的单元清 0。

3.28　试编写程序，查找在内部 RAM 的 20H～50H 单元中是否有 0AAH 这一数据。若有，则将 51H 单元置为 01H；若没有，则将 51H 单元置为 0。

3.29　编写程序实现两个 4 位 BCD 数相加，设被加数存放在内部 RAM 40H 和 41H 单元，加数存放在 50H 和 51H 单元，最高位不产生进位。

3.30　设 f_{osc}＝12 MHz，编写一个延时 1 ms 的子程序。

3.31　编写一个 4 字节数左移子程序。

3.32　编写一个子程序，把 A 中的 8 位二进制数转换为 BCD 数，结果存放在片内 RAM 30H 开始的存储区中。

3.33　编写一个子程序，把 A 中的 2 位压缩 BCD 数转换为二进制数，结果仍存放在累加器 A 中。

3.34　设有 100 个有符号数，连续存放在片外 RAM 以 2000H 为首地址的存储区中，试编程统计其中正数、负数、零的个数。

第 4 章

中断系统及定时器应用

本章要点与学习目标：

　　中断系统和定时器/计数器是单片机的重要组成部分，利用中断技术可以更好地发挥单片机系统的处理能力，及时响应突发事件，有效地解决 CPU 与外设之间的速度匹配问题，提高 CPU 的工作效率和实时处理能力。使用定时器/计数器可以实现定时控制、延时、脉冲计数、脉冲宽度测量和频率测量等。本章主要介绍了 51 系列单片机的中断系统和定时器/计数器的工作原理及使用方法，并给出了一些典型应用实例。读者通过对本章的学习应掌握以下知识点：

- 单片机中断系统的基本概念；
- 特殊功能寄存器 TCON、TMOD、IE 和 IP 的功能及设置方法；
- 中断系统的应用及中断服务程序的设计方法；
- 定时器/计数器的设置及应用；
- 利用定时器/计数器解决实际问题。

4.1　51 系列单片机的中断系统

4.1.1　中断的概念

　　所谓中断，是指计算机在执行某一程序的过程中，由于计算机系统内部或外部的某种原因，CPU 必须暂时停止现行程序的执行，而自动转去执行预先安排好的处理该事件的服务子程序，待处理结束之后，再回来继续执行被暂停程序的过程。实现这种中断功能的硬件系统和软件系统统称为中断系统。

　　中断系统是计算机的重要组成部分。实时控制、故障自动处理、计算机与外部设备间传送数据及实现人机对话通常采用中断方式。中断系统需要解决以下基本问题：

　　(1) 中断源：中断请求信号的来源。包括中断请求信号的产生及该信号怎样被 CPU 有效地识别。要求中断请求信号产生一次，只能被 CPU 接收处理一次，不能一次中断申请被 CPU 多次响应，这就涉及到中断请求信号的及时撤除问题。

　　(2) 中断响应与返回：CPU 采集到中断请求信号后，怎样转向特定的中断服务子程序及执行完中断服务子程序怎样返回被中断的程序继续执行。中断响应与返回的过程中涉及到 CPU 响应中断的条件、现场保护、现场恢复等问题。

（3）优先级控制：一个计算机应用系统，特别是计算机实时测控系统，往往有多个中断源，各中断源的重要程度又有轻重缓急之分。与人处理问题的思路一样，希望重要紧急的事件优先处理，而且如果当前处于正在处理某个事件的过程中，有更重要、更紧急的事件到来，就应当暂停当前事件的处理，转去处理新事件。这就是中断系统优先级控制所要解决的问题。中断优先级的控制形成了中断嵌套。51 系列单片机中断系统原理及组成如图 4.1 所示。

图 4.1　51 系列单片机中断系统原理及组成图

4.1.2　中断源

中断源是指向 CPU 发出中断请求的信号来源，中断源可以人为设定，也可以为响应突发性随机事件。51 系列单片机有 5 个中断源，见表 4.1，其中两个是外部中断源，另外三个属于内部中断。（注：52 子系列有 6 个中断源，增加了一个定时器/计数器 T2 的溢出中断。）

表 4.1　MCS－51 单片机的中断源

中　断　源	说　　　明
外部中断 0（$\overline{INT0}$）	从 P3.2 引脚输入的中断请求
定时器/计数器 T0 中断	定时器 0 溢出发出的中断请求
外部中断 1（$\overline{INT1}$）	从 P3.3 引脚输入的中断请求
定时器/计数器 T1 中断	定时器 1 溢出发出的中断请求
串行口中断	串行口收发时产生的中断请求

1. 外部中断

外部中断源有两个，外部中断 0($\overline{\text{INT0}}$)和外部中断 1($\overline{\text{INT1}}$)。外部中断请求有两种触发方式：电平触发及边沿触发。这两种触发方式可以通过对特殊功能寄存器 TCON(TCON 称为定时器/计数器控制寄存器)编程来选择。下面给出 TCON 的位定义格式，并对与中断有关的位予以说明。

定时器/计数器控制寄存器 TCON：地址为 88H

D7	D6	D5	D4	D3	D2	D1	D0
TF1	TR1	TF0	TR0	IE1	IT1	IE0	IT0

IT0：外部中断 0 的触发方式控制位。若 IT0 被设置为 0，则选择外部中断 0 为电平触发方式，即 IT0＝0 时，$\overline{\text{INT0}}$低电平有效；若 IT0 被设置为 1，则选择外部中断 0 为边沿触发方式，即 IT0＝1 时，$\overline{\text{INT0}}$负沿有效。

IT1：外部中断 1 的触发方式控制位。若 IT1 被设置为 0，则选择外部中断 1 为电平触发方式，即 IT1＝0 时，$\overline{\text{INT1}}$低电平有效；若 IT1 被设置为 1，则选择外部中断 1 为边沿触发方式，即 IT1＝1 时，$\overline{\text{INT1}}$负沿有效。

IE0：外部中断 0 的中断请求标志位。IE0＝1，表示$\overline{\text{INT0}}$请求中断；IE0＝0，表示$\overline{\text{INT0}}$没有请求中断。

当 IT0 = 0 时，外部中断 0 为电平触发方式。在这种方式下，CPU 在每个机器周期的 S5P2 期间对$\overline{\text{INT0}}$(P3.2)引脚采样。若$\overline{\text{INT0}}$为低电平，则认为有中断申请，随即使 IE0 标志置位，并以此向 CPU 请求中断；若$\overline{\text{INT0}}$为高电平，则认为无中断申请，或中断申请已撤除，随即使 IE0 标志复位。

当 IT0 = 1 时，即外部中断 0 为边沿触发方式时，若第一个机器周期采样到$\overline{\text{INT0}}$引脚为高电平，第二个机器周期采样到$\overline{\text{INT0}}$引脚为低电平时，由硬件置位 IE0，并以此向 CPU 请求中断。当 CPU 响应中断转向中断服务程序时，由硬件自动将 IE0 清零。

IE1：外部中断 1 的中断请求标志位，其作用与 IE0 类似。

当 IT1 = 0 时，外部中断 1 为电平触发方式。在这种方式下，CPU 在每个机器周期的 S5P2 期间对$\overline{\text{INT1}}$(P3.3)引脚采样，若$\overline{\text{INT1}}$为低电平，则认为有中断申请，随即使 IE1 标志置位，并以此向 CPU 请求中断；若$\overline{\text{INT1}}$为高电平，则认为无中断申请，或中断申请已撤除，随即使 IE1 标志复位。

当 IT1 = 1 时，即外部中断 1 为边沿触发方式时。若第一个机器周期采样到$\overline{\text{INT1}}$引脚为高电平，第二个机器周期采样到$\overline{\text{INT1}}$引脚为低电平时，由硬件置位 IE1，并以此向 CPU 请求中断。当 CPU 响应中断转向中断服务程序时，由硬件自动将 IE1 清零。

若把外部中断设置为边沿触发方式，CPU 在每个机器周期都采样。为了保证 CPU 能检测到负跳变，输入到引脚上的高电平与低电平至少应保持 1 个机器周期。对于电平触发的外部中断，由外部中断的输入信号直接控制中断请求标志位 IE0(IE1)，CPU 响应中断后不能由硬件自动清除 IE0(IE1)标志，也不能由软件清除 IE0(IE1)标志。因此，在中断返回之前，需要外接电路来撤消中断请求输入引脚上的低电平，否则将再次中断，导致一次中断申请被 CPU 多次响应而出错。

图 4.2 是电平触发方式下外部中断的请求、撤除电路。外部中断请求信号通过 D 触发

器加到单片机$\overline{INT}_x$引脚上。当外部中断请求信号使 D 触发器的 CLK 端发生负跳变时，由于 D 端接地，Q 端输出 0，向单片机发出中断请求。CPU 响应中断后，利用一根口线，如 P1.0 作应答线，用 P1.0 控制 D 触发器的置 1 端，使 Q 端为 1，撤除了中断请求信号。在中断服务程序中用以下两条指令来撤除中断请求：

  ANL P1.0 ♯0FEH

  ORL P1.0 ♯01H

  第一条指令使 P1.0 为 0，而 P1 口其他各位的状态不变。由于 P1.0 与直接置 1 端相连，因此 D 触发器 Q=1，撤除了中断请求信号。第二条指令将 P1.0 变成 1，即置 1 端为 1 处于无效状态，使以后产生的新的外部中断请求信号又能向单片机申请中断。

图 4.2 外部中断请求、撤除的电路

2. 内部中断

  内部中断是单片机芯片内部产生的中断。51 系列单片机(51 子系列)的内部中断有定时器/计数器 T0、T1 的溢出中断，串行口的发送/接收中断。当定时器/计数器 T0、T1 计数溢出时，由硬件自动置位 TCON 的 TF0(定时器/计数器 T0 的中断标志位)或 TF1(定时器/计数器 T1 的中断标志位)，向 CPU 申请中断。CPU 响应中断而转向中断服务程序时，由硬件自动将 TF0 或 TF1 清零，即 CPU 响应中断后能自动撤除中断请求信号。当串行口发送完或接收完一帧信息时，由接口硬件自动置位 SCON 的 TI(发送中断请求标志位)或 RI(接收中断请求标志位)，以此向 CPU 申请中断，CPU 响应中断后，接口硬件不能自动将 TI 或 RI 清零，即 CPU 响应中断后不能自动撤除中断请求信号，用户必须采用软件方法将 TI 或 RI 清零，来撤除中断请求信号。

4.1.3 中断控制

1. 中断允许控制

  MCS - 51 单片机中没有专设的开中断和关中断指令，对各中断源的中断开放或关闭是由内部的中断允许寄存器 IE 的各位来控制的。

  中断允许寄存器 IE：地址为 A8H

D7	D6	D5	D4	D3	D2	D1	D0
EA	—	ET2	ES	ET1	EX1	ET0	EX0

  EX0：外部中断 0 的中断允许位。EX0=0，禁止外部中断 0 中断；EX0=1 允许外部中断 0 中断。

  ET0：定时器/计数器 T0 的溢出中断允许位。ET0=0，禁止 T0 中断；ET0=1，允许 T0 中断。

　　EX1：外部中断 1 的中断允许位。EX1＝0，禁止外部中断 1 中断；EX1＝1，允许外部中断 1 中断。

　　ET1：定时器/计数器 T1 的溢出中断允许位。ET1＝0，禁止 T1 中断；ET1＝1，允许 T1 中断。

　　ES：串行口中断允许位。ES＝0，禁止串行口中断；ES＝1 允许串行口中断。

　　ET2：定时器/计数器 T2 的溢出中断允许位，只用于 52 子系列，51 子系列无此位。ET2＝0，禁止 T2 中断；ET2＝1，允许 T2 中断。

　　EA：中断允许总控位。EA＝0，禁止所有的中断请求；EA＝1，开放所有的中断请求，但是否允许各中断源的中断的中断请求，还要取决于各中断源的中断允许控制位的状态。

　　注意：单片机系统复位后，IE 中各中断允许位均被清 0，即禁止所有中断。

2. 中断优先级控制

　　51 单片机的中断源可设置为两种中断优先级：高优先级（优先级）中断和低优先级（普通级）中断，从而可实现多级中断嵌套。中断响应遵循如下规则：

　　（1）先高后低——对于不同优先级的中断源同时请求中断时，CPU 首先响应优先级最高的中断请求。

　　（2）约定顺序——相同优先级的中断源同时请求中断时，按约定顺序响应。

　　（3）停低转高——正在处理低优先级中断而又有高优先级中断源请求中断时，中断正在进行的操作，转去响应高优先级中断，处理完成后再返回继续处理低优先级中断。

　　（4）高不理低——CPU 正在处理高优先级中断而又有低优先级中断源请求中断时，继续处理高优先级中断，而不理会低优先级的中断请求，待处理完高优先级中断后才响应低优先级的中断请求。

　　中断响应的上述规则，完全与现今社会中的上下级处理事务相类似。

　　专用寄存器 IP 为中断优先级控制寄存器，锁存各中断源优先级控制位，IP 中的每一位均可由软件置 1 或清 0，用来确定每个中断源的中断优先级。置 1 表示对应中断源为高优先级中断，清 0 表示低优先级。其格式如下：

　　中断优先级控制寄存器 IP：地址为 B8H

D7	D6	D5	D4	D3	D2	D1	D0
—	—	PT2	PS	PT1	PX1	PT0	PX0

　　PX0：外部中断 0 的中断优先级控制位。

　　PT0：定时器/计数器 T0 的中断优先级控制位。

　　PX1：外部中断 1 的中断优先级控制位。

　　PT1：定时器/计数器 T1 的中断优先级控制位。

　　PS：串行口的中断优先级控制位。

　　PT2：定时器/计数器 T2 的中断优先级控制位，只用于 52 子系列。

　　注意：

　　（1）当系统复位后，IP 全部清 0，所有中断源均设定为低优先级中断。

　　（2）如果几个同一优先级的中断源同时向 CPU 申请中断，则 CPU 通过内部硬件查询逻辑，按自然优先级约定顺序确定先响应哪个中断请求。自然中断优先级见表 4.2。

表 4.2　自然中断优先级

中　　断　　源	同级的中断优先级
外部中断 0	最高
定时器/计数器 T0 中断	
外部中断 1	↓
定时器/计数器 T1 中断	
串行口中断	最低

4.1.4　中断响应

1. 中断响应的条件

单片机响应中断时必须同时满足以下 5 个条件：

（1）有中断源发出中断请求。

（2）中断总允许位 EA ＝ 1(CPU 开中断)。

（3）申请中断的中断源对应的中断允许控制位为 1。

（4）当前指令执行完。正在执行 RETI 中断返回指令或访问专用寄存器 IE 和 IP 的指令时，CPU 执行完该指令和紧随其后的另一条指令后才会响应中断。

（5）CPU 没有响应同级或高优先级的中断。

满足以上基本条件，CPU 才会响应中断。

2. 中断响应过程

CPU 响应中断后，由硬件自动执行如下的功能操作：

（1）保护断点，即把程序计数器 PC 的内容压入堆栈保存。

（2）内部硬件清除中断请求标志位(IE0、IE1、TF0、TF1)。

（3）把被响应的中断服务程序入口地址送入 PC，从而转向相应的中断服务程序执行。各中断服务程序的入口地址见表 4.3。

表 4.3　51 系列单片机中断入口地址

功　　能	入口地址
系统复位	0000H
外部中断 0（$\overline{INT0}$）	0003H
定时器/计数器 0 中断 T0	000BH
外部中断 1（$\overline{INT1}$）	0013H
定时器/计数器 1 中断 T1	001BH
串行口中断	0023H
定时器/计数器 2 中断 T2(MCS－52 子系列)	002BH

3. 中断响应时间

所谓中断响应时间，是指 CPU 检测到中断请求信号到转入中断服务程序入口所需要的机器周期数。了解中断响应时间对设计实时测控系统有重要的指导意义。

51 系列单片机响应中断的最短时间为 3 个机器周期。若 CPU 检测到中断请求信号时间正好是一条指令的最后一个机器周期，则不需等待就可以立即响应。所谓响应中断，就是由内部硬件执行一条长调用指令，需要 2 个机器周期，加上检测需要 1 个机器周期，一共需要 3 个机器周期才开始执行中断服务程序。

中断响应的最长时间由下列情况所决定：若中断检测时正在执行 RETI 或访问 IE 或 IP 指令的第一个机器周期，则包括检测在内需要 2 个机器周期（以上 3 条指令均需 2 个机器周期）；若紧接着要执行的指令恰好是执行时间最长的乘除法指令，则其执行时间均为 4 个机器周期；再用 2 个机器周期执行一条长调用指令才转入中断服务程序。这样，总共需要 8 个机器周期。

因此，中断响应时间一般为 3～8 个机器周期。

4.1.5　中断系统的应用

1. 必要工作

为了使读者对中断系统的应用有一个全面的了解，我们简单归纳一下使用中断系统时要做的工作：

（1）明确任务，确定采用哪些中断源。

（2）确定中断源触发方式。

（3）中断优先级分配。

（4）中断源及中断标志位的撤除方法。

（5）中断服务程序要完成的任务。

（6）中断服务程序入口地址的设置。

（7）中断允许设置。

2. 相关寄存器

我们对中断系统的设置实质上就是对相关寄存器功能位的设置。与中断系统相关的寄存器有：中断允许寄存器 IE、中断优先级控制寄存器 IP、串行口控制寄存器 SCON、中断标志位及外中断触发方式设置借助于定时器/计数器控制寄存器 TCON，各个寄存器相关位的功能及使用方法前面已有介绍，读者只需按要求设置即可，这里不再赘述。

3. 中断系统应用举例

例 4.1.1　利用中断方式实现输入/输出。在图 4.3 中，每按一次 P 按钮便在 $\overline{INT0}$ 的输入端产生一个负脉冲，向 CPU 请求中断，响应中断后，读取开关 S0～S3 上的数据，输出到发光二极管 L0～L3 显示。当开关断开时，对应的发光管点亮；当开关闭合时，对应的发光管熄灭。

解　主程序和中断服务子程序如下：

```
        ORG    0000H
        LJMP   MAIN           ;上电自动转向主程序
        ORG    0003H
        LJMP   INT0SUB        ;指向 INT0 的中断服务子程序
          ⋮
        ORG    0040H
        MOV    SP，#60H
MAIN：  SETB   IT0            ;选择 INT0 为负沿触发方式
```

```
           SETB    EX0           ;允许 INT0 中断
           SETB    EA            ;开 CPU 中断
HERE：     LJMP    HERE          ;等待中断
        ;INT0 的中断服务子程序
INT0SUB：MOV     P1，#0FH       ;数据送 P1 口，设置 P1.0～P1.3 为输入
           MOV     A，P1         ;读 S0～S3 上的数据
           SWAP    A            ;A 的低 4 位与高 4 位交换
           ORL     A，#0FH       ;
           MOV     P1，A         ;数据送 L0～L3
           RETI                 ;中断返回
           END
```

图 4.3　利用中断方式实现输入/输出

例 4.1.2　利用中断实现单步操作。

解　可利用图 4.4 的电路实现单步操作，把一个外部中断（设为 $\overline{\text{INT1}}$）设置为电平触发方式，且允许 INT1 中断。其中断服务程序的末尾写上如下几条指令：

```
JNB P3.3，$              ;在 INT1 变高前原地等待
JB P3.3，$               ;在 INT 变低前原地等待
RETI                    ;返回并执行主程序的一条指令
```

图 4.4　利用中断实现单步操作

平时，按钮 P 未按下时，$\overline{\text{INT1}}$ 保持低电平，则 CPU 就进入外部中断 1 服务程序，由于有上述几条指令，它就会停在 JNB 处，原地等待。当 P 按下一次，$\overline{\text{INT1}}$ 端出现一个正脉

冲(由低到高，再到低)时，程序就会往下执行，执行 RETI 后，将返回到主程序，往下执行主程序的一条指令，然后又立即响应中断，以等待$\overline{\text{INT1}}$端出现的下一个正脉冲。这样，在$\overline{\text{INT1}}$端每出现一个正脉冲，主程序就执行一条指令，实现了单步执行的目的。

例 4.1.3　多中断源扩展。

解　51 单片机有两个外部中断输入端，当有 2 个以上中断源时，它的中断输入端就不够了。此时，可以采用中断与查询相结合的方法来实现多中断源扩展。图 4.5 中每个中断源都接在同一个外部中断输入端$\overline{\text{INT0}}$上，同时利用 P1 口作为在多中断源情况下各中断源的识别。当扩展中断源为高电平时，$\overline{\text{INT0}}$输入端为低电平，向 CPU 请求中断。响应中断后，采用软件查询的方法进行相应的中断服务，$\overline{\text{INT0}}$的中断服务程序如下：

```
        INT0SUB：PUSH    A           ;/INT0 的中断服务程序
                JB      P1.0，ZD1    ;软件查询
                JB      P1.1，ZD2
                JB      P1.2，ZD3
                JB      P1.3，ZD4
        GOBACK：POP     ACC
                RETI                ;中断返回
        ZD1：   …                   ;扩展中断源 1 的中断服务程序
                ⋮
                LJMP    GOBACK
        ZD2：   …                   ;扩展中断源 2 的中断服务程序
                ⋮
                LJMP    GOBACK
        ZD3：   …                   ;扩展中断源 3 的中断服务程序
                ⋮
                LJMP    GOBACK
        ZD4：   …                   ;扩展中断源 4 的中断服务程序
                ⋮
                LJMP    GOBACK
```

图 4.5　多中断源扩展

4.2 定时器/计数器

51 系列单片机有两个 16 位定时器/计数器，通过对机器周期计数达到定时的目的，通过对外部事件计数达到计数之目的。

4.2.1 定时器/计数器的基本原理

1. 定时器/计数器的特点

对于定时器/计数器来说，不管是独立的定时器芯片还是单片机内的定时器，大都具有以下特点：

（1）定时器/计数器有多种工作方式，可以是计数方式也可以是定时方式。

（2）定时器/计数器的计数值是可变的，当然计数的最大值是有限的，这取决于计数器的位数。计数的最大值也就确定了作为定时器时的最大定时范围。

（3）能够在到达设定的定时或计数值时发出中断申请，以便实现定时控制。

51 单片机(51 子系列)中的两个 16 位定时器/计数器 T0 和 T1，它们均可作为定时器或计数器使用，其原理如图 4.6 所示。

图 4.6 定时器/计数器原理框图

2. 定时器/计数器工作原理

51 单片机的定时器/计数器采用加法计数方式工作。两个定时器/计数器 T0 和 T1 的内部均有一个 16 位加法计数器(TH0, TL0 和 TH1, TL1)，用来完成加 1 计数。当加法计数器产生溢出时，硬件自动产生溢出中断标志信号，可向 CPU 申请中断。由于加法计数器的初值可以由程序设定，因此其计数/定时范围就可利用软件来编程。

当处于计数方式时，定时器/计数器对加在 T0(P3.4)、T1(P3.5)引脚的脉冲信号进行加 1 计数，我们可以通过设置不同的初值来控制计数次数。

当处于定时方式时，定时器/计数器对内部机器周期 Tc 进行加 1 计数，因此其计数最小单位就是 1 个机器周期。例如，当我们的应用系统采用的时钟频率为 12 MHz 时，其机器周期 Tc=1 μs，其基本定时单位就是 1 μs。

在定时/计数过程中，可以用指令将加法计数器的值读回 CPU。

4.2.2　定时器/计数器的控制方式

1. 定时器方式寄存器 TMOD

TMOD 称为定时器方式寄存器，用来设置定时器/计数器的工作方式、是否需要门控信号等，其地址为 89H。定时器/计数器 T0、T1 都有 4 种工作方式，可通过对方式寄存器 TMOD 设置来选择工作方式。TMOD 的低 4 位用于设置定时器/计数器 T0 的工作方式，高 4 位用于设置定时器/计数器 1 的工作方式，各位定义如图 4.7 所示。

图 4.7　TMOD 功能图

M1、M0：工作方式选择位，其值与工作方式对应关系见表 4.4。

表 4.4　定时器/计数器工作方式

M1	M0	工作方式	功　　能
0	0	方式 0	13 位定时器/计数器（TH 的高 8 位和 TL 的低 5 位）
0	1	方式 1	16 位定时器/计数器
1	0	方式 2	具有自动重装初值的 8 位定时器/计数器
1	1	方式 3	定时器 0：分成两个 8 位计数器 定时器 1：无方式 3

C/ T：功能选择位，当 C/ T ＝1 时为计数方式；当 C/ T ＝0 时为定时方式。

GATE：门控位，用于控制定时器/计数器的启动是否受外部中断请求信号的影响。

（1）对定时器/计数器 0 来讲，当 GATE＝0 时，只要定时器控制寄存器 TCON 中的软件控制位 TR0＝1，就可启动定时器 T0，与外部中断请求信号 $\overline{INT0}$ 无关。如果 GATE＝1，必须使软件控制位 TR0＝1，且 $\overline{INT0}$ 为高电平方可启动定时器 T0。即定时器/计数器 T0 的启动要受外部中断请求信号 $\overline{INT0}$ 的影响，只有在没有外部中断请求信号 $\overline{INT0}$ 的情况下才允许启动定时器 T0。

（2）对定时器/计数器 1 来讲，当 GATE＝0 时，只要 TR1＝1 即可启动定时器 T1，与外部中断请求信号 $\overline{INT1}$ 无关。如果 GATE＝1，必须使 TR1＝1，且 $\overline{INT1}$ 为高电平方可启动定时器 T1。即定时器/计数器 T1 的启动要受外部中断请求信号 $\overline{INT1}$ 的影响，只有在没有外部中断请求信号 $\overline{INT1}$ 的情况下才允许启动定时器 T1。

注意：与其他寄存器（如 TCON、IP、IE 等）不同，定时器方式寄存器 TMOD 不能进行位寻址。只能用字节地址向 TMOD 中写命令字来设置 T1 和 T0 的工作方式。复位时，TMOD 所有位均清 0。

2. 定时器的控制寄存器 TCON

定时器的控制寄存器 TCON 地址为 88H，可以进行位寻址。用来控制定时器/计数器开始定时/计数、设置中断及中断响应等。TCON 控制寄存器各位定义如下：

D7	D6	D5	D4	D3	D2	D1	D0
TF1	TR1	TF0	TR0	IE1	IT1	IE0	IT0

TF0(TF1)：定时器/计数器 T0(T1)的中断标志位。当 T0(T1)计数溢出时，由硬件置位，在允许中断的情况下，向 CPU 发出中断请求信号，CPU 响应中断转向中断服务程序时，由硬件自动将该位清零。

TR0(TR1)：T0(T1)的启动控制位。当 TR0(TR1)＝1 时，可启动 T0(T1)；当 TR0(TR1)＝0 时，关闭 T0(T1)。该位由软件进行设置，一般情况下，在定时器/计数器初始化完成后，设置为不需门控时，用指令将该位置为 1 即可启动 T0(T1)。

IE0(IE1)：外部中断 0(外部中断 1)请求标志位。

IT0(IT1)：外部中断 0(外部中断 1)触发方式选择位。

4.2.3　定时器/计数器的工作方式

1. 工作方式 1

将方式寄存器 TMOD 的方式选择位 M1M0 设置为 01 时，定时器/计数器设定为方式 1，由 TH0 和 TL0(或 TH1 和 TL1)构成了 16 位的计数器。图 4.8 给出了定时器 T0 在方式 1 时的工作原理框图，T1 在方式 1 时的工作原理与此类似。

图 4.8　定时器/计数器 0 方式 1 的逻辑结构

如果 C/T＝1，图 4.8 中开关 S1 自动地接在下面，定时器/计数器工作在计数状态，TH0、TL0 构成了一个 16 位的加法计数器，它对 T0(P3.4)引脚上的外部脉冲计数。当计数到全 1(FFFFH)，再来一个外部脉冲便计数到 0，计数器溢出使 TF0＝1，以此作为定时器/计数器的中断标志向 CPU 请求中断。

在方式 1 下，计数长度为 16 位二进制数，最大计数值 $M＝2^{16}＝65\ 536$。如果要让计数器计数 N 次，则事先应向计数器中写入的计数初值 X 为

$$计数初值\ X＝最大计数值\ M－计数次数\ N＝2^{16}－N＝65\ 536－N \qquad (4.1)$$

在式(4.1)中，M 是计数器的最大计数值，N 为计次数，X 是应写入 TH0、TL0 的计数初值。例如，让计数器计数 5 次，计数次数 N＝5，则计数初值 X 为

$$计数初值\ X＝2^{16}－N＝65\ 536－5＝65\ 531＝FFFBH$$

此例中应向 TH0 写入 FFH、向 TL0 写入 FBH 才可实现 5 次计数。

当计数初值 X＝65 535(FFFFH)时，只计数 1 次便产生溢出中断，所以 65 535 是方式

1 时的最小计数初值；X＝0 时，计数器从 1 计数到 65 536，计数器溢出请求中断，所以 0 是方式 1 时的最大计数初值，最大计数次数 N＝65 536。

CPU 在每个机器周期的 S5P2 期间采样 T0(P3.4)引脚的输入信号，若一个机器周期的采样值为 1，下一个机器周期的采样值为 0，则计数器加 1。由于识别一个高电平到低电平的跳变需两个机器周期 2Tc，因此外部计数脉冲的频率应低于 1/(2Tc)＝fosc/24，且高电平与低电平的延续时间均不得小于 1 个机器周期。

C/T＝0 时为定时器方式，图 4.8 中开关 S1 接在上面，加法计数器对机器周期 Tc 计数，每个机器周期计数器加 1。根据计数次数 N 便可计算出定时时间，定时时间由下式确定：

$$T = N \times Tc = (65\ 536 - X)Tc \tag{4.2}$$

式中 Tc 为单片机的机器周期。如果振荡频率 fosc＝12 MHz，则 Tc＝1 μs，定时范围为 1～65 536 μs。

定时器/计数器 0 的启动或停止受 3 个条件的制约：控制寄存器 TCON 中的 TR0 位、门控位 GATE 及外部中断请求信号 INT0。当 GATE＝0 时，只要用软件置 TR0＝1，图 4.8 中开关 S2 闭合，定时器/计数器就开始工作；当置 TR0＝0 时，第二个开关分开，定时器/计数器停止工作。所以把 TR0 称为定时器/计数器 0 的启动控制位。

GATE＝1 为门控方式。此时，仅当 TR0＝1 且 $\overline{INT0}$(P3.2)引脚上出现高电平(即无外部中断请求信号)时，开关 S2 才闭合，定时器/计数器开始工作。如果引脚上出现低电平(即有外部中断请求信号)，则停止工作。所以，门控方式下，定时器/计数器的启动受外部中断请求的影响，常用来测量 $\overline{INT0}$ 引脚上出现正脉冲的宽度。

2. 工作方式 0

将方式寄存器 TMOD 的方式选择位 M1M0 设置为 00 时，定时器/计数器设定为工作方式 0，由 TH 的 8 位和 TL 的低 5 位构成了 13 位的计数器。图 4.9 给出了定时器 T1 在方式 0 时的工作原理框图，定时器 T0 在方式 0 时的工作原理与此类似。

图 4.9　定时器/计数器 1 方式 0 的逻辑结构

如果 C/T＝1，定时器/计数器 1 工作在计数状态，则由 TH1、TL1 构成的 13 位加法计数器对 T1(P3.5)引脚上的外部脉冲计数。当计数到全 1(即 8191 或 1FFFH)，再来一个外部脉冲便计数到 0，计数器溢出使 TF1＝1，以此作为定时器/计数器的中断标志。

在方式 0 下，计数长度为 13 位二进制数，最大计数值 M＝2^{13}＝8192。如果要让计数器计数 N 次，则应向计数器中写入的计数初值 X 为

$$计数初值 X = 最大计数值 M - 计数次数 N = 2^{13} - N = 8192 - N \tag{4.3}$$

例如，设置计数器计数 1000 次，计数次数 N＝1000，则计数初值 X 为

$$计数初值 X = 2^{13} - N = 8192 - 1000 = 7192$$
$$= 11100000, 11000B$$

但应注意，上述 13 位计数初值的高 8 位写入 TH1，而 13 位计数初值的低 5 位二进制数前面要加 3 个 0，凑成 8 位二进制数后写入 TL1。此例中应向 TH1 写入的数据是：1110 0000B(E0H)，向 TL1 写入的数据是：00011000B(18H)，即计数初值 X＝ E018H。

在方式 0 下，X＝8191 时是最小计数初值；X＝0 时，计数器从 1 计数到 8192，X＝0 是方式 0 时的最大计数初值，最大计数次数 N＝8192。

如果 C/T＝0，为定时器方式，加法计数器对机器周期 Tc 计数，每个机器周期计数器加 1。根据计数次数 N 便可计算出定时时间，定时时间由下式确定：

$$T = N \times Tc = (8192 - X) Tc \tag{4.4}$$

式中 Tc 为单片机的机器周期。如果振荡频率 fosc＝12 MHz，则 Tc＝1 μs，定时范围为 1～8192 μs。

定时器/计数器 1 的启动或停止受 3 个条件的制约：控制寄存器 TCON 中的 TR1 位、门控位 GATE 及外部中断请求信号 $\overline{INT1}$。

3. 工作方式 2

将方式寄存器 TMOD 的方式选择位 M1M0 设置为 10 时，定时器/计数器设定为工作方式 2，作为自动重新装入初值的 8 位定时器/计数器工作方式，通常用作为方波发生器。方式 0 和方式 1 都必须在每次定时/计数结束后重新装入初值，而方式 2 是一种自动装入初值的工作方式。方式 2 在程序初始化时，TL0 和 TH0 由软件赋予相同的计数初值。TL0 用作加 1 计数，TH0 用来保存初值，一旦 TL0 计数溢出，TF0 将被置位，同时，TH0 中的初值会自动重新装入 TL0，从而进入新一轮计数，如此循环。用方式 2 来产生方波非常方便，通常被用来作为串行通信口的波特率发生器，其内部结构如图 4.10 所示。图中以 T0 为描述对象，T1 的工作原理与此类似。

图 4.10　定时器/计数器 0 方式 2 的逻辑结构

在工作方式 2 时，计数范围为 1～256。计数器的计数初值和定时时间分别由下式确定：

$$计数初值 X＝最大计数值 M －计数次数 N = 2^8 - N = 256 - N \tag{4.5}$$
$$T = N \times Tc = (256 - X) Tc \tag{4.6}$$

4. 工作方式 3

将方式寄存器 TMOD 的方式选择位 M1M0 设置为 11 时，定时器/计数器设定为工作

方式 3，其逻辑结构如图 4.11 所示。

图 4.11 定时器/计数器 0 方式 3 的逻辑结构

在工作方式 3 时，定时器 T0 被分解成两个独立的 8 位计数器 TL0 和 TH0。其中，TL0 占用原定时器 T0 的控制位和中断标志位：GATE、TR0 和 TF0，也占用原定时器 0 的引脚 T0(P3.4) 和 INT0(P3.2)。除计数位数不同于方式 0、方式 1 外，其功能、操作与方式 0、方式 1 完全相同，可定时亦可计数。TH0 占用原 T1 的控制位 TF1 和 TR1，同时还占用了定时器 1 的中断源，其启动和关闭仅受 TR1 置 1 或清 0 控制。此时，TH0 只能对机器周期进行计数，因此，TH0 只能用作简单的内部定时，不能用作对外部脉冲计数，它是定时器 0 附加的一个 8 位定时器。

在工作方式 3 时，计数范围为 1~256。计数初值和定时时间分别由式(4.5)和式(4.6)确定。

定时器 1 无工作方式 3。当定时器 0 工作于方式 3 时，定时器 1 可设置为方式 0、方式 1 或方式 2，但由于 TR1、TF1 及 T1 的中断源已被定时器 0 占用，此时，定时器 T1 只能用于不需要中断的场合，如 T1 常常用作串行口波特率发生器。

通常情况下，也只有 T1 作为串行口波特率发生器使用时，为了充分利用单片机资源，才将 T0 设置为方式 3 使用。

4.2.4 定时器/计数器的应用

由于定时器/计数器的功能是由软件编程实现的，因此一般在使用定时器/计数器前都要对其进行初始化。所谓初始化，实际上就是确定相关寄存器的值。初始化步骤如下：

(1) 确定工作方式——对 TMOD 赋值。根据任务性质明确工作方式及类型，从而确定 TMOD 寄存器的值。例如，要求定时器/计数器 T0 完成 16 位定时功能，TMOD 的值就应为 01H，用指令

  MOV TMOD，#01H

即可完成工作方式的设定。

(2) 预置定时器/计数器的计数初值——写入计数初值。依据以上确定的工作方式和要求的计数次数，由算式(4.1)~(4.6)计算出相应的计数初值。直接将计数初值写入 TH0、TL0 或 TH1、TL1。

（3）根据需要开放定时器/计数器中断——直接对 IE 寄存器赋值。

（4）启动定时/计数器工作——将 TR0 或 TR1 置"1"。GATE = 0 时，直接由软件置位启动；GATE = 1 时，除软件置位外，还必须在外中断引脚处加上相应的电平值才能启动。

4.2.5　应用实例

在工程应用中，常常会遇到要求系统定时或对外部事件计数等类似问题，若用 CPU 直接进行定时或计数不但降低了 CPU 的效率，而且会无法响应实时事件。灵活运用定时器/计数器不但可减轻 CPU 的负担，简化外围电路，而且可以提高系统的实时性，能快速响应和处理外部事件。

例 4.2.1　方式 0 的应用。设单片机晶振频率为 12 MHz，利用定时器/计数器 T0，在 P1.0 引脚输出周期为 2 ms 的方波。

解　2 ms 的方波可由间隔 1 ms 的高低电平相间而成，因而只要每 1 ms 对 P1.0 取反一次即可得到这个方波，如图 4.12 所示。可选用定时器/计数器 T0 工作为定时方式来实现 1 ms 的定时。定时器工作在定时方式时，计数器对机器周期 Tc 计数，每个机器周期计数器加 1。因为单片机晶振频率为 12 MHz，所以机器周期为

$$Tc = 12 \times 振荡周期 = 12 \div f_{osc} = 1 \ \mu s$$

要实现 1 ms 的定时，定时器 0 在 1 ms 内需要计数 N 次：

$$N = 1 \ ms \div 1 \ \mu s = 1000 \ 次$$

设定时器 0 工作在方式 0，则计数初值 X 为

$$X = 最大计数值 \ M - 计数次数 \ N = 2^{13} - N = 8192 - 1000$$
$$= 7192 = 1110000011000B$$

图 4.12　2 ms 方波

13 位的计数初值的高 8 位写入 TH0，低 5 位二进制数前要加 3 个 0，凑成 8 位二进制数后写入 TL0。即向 TH0 写入的数据是：1110 0000B（E0H），向 TL0 写入的数据是：00011000B（18H）。

TMOD 初始化：TMOD = 00000000B = 00H，（GATE = 0，C/T = 0，M1 = 0，M0 = 0）

TCON 初始化：TR0 = 1，启动 T0

IE 初始化：开放中断，EA = 1；允许定时器 T0 中断，ET0 = 1

程序如下：

```
          ORG    0000H
          LJMP   START           ;复位入口
          ORG    000BH
          LJMP   T0INT           ;T0 中断入口
          ORG    0040H
```

```
START:      MOV    SP，#60H          ；初始化程序
            MOV    TH0，#0E0H        ；T0 赋初值
            MOV    TL0，#18H
            MOV    TMOD，#00H        ；T0 为方式 0 定时。注，不能对 TMOD 位操作
            SETB   TR0              ；启动 T0
            SETB   ET0              ；开 T0 中断
            SETB   EA               ；开总允许中断
            SJMP   $                ；等待中断
T0INT:      MOV    TH0，#0E0H        ；T0 中断服务子程序，T0 赋初值，再次启动 T0
            MOV    TL0，#18H
            CPL    P1.0             ；输出周期为 2 ms 的方波
            RETI                    ；中断返回
```

注意：T0 溢出时中断标志位 TF0＝1 请求中断，CPU 响应中断时，由硬件自动将该位清零。但在中断服务程序中，必须重新写入计数初值方可再次启动定时器。

例 4.2.2　　软件计数器的应用。设单片机时钟频率为 12 MHz，利用定时器/计数器 T0 在引脚 P1.0 和 P1.1 分别输出周期为 2 ms 和 6 ms 的方波，如图 4.13 所示。

图 4.13　输出不同周期的方波

解　　在例 4.2.1 中，T0 每 1 ms 中断一次，对 P1.0 取反一次得周期为 2 ms 的方波。让例 4.2.1 中的主程序不变，只要对 T0 中断服务子程序略加修改，使用片内 RAM 的 30H 单元进行软件计数，每计数（中断）3 次，对 P1.1 取反一次可得到周期为 6 ms 的方波。修改后的 T0 中断服务子程序如下（设 30H 单元的初值为 0）：

```
T0INT:      MOV    TL0，#0E0H        ；T0 中断服务子程序，T0 赋初值，再次启动 T0
            MOV    TH0，#18H
            CPL    P1.0             ；输出周期为 2 ms 的方波
            INC    30H              ；每 1 ms 软件计数值加 1
            MOV    A，30H
            CJNE   A，#03，RETURN
            CPL    P1.1             ；每 3 ms 对 P1.1 取反一次
            MOV    30H，00H          ；软件计数初值为 0
RETURN:     RETI                    ；中断返回
```

例 4.2.3　　方式 1 的应用。设单片机晶振频率为 12 MHz，用定时器/计数器 0 控制在 P1.0 引脚输出周期为 20 ms 的方波。

解　　20 ms 的方波可由间隔 10 ms 的高低电平相间而成，只要每 10 ms 对 P1.0 取反一次即可得到这个方波。若单片机晶振频率为 12 MHz，则机器周期为 1 μs。要实现 10 ms

的定时，在 10 ms 内需要计数 N 次：

$$N = 10 \text{ ms} \div 1\ \mu s = 10\ 000 \text{ 次}$$

定时器工作在方式 0 时，其最大计数值 $M = 2^{13} = 8192$，无法实现 10 ms 的定时，即无法实现 10 000 次的计数。所以，必须使定时器/计数器 0 工作在方式 1 下，此时计数初值 X 为

$$X = \text{最大计数值 M} - \text{计数次数 N}$$
$$= 2^{16} - N = 65\ 536 - 10\ 000 = 55\ 536 = D8F0H$$

即向 TH0 写入计数初值 D8H，向 TL0 写入计数初值 F0H。

TMOD 初始化：TMOD = 00000001B = 01H，（GATE = 0，C/T = 0，M1 = 0，M0 = 1）；

TCON 初始化：TR0 = 1，启动 T0；

IE 初始化：开放中断 EA = 1，允许定时器 T0 中断 ET0 = 1。

程序清单如下：

```
                ORG    0000H
                LJMP   START           ;复位入口
                ORG    000BH
                LJMP   T0INT           ;T0 中断入口
                ORG    0040H
        START:  MOV    TH0,#0D8H       ;T0 赋初值
                MOV    TL0,#0F0H
                MOV    TMOD,#01H       ;T0 为方式 1 定时
                SETB   TR0             ;启动 T0
                SETB   ET0             ;开 T0 中断
                SETB   EA              ;开总允许中断
        MAIN:   LJMP   MAIN            ;主程序等待中断
        T0INT:  MOV    TH0,#0D8H       ;T0 中断服务子程序，T0 赋初值，再次启动 T0
                MOV    TL0,#0F0H
                CPL    P1.0            ;输出周期为 20 ms 的方波
                RETI                   ;中断返回
```

例 4.2.4　利用定时器/计数器对生产过程进行控制。图 4.14 给出了一个生产过程的示意图。当生产线上无工件传送时，在光线的照射下，光敏管导通，T1 为低电平；当工件

图 4.14　生产过程控制

通过光源时工件会遮挡光线，光敏管截止，T1 为高电平。每传送一个工件，T1 端会出现一个正脉冲。利用定时器/计数器 1 对生产过程进行控制，每生产出 10 000 个工件，使 P1.7 输出一个正脉冲，用于启动下一个工序。

解　设置定时器/计数器 1 工作在方式 1，对工件进行计数。计数次数 N＝10 000，则计数初值 X 为

$$X ＝ 最大计数值 M － 计数次数 N ＝ 2^{16} － N$$
$$＝ 65\ 536 － 10\ 000 ＝ 55\ 536 ＝ D8F0H$$

初始化：TMOD＝01010000B＝50H（GATE＝0，C/T＝1，M1M＝＝01）；

TCON 初始化：TR1＝1，启动 T1；

IE 初始化：开放中断 EA＝1，允许定时器 T1 中断 ET1＝1。

程序清单如下：

```
          ORG    0000H
          LJMP   START        ;复位入口
          ORG    001BH
          LJMP   T1INT        ;T1 中断入口
          ORG    0040H
START：    CLR    P1.7         ;初始化 P1.7＝0
          MOV    TH1,#0D8H     ;T0 赋初值
          MOV    TL1,#0F0H
          MOV    TMOD,#50H     ;T1 为方式 1 计数
          SETB   TR1          ;启动 T1
          SETB   ET1          ;开 T1 中断
          SETB   EA           ;开总允许中断
MAIN：     LJMP   MAIN         ;主程序等待中断
T1INT：    MOV    TH1,#0D8H     ;T1 中断服务子程序,T1 赋初值,再次启动 T1
          MOV    TL1,#0F0H
          SETB   P1.7         ;使 P1.7 输出正脉冲,启动下一个工序
          NOP
          CLR    P1.7
          RETI                ;中断返回
```

例 4.2.5　方式 2 的应用。设单片机晶振频率为 12 MHz，在 P1.7 引脚接有一个发光二极管（如图 4.15 所示），用定时器/计数器控制，使发光二极管亮 1 秒灭 1 秒，周而复始。

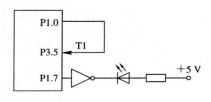

图 4.15　显示电路

解　由于定时间隔太长，用一个定时器/计数器无法直接实现 1 秒的定时。可使定时器工作在方式 1，得到 10 ms 的定时间隔，再进行软件计数 100 次，便可实现 1 秒的定时，读者可参照例 4.2.3 和例 4.2.2 来完成。

在此，我们采用多个定时器/计数器复合使用的方法完成此题。可将定时器 T0 设定为 10 ms 的定时间隔，当 T0 定时时间到时，把 P1.0 的输出取反，再把 P1.0 的输出信号加到

定时器 T1 的计数脉冲的输入端进行计数。只要 T1 计数 50 次，便可实现 1 s 的定时：

$$(10 \text{ ms} + 10 \text{ ms}) \times 50 = 1000 \text{ ms} = 1 \text{ s}$$

因为 T1 的计数次数 N＝50，所以令定时器 T1 工作在方式 2，计数器的计数初值由下式确定：

$$X = 最大计数值 M - 计数次数 N = 2^8 - N = 256 - 50 = 206 = CEH$$

即把 CEH 同时写入 TH1 和 TL1。

TMOD 初始化：TMOD＝01100001B＝61H，T0 为方式 1 定时，T1 为方式 2 计数。

用于设置 T1				用于设置 T0			
GATE	C/T	M1	M0	GATE	C/T	M1	M0
0	1	1	0	0	0	0	1
	计数	方式 2			定时	方式 1	

TCON 初始化：TMOD＝01010000B＝50H，启动 T0，启动 T1。

D7	D6	D5	D4	D3	D2	D1	D0
TF1	TR1	TF0	TR0	IE1	IT1	IE0	IT0
0	1	0	1	0	0	0	0

IE 初始化：IE＝10001010B，开放中断 EA＝1，允许定时器 T0 中断 ET0＝1，允许定时器 T1 中断 ET1＝1。

中断允许寄存器 IE：

EA	—	ET2	ES	ET1	EX1	ET0	EX0
1	0	0	0	1	0	1	0

程序清单如下：

```
        ORG    0000H
        LJMP   START        ；复位入口
        ORG    000BH
        LJMP   T0INT        ；T0 中断入口
        ORG    001BH
        LJMP   T1INT        ；T1 中断入口
        ORG    0040H
START:  MOV    TH0, #0D8H    ；T0 赋初值
        MOV    TL0, #0F0H
        MOV    TH1, #0CEH    ；T1 赋初值
        MOV    TL1, #0CEH
        MOV    TMOD, #61H    ；T0 为方式 1 定时，T1 为方式 2 计数
        SETB   TR0          ；启动 T0
        SETB   TR1          ；启动 T1
        SETB   ET0          ；开 T0 中断
        SETB   ET1          ；开 T1 中断
        SETB   EA           ；开总允许中断
```

```
MAIN:     LJMP    MAIN          ;主程序等待中断
T0INT:    MOV     TH0,#0D8H     ;T0 中断服务子程序,T0 赋初值,再次启动 T0
          MOV     TL0,#0F0H
          CPL     P1.0          ;P1.0 输出周期为 20 ms 的方波
          RETI                  ;中断返回
T1INT:    CPL     P1.7          ;T1 中断服务子程序
                                ;P1.7 使发光二极管亮 1 秒灭 1 秒,周而复始
          RETI                  ;中断返回
```

方式 2 是定时器自动重装载的操作方式。在这种方式下,在溢出的同时将 8 位二进制初值自动重新装载,即在中断服务子程序中,不需要编程再送计数初值。

例 4.2.6　外部中断源的扩展。MCS-51 单片机有两个定时器,具有两个内部中断标志和外部计数引脚,如在系统中有某个定时器不被使用,则可把该定时器扩展为外部中断源使用。此时,可将定时器设置成计数方式,计数初值可设为满量程,则它们的计数输入端 T0(P3.4)或 T1(P3.5)引脚上发生负跳变时,计数器加 1 便产生溢出中断。利用此特性,可把 T0 脚或 T1 脚作为外部中断请求输入线,而计数器的溢出中断作为外部中断请求标志。

解　将定时器 T0 设定为方式 2,TH0 和 TF0 的初值均设置为 FFH,允许 T0 中断,CPU 开放中断,程序如下:

```
                ⋮
          MOV     TMOD,#06H
          MOV     TH0,#0FFH
          MOV     TL0,#0FFH
          SETB    TR0
          SETB    ET0
          SETB    EA
                ⋮
T0INT:    …                     ;中断服务子程序
                ⋮
          RETI                  ;中断返回
```

当连接在 T0(P3.4)引脚的外部中断请求输入线发生负跳变时,TL0 加 1 溢出,TF0 置 1,向 CPU 发出中断申请。同时,TH0 的内容自动送至 TL0,使 TL0 恢复初值。这样,T0 引脚每输入一个负跳变,TF0 都会置 1,向 CPU 请求中断。此时,T0 脚相当于边沿触发的外部中断源输入线。

同样,也可将定时器 T1 扩展为外部中断源。

例 4.2.7　试用 89C51 单片机设计一个"航标灯"控制器。要求当"黑夜"降临时,"航标灯"自动启动,亮 2 秒,灭 2 秒,闪闪发光,指明航向。当"白天"到来时,"航标灯"不再闪动。

解　(1)首先考虑用什么方法能够自动区别白天和黑夜。通常用光敏管来完成这一任务,将光敏管的放大输出电路接到 89C51 单片机的 $\overline{INT0}$ 引脚,如图 4.16 所示。当"黑夜"降临时,由于没有光线,光敏管截止,光敏电路输出高电平(即 $\overline{INT0}$ 为高电平);当"白天"到来时,光敏管导通,$\overline{INT0}$ 为低电平。

（2）定时器工作方式选择。可使定时器 0 的启动或停止受 3 个条件制约：控制寄存器 TCON 中的 TR0 位、门控位 GATE 及外部中断请求信号 $\overline{\text{INT0}}$。令 GATE＝1 为门控方式，且 TR0＝1。当"黑夜"降临时，$\overline{\text{INT0}}$ 为高电平，无外部中断请求，定时器 0 开始工作。设定时器 0 为方式 1，时钟频率为 12 MHz，得到 10 ms 的定时间隔，再进行软件计数 200 次，便可实现 2 秒的定时。每 2 秒对 P1.7 取反一次，"航标灯"自动启动，亮 2 秒，灭 2 秒；当"白天"到来时，$\overline{\text{INT0}}$ 为低电平，定时器会自动停止工作，"航标灯"不再闪动。在"白天"时，$\overline{\text{INT0}}$ 为低电平会请求中断，若无其他事务要进行处理，可以禁止 $\overline{\text{INT0}}$ 中断。

读者可根据上述方案编写相应程序。

图 4.16　航标灯控制器

习　题　4

4.1　什么是中断和中断系统？其主要功能是什么？

4.2　什么是中断源？51 单片机有哪几个中断源？

4.3　试编写一段对中断系统初始化的程序，使之允许 INT0，INT1，T0，串行口中断，且使 T0 中断为高优先级。

4.4　在 51 单片机中，外部中断有哪两种触发方式？如何加以区分？

4.5　单片机在什么条件下可响应 INT0 中断？简要说明中断响应的过程。

4.6　当正在执行某一中断源的中断服务程序时，如果有新的中断请求出现，试问在什么情况下可响应新的中断请求？在什么情况下不能响应新的中断请求？

4.7　若 51 单片机的晶振频率为 12 MHz，要求用定时器/计数器 T0 产生 1 ms 的定时，试确定计数初值以及 TMOD 寄存器的内容。

4.8　若 AT89C51 单片机的晶振频率为 12 MHz，要求用定时器/计数器产生 10 ms 的定时，试确定计数初值以及 TMOD 寄存器的内容。

4.9　设晶振频率为 12 MHz。编程实现以下功能：利用定时/计数器 T0 通过 P1.7 引脚输出一个 50 Hz 的方波。

4.10　每隔 1 s 读一次 P1.0，如果所读的状态为"1"，则将片内 RAM 的 10H 单元内容加 1；如果所读的状态为"0"，则将片内 RAM 的 11H 单元内容加 1。设单片机的晶振频率为 12 MHz，画出硬件原理图并设计相应程序。

4.11　简要说明若要扩展定时/计数器的最大定时时间，可采用哪些方法？

4.12 用 AT89C51 单片机设计一个时、分、秒脉冲发生器。使 P1.0 每秒钟输出一个正脉冲，P1.1 每分钟输出一个正脉冲，P1.2 每小时输出一个正脉冲。上述正脉冲的宽度均为一个机器周期，如习题 4.12 图所示。

习题 4.12 图

第 5 章

串行通信技术

本章要点与学习目标：

　　单片机广泛应用于现场控制、嵌入式系统、数据采集系统等领域，不仅要实现本地数据采集和现场控制，而且还要完成远距离数据传输，将采集到的信息上送到调度机，接收调度机下发的控制和采集命令，这就要求单片机必须具有通信功能。本章将从实用角度出发，介绍单片机串行通信方式及相关知识。读者通过对本章的学习，应掌握以下知识点：

- 串行通信的基本概念；
- 51 系列单片机串行通信口的基本结构及工作原理；
- 通过对相关寄存器编程设置串行通信口；
- 51 系列单片机串行通信的 4 种工作方式及特点；
- 单片机在多机通信中的应用；
- RS－232C 串行接口及其应用。

5.1　基　本　概　念

　　计算机数据通信是计算机科学与通信技术的有机结合，是现代控制系统的重要组成部分。就通信技术的实际应用而言，常见的通信方式有以下几类：

　　（1）按通信对象数量的不同，通信方式可分为点到点通信、一点到多点通信和多点到多点通信 3 种方式。

　　（2）按通信终端之间的连接方式可划分为两点间直通方式和交换方式。直通方式是通信双方直接用专线连接；而交换方式是通信双方必须经过交换机才能连接起来的一种通信方式，如电话系统。

　　（3）按数字信号传输的顺序，在数据通信中（主要指计算机通信），通信方式又有串行通信与并行通信之分。

　　下面简要介绍单片机应用系统中常用通信方式的基本概念，有关通信原理的进一步介绍请读者参考相关著作。

1. 并行通信

并行通信中的数据在整个传输过程中并排前进，有多少个数据线就能同时传送多少位数据。并行通信的特点是硬件连线多、传输速率高，一般适用于近距离、高速率的通信领域。例如，计算机主板与硬盘、计算机与打印机等之间的通信。图 5.1(a)是并行通信示意图。

2. 串行通信

串行通信中的数据在传输过程中一位一位地串行传输，硬件连接比较简单。最简单时只需 3 根连线即可实现串行通信，相对于并行通信来讲，其通信速率低，一般适用于短距离数据通信。在单片机应用系统中常采用串行通信方式。图 5.1(b)是串行通信示意图。

在串行通信中，按同步方式的不同，又分为同步通信和异步通信。

图 5.1　并行通信与串行通信

(a) 并行通信；(b) 串行通信

3. 异步通信

异步通信(Asynchronous Communication)中的数据通常是以字符为单位组成字符帧传送的。字符帧由发送端一帧一帧地发送，一帧数据低位在前，高位在后，通过传输线被接收端一帧一帧地接收。发送端和接收端可以由各自独立的时钟来控制数据的发送和接收，这两个时钟彼此独立。接收端是依靠字符帧格式来判断发送端是何时开始发送，何时结束发送的，其基本特征是每个字符必须用起始位和停止位作为字符开始和结束的标志。字符帧格式是异步通信的一个重要指标。

1) 字符帧

字符帧(Character Frame)也叫字符格式或数据帧。它由起始位、数据位、奇偶校验位和停止位等 4 部分组成，如图 5.2 所示。

(1) 起始位：位于字符帧开头，只占一位，为逻辑 0，低电平。用起始位表示发送端开始发送一帧数据信号，是字符帧的起始标志。

(2) 数据位：紧跟起始位之后，用户根据情况可设置数据位为 5 位、6 位、7 位或 8 位，低位在前高位在后。

(3) 奇偶校验位：位于数据位之后，占 1 位，用来作为一帧数据的奇/偶校验位。

(4) 停止位：位于字符帧最后，为逻辑 1，高电平。通常可设置停止位为 1 位、1.5 位或 2 位，用于向接收端表示一帧字符信息已经发送完毕，是字符帧的结束标志。

图 5.2 串行异步传送的字符格式

(a) 无空闲位的字符格式；(b) 有空闲位的字符格式

例如，设定串行传送的字符格式为：1 位起始位、8 位数据位、1 位偶校验位和 1 位停止位。用该格式分别串行传送字符"B"和"C"的字符帧结构如图 5.3 所示。

图 5.3 "B"和"C"的字符帧结构

(a) "B"的字符帧结构；(b) "C"的字符帧结构

字符"B"的 ASCII 码为 1000010B，发送的 8 位数据位为 01000010B，采用偶校验，所以校验位为 0。

字符"C"的 ASCII 码为 1000011B，发送的 8 位数据位为 01000011B，采用偶校验，由于 1 的个数为奇数，所以校验位为 1。

2) 波特率

波特率（Baud Rate）是指信号传输的速率，是数据通信的一个重要指标。波特率指每秒传送二进制码元的位数，单位为 b/s，即位/秒。波特率用于表征数据传输的速率，波特率越高，数据传输速率也越高。

单片机应用系统通常采用串行异步通信方式。通信时要求发送端与接收端的波特率必须一致，波特率一般为 50～9600 b/s。

异步通信的传输速率不高，因此只适用于数据量不大的应用领域。

4. 同步通信

同步通信(Synchronous Communication)是将一大批数据分成若干个数据块，数据块之间用同步字符隔开，而传输的各位二进制码之间都没有间隔。同步通信是一种连续串行传送数据的通信方式，一次通信可传输一帧数据。这里的信息帧和异步通信的字符帧不同，其数据块通常由若干个数据字符组成，如图 5.4 所示。图 5.4(a)为单同步字符帧结构，图 5.4(b)为双同步字符帧结构。其一帧由同步字符、数据字符和校验字符 3 部分组成。在同步通信中，同步字符是由通信规约确定的。

| 同步字符 | 数据块 | 校验字符1 | 校验字符2 |

(a)

| 同步字符1 | 同步字符2 | 数据块 | 校验字符1 | 校验字符2 |

(b)

图 5.4　同步通信的格式
（a）单同步字符帧结构；（b）双同步字符帧结构

5. 串行通信数据传送的 3 种方式

根据信号传输方向与传输时间的不同，串行通信有 3 种通信方式：单工通信、半双工通信和全双工通信，如图 5.5 所示。

图 5.5　串行通信数据传送的 3 种方式

单工通信(Simplex Communication)：在任何一个时刻，信号只能从甲方向乙方单向传输，甲方只能发信，乙方只能收信。比如广播电台与收音机、电视台与电视机的通信(点到多点)、遥控玩具、航模(点到点)、寻呼系统等均属此类。

半双工通信(Half-Duplex Communication)：信息能够实现双向传输，但在任何一个时刻，信号只能单向传输，或从甲方传向乙方，或从乙方传向甲方，但不能同时双向传送。比如对讲机、收发报机以及问询、检索等之间的通信。

全双工通信(Full-Duplex Communication)：信号能够同时双向传输，每一方都能同时进行收信与发信。比如普通电话、手机、RS-232C 通信接口等。

5.2　51系列单片机串行通信接口

51系列单片机有一个串行通信接口，能够很方便地与外部计算机或其他终端实现数据通信。

5.2.1　串行口组成及相关寄存器

51单片机串行接口主要由串行口数据缓冲器 SBUF、串行口控制寄存器 SCON、对外接口 TXD、RXD 及相关控制电路等组成，其内部结构如图5.6所示。串行通信时，不仅与 SBUF 和 SCON 寄存器有关，还会涉及到电源控制寄存器 PCON、定时器控制寄存器 TCON 及中断允许寄存器 IE 等相关寄存器。

图 5.6　串行通信口内部结构框图

1. 串行口数据缓冲器 SBUF

SBUF 是两个在物理上独立的接收、发送寄存器，一个用于存放接收到的数据，另一个用于存放欲发送的数据，可同时发送和接收数据。两个缓冲器共用一个地址99H，通过对 SBUF 的读、写指令来区别是对接收缓冲器还是发送缓冲器操作。CPU 在写 SBUF 时，就是修改发送缓冲器；读 SBUF 就是读接收缓冲器的内容。接收或发送数据，是通过串行口对外的两条独立收发信号线 RXD(P3.0)、TXD(P3.1)来实现的，因此可以同时发送、接收数据，其工作方式为全双工方式。

2. 串行口控制寄存器 SCON

串行口控制寄存器 SCON 用来控制串行口的工作方式和状态，其地址为98H，可进行位寻址。单片机复位时，SCON 的所有位全为0。串行口控制寄存器 SCON 的格式如下：

位	D7	D6	D5	D4	D3	D2	D1	D0
功能	SM0	SM1	SM2	REN	TB8	RB8	TI	RI

SM0、SM1：由软件设置，用于选择串行口的工作方式，可以设置4种工作方式(见表5.1，具体内容将在5.2.2节详细介绍)。

表 5.1 串行口的工作方式

SM0	SM1	工作方式	功　　能	波　特　率
0	0	方式 0	移位寄存器方式	$f_{osc}/12$
0	1	方式 1	8 位通用异步接收器/发送器	可变
1	0	方式 2	9 位通用异步接收器/发送器	$f_{osc}/32$ 或 $f_{osc}/64$
1	1	方式 3	9 位通用异步接收器/发送器	可变

SM2：多机通信控制位。在方式 2 和方式 3 中，若 SM2＝1，则接收到的第 9 位数据（RB8）为 0 时不启动接收中断标志 RI(即 RI＝0)，并且将接收到的前 8 位数据丢弃；RB8为 1 时，才将接收到的前 8 位数据送入 SBUF，并置位 RI，产生中断请求。若 SM2＝0，则不论第 9 位数据为 0 或 1，都将接收到的前 8 位数据装入 SBUF 中，并产生中断请求。在方式 0 时，SM2 必须为 0。

REN：串行接收允许控制位。若 REN＝0，则禁止接收；若 REN＝1，则允许接收，该位由软件设置。

TB8：发送数据 D8 位。在方式 2 和方式 3 时，TB8 为所要发送的第 9 位信息。在多机通信中，以 TB8 位的状态表示主机发送的是地址还是数据：若 TB8＝1，表示主机发送的是地址信息。若 TB8＝0，表示主机发送的是数据信息；也可用 TB8 作为数据的奇偶校验位。在通信规约中应明确约定。

RB8：接收数据 D8 位。在方式 2 和方式 3 时，接收到的第 9 位信息。RB8 可作为地址信息或数据信息的标志或奇偶校验位。方式 1 时，若 SM2＝0，则 RB8 为接收到的停止位。在方式 0 时，不使用 RB8 位。

TI：发送中断标志位。方式 0 时，当发送数据第 8 位结束后，或其他方式发送停止位后，即将一帧数据发送完毕，由内部硬件置位 TI，向 CPU 请求中断。CPU 响应中断后，必须用软件把 TI 清 0。此外，TI 也可供程序查询。

RI：接收中断标志位。方式 0 时，当接收数据的第 8 位结束后，或其他方式接收到停止位，即已完成一帧数据的接收，由内部硬件置位 RI，向 CPU 请求中断。同样，CPU 响应中断后，也必须用软件把 RI 清 0。RI 也可供程序查询。

3. 电源控制寄存器 PCON

PCON 主要是为 CHMOS 型单片机的电源控制而设置的专用寄存器，不可以位寻址，字节地址为 87H。在 CHMOS 的 8051 单片机中，PCON 除了最高位以外，其他位都是虚设的。

电源控制寄存器的格式如下：

位	D7	D6	D5	D4	D3	D2	D1	D0
功能	SMOD	—	—	—	CF1	CF0	PD	IDL

PCON 的最高位 SMOD 是串行口波特率系数控制位。SMOD＝1 时，波特率提高一倍。其余各位与串行口无关，在此暂不作介绍。

5.2.2 串行口的工作方式

51 系列单片机的串行口有 4 种工作方式，通过 SCON 中的 SM0、SM1 位来设置。

1. 方式 0——同步移位寄存器方式

若 SM0 SM1＝00B，则串行口工作于方式 0，这时串行口作同步移位寄存器使用。这种方式常用于扩展 I/O 端口，一般外接移位寄存器，实现数据串/并转换。串行数据从 RXD(P3.0)端输入或输出，同步移位脉冲由 TXD(P3.1)送出，其波特率固定为 $f_{osc}/12$。

1) 方式 0 发送

当一个数据写入串行口发送缓冲器 SBUF 时，串行口将 8 位数据以 $f_{osc}/12$ 的波特率从 RXD 引脚输出(低位在前，高位在后)，发送完置中断标志 TI 为 1，请求中断。再次发送数据之前，必须由软件将 TI 清 0。方式 0 移位输出电路图如图 5.7 所示。其中，74LS164 为串入并出移位寄存器。

图 5.7　方式 0 移位输出电路图

2) 方式 0 接收

在满足 REN＝1 和 RI＝0 的条件下，串行口即开始从 RXD 端以 $f_{osc}/12$ 的波特率输入数据(低位在前)，当接收完 8 位数据后，置中断标志 RI 为 1，请求中断。再次接收数据之前，必须由软件将 RI 清 0。方式 0 移位输入电路图如图 5.8 所示。其中，74LS165 为并入串出移位寄存器。

图 5.8　方式 0 移位输入电路图

串行口控制寄存器 SCON 中的 TB8 和 RB8 在方式 0 中未用。值得注意的是，每当发送或接收完 8 位数据后，硬件会自动置 TI 或 RI 为 1，CPU 响应发送或接收中断后，必须由用户用指令将 TI 或 RI 清 0。方式 0 时，SM2 必须为 0。

2. 方式 1 —— 8 位异步串行通信方式

若 SM0 SM1＝01B，则串行口工作于方式 1。方式 1 是波特率可变的 10 位通用异步串行通信方式。发送或接收一帧信息为 10 位，其中包括 1 个起始位 0，8 个数据位和 1 个停止位 1。其帧格式如图 5.9 所示。

图 5.9 串行通信 10 位帧结构

1) 方式 1 发送

当 CPU 执行一条数据写入发送缓冲器 SBUF 的指令时，便启动发送器发送。发送时，数据从 TXD 端输出，当发送完一帧数据后，置中断标志 TI 为 1。方式 1 所传送的波特率取决于定时器 T1 的溢出率和 PCON 中的 SMOD 位。

2) 方式 1 接收

若 REN＝1，RI＝0 时，允许串口接收数据。串行口采样 RXD，当采样到由 1 到 0 跳变时，确认是起始位"0"，便开始接收一帧信息。方式 1 接收时，必须同时满足以下两个条件：

(1) RI＝0；

(2) 停止位为 1 或 SM2＝0。

则接收到的一帧信息有效，一帧信息中的 8 位数据送入接收缓冲器 SBUF，停止位送入串行口控制寄存器 SCON 的 RB8 位，同时置中断标志 RI 为 1；若不满足上述两个条件，则信息将丢失(无效)。所以，方式 1 接收时，应先用指令清除 RI，并设置 SM2＝0。

3. 方式 2 —— 9 位异步通信接口

若 SM0 SM1＝10B，则串行口工作于方式 2。方式 2 为波特率固定的 11 位异步串行通信方式，传送波特率与 SMOD 有关。发送或接收一帧信息为 11 位，其中包括 1 位起始位 0，8 位数据位，1 位可编程位(用于奇偶校验或多机通信)和 1 位停止位 1，其帧格式如图 5.10 所示。(波特率设置将在 5.2.3 节介绍)

1) 方式 2 发送

发送时，根据通信协议由软件设置 TB8，然后用指令将要发送的数据写入 SBUF，启动发送器。写 SBUF 的指令，除了将 8 位数据送入 SBUF 外，同时还将 TB8 装入发送移位寄存器的第 9 位，并启动发送控制器进行一次发送。一帧信息即从 TXD 发送出去，在送完一帧信息后，TI 被自动置 1，在发送下一帧信息之前，TI 必须由中断服务程序或查询程序清 0。

图 5.10　串行通信 11 位帧结构

2）方式 2 接收

当 REN＝1 时，允许串行口接收数据。数据由 RXD 端输入，当接收器采样到 RXD 端的负跳变，并判断起始位有效后，开始接收一帧信息，每帧接收 11 位信息。方式 2 接收时，若同时满足以下两个条件：

（1）RI＝0；

（2）SM2＝0 或接收到的第 9 位数据为 1。

则接收数据有效，8 位数据送入 SBUF，第 9 位送入 RB8，并置 RI＝1；若不满足上述两个条件，则信息丢弃。

4. 方式 3——波特率可变的 9 位异步通信接口

若 SM0 SM1＝11B，串行口工作于方式 3，为波特率可变的 11 位异步串行通信方式。除了波特率以外，方式 3 和方式 2 完全相同。

5.2.3　波特率设置

在串行通信中，收发双方对传送的数据速率，即波特率必须事先约定。通过前面的论述，我们已经知道，51 单片机的串行口通过编程可以有 4 种工作方式。其中，方式 0 和方式 2 的波特率是固定的，方式 1 和方式 3 的波特率是可变的。

1. 方式 0 和方式 2 的波特率

方式 0 的波特率是固定的，波特率是振荡频率 f_{osc} 的 12 分频。即

$$波特率 B = \frac{f_{osc}}{12} \tag{5.1}$$

方式 2 的波特率由振荡频率 f_{osc} 和 SMOD（PCON.7）所决定，其对应公式为

$$波特率 B = f_{osc} \times \frac{2^{SMOD}}{64} \tag{5.2}$$

当 SMOD＝0 时，波特率为 $f_{osc}/64$；当 SMOD＝1 时，波特率为 $f_{osc}/32$。

2. 方式 1 和方式 3 的波特率

方式 1 和方式 3 的波特率由定时器 T1 的溢出率和 SMOD 决定，即由下式确定：

$$\text{波特率 } B = \text{定时器 T1 的溢出率} \times \frac{2^{\text{SMOD}}}{32}$$

实际上，当定时器 T1 作波特率发生器使用时，通常是工作在方式 2，即自动重装载的 8 位定时器方式，此时 TL1 作计数用，自动重装载的值保存在 TH1 内。设计数的预置值（计数初值）为 X，那么每过（256－X）个机器周期，定时器溢出一次。为了避免因溢出而产生不必要的中断，此时应禁止 T1 中断。

T1 的溢出率为 $f_{\text{osc}}/(12 \times (256-X))$，其波特率为

$$\text{波特率 } B = \frac{2^{\text{SMOD}}}{32} \times \frac{f_{\text{osc}}}{12(256-X)} \tag{5.3}$$

通常在系统设计时，大多数情况是先确定了系统的波特率 B，而我们则要根据系统的波特率 B 计算定时器 T1 的计数初值，由式（5.3）可求出计数初值 X 为

$$X = 256 - \frac{2^{\text{SMOD}} \cdot f_{\text{osc}}}{32 \cdot 12 \cdot B} = 256 - \frac{2^{\text{SMOD}} \cdot f_{\text{osc}}}{384 \cdot B} \tag{5.4}$$

由式（5.4）可求出不同波特率所对应的定时器 T1 的计数初值，如表 5.2 所示。

表 5.2　定时器 T1 产生的常用波特率（$f_{\text{osc}} = 6$ MHz）

串行口 工作方式	波特率 （b/s）	SMOD	定时器 T1		
			C/T	工作方式	计数初值
方式 0	500 K	$\times$	$\times$	$\times$	$\times$
方式 2	93.75 K	0	$\times$	$\times$	$\times$
	187.5 K	1	$\times$	$\times$	$\times$
方式 1、3	19.2 K	1	0	2	FEH
	9.6 K	1	0	2	FDH
	4.8 K	0	0	2	FDH
	2.4 K	0	0	2	FAH
	1.2 K	0	0	2	F3H
	600	0	0	2	E8H

例如，设串行通信口工作于方式 1，波特率 B＝9.6 Kb/s，SMOD＝1，f_{osc}＝6 MHz，求 T1 的初值 X。

只要将以上值代入式（5.4）即可求得 X＝252.75≈253＝FDH。其中，253－252.75＝0.25 就是初值误差，会引起波特率误差。实际应用时，若误差影响到通信效果，则可通过精选晶振频率来减小误差。

3. 波特率误差及选择

波特率是串行通信中的一个重要参数，理想情况下，通信双方的波特率应该完全一致，波特率的一致性直接影响数据传输的正确性。但在实际情况下，由于时钟振荡频率、系统参数设置等不会完全一致，因此通信双方的波特率也就不可能达到完全一致。一般情况下，对于 11 位的串行数据帧（带奇偶校验位），通信双方波特率的最大误差不应超过 4.5%。

由波特率的计算方法可知，当系统时钟为 6 MHz 时，通信口采用方式 1 要产生的波特率为 B＝4800 b/s，定时器 T1 为方式 2，SMOD＝0，此时 T1 的初值 X 为

$$X=2^8-\frac{f_{osc}}{32\times12\times B}=2^8-\frac{6\times10^6}{32\times12\times4800}\approx252.75$$

由于 X 必须是整数，四舍五入后初值取 X＝253（FDH），实际的波特率为

$$B=\frac{f_{osc}}{32\times12\times(2^8-X)}=\frac{6\times10^6}{32\times12\times3}\approx5208\ b/s$$

波特率误差为

$$\Delta B=\frac{5208-4800}{4800}=8.5\%$$

当用 6 MHz 晶振设定 1200 b/s 的波特率时，其误差仅为 0.1%。而使用 11.059 MHz 晶振时，设定各标准波特率误差都很小。这也是在系统设计时，对于要和其他系统（设备）通信的单片机应用系统，选用晶体振荡器时要考虑的一个重要因素。

在 51 系列单片机之间进行串行通信时，若各单片机的晶振和定时常数相同，尽管实际波特率可能与设定值有一定误差，但通信双方之间的误差很小。这只是由于晶振频率误差引起的，并不影响正常通信。

当单片机之间的晶振频率和定时常数不同或单片机与其他设备（DSP 处理器、PC 机等）之间进行串行通信时，就必须考虑波特率误差问题了。为了满足通信波特率的要求，可能要选用特殊晶振频率，或者采用非标准波特率。表 5.3 列出了使用 6 MHz 晶振时，误差较小的波特率。

表 5.3　供选择的部分非标准波特率（SMOD＝0）

波特率	T1 初值 X	相对误差
5026	FDH	0.5%
3125	FBH	0.4%
2232	F9H	0.7%
1302	F4H	0.5%
1200	F3H	0.1%

同样，也可计算出 SMOD＝1 时的各波特率的误差情况。

4. 波特率的自动检测

在分布式多波特率通信系统中，常常要求从设备在软件上能做到波特率随主设备自动调整，使系统适应性更强，智能化程度更高。当然，一般情况下，波特率自动检测的范围仅限于标准波特率。

常用实现波特率自动检测的方法有 3 种：

（1）从设备启动通信程序后，逐一选择标准波特率，向主设备发送某个事先约定的握手代码，直到收到主设备发回的确认码，即可判定通信波特率。

（2）利用串行异步通信每一帧起始位为低电平、停止位为高电平，用定时器记录每帧长度，从而判定系统通信波特率。

（3）利用主设备发送某一特殊码型，从设备收到的码值会随主设备的波特率不同而不同，当从机收到约定的特殊码型时，便可确认系统的通信波特率。

5.2.4　多机通信

51 系列单片机的多机通信通常采用主从式多机通信方式。在主从式多机系统中，有一台主机，多台从机，利用这种方式可以构成各种分布式控制系统，其系统结构如图 5.11 所示。其中，n 个从机各有惟一的一个地址码，地址码是识别从机身份的标志。主机发出的信息可以传送到各个从机或传送到某个指定的从机，而从机发出的信息只能被主机接收。

图 5.11　主从式多机通信系统

多机通信中，要保证主机与从机间进行可靠的通信，通信接口必须具有从机身份的识别功能。串行口控制寄存器 SCON 中的 SM2 位就是为满足这一要求而设置的多机通信控制位。串行口以方式 2 或方式 3 实现多机通信，主机发出的信息有两类，一类为地址信息，用来确定需要和主机通信的从机，其特征是主机串行传送的第 9 位信息 TB8 为 1，即主机令 TB8=1 呼叫从机；另一类是数据信息，特征是串行传送的第 9 位信息 TB8 为 0，实现主从间的数据传输。

对从机来说，也要利用 SCON 寄存器中的 SM2 位的控制功能来区分地址信息和数据信息。在接收时，令 RI=0，若 SM2 为 1，则仅当接收到的第 9 位信息 RB8 为 1 时，接收到的一帧信息才有效，接收到的数据才装入 SBUF，置位 RI，请求 CPU 对主机发出的信息进行处理。若 SM2 为 1，接收到的第 9 位信息 RB8 为 0 时，则接收到的一帧信息无效。

若从机令 SM2 为 0，则接收到一个数据后，不管第 9 位信息 RB8 是 0 还是 1，都将数据装入接收缓冲器 SBUF，并置位中断标志 RI，请求 CPU 处理。因此，对于从机来说，在接收地址时，应使 SM2=1，以便接收到主机发来的地址码，从而确定主机是否打算和从机通信。一经确认后，从机应使 SM2=0，以便接收数据或识别下一个地址码。

主从式多机通信的一般过程如下：

(1) 使所有从机的 SM2 位置 1(此时，所有的从机处于监听状态)，以便接收主机发来的地址码。

(2) 主机发出一帧地址信息，其中包括 8 位需要与之通信的从机地址码，第 9 位信息 TB8 为 1。

(3) 所有从机接收到地址帧后，各自将所接收到的地址与本机地址相比较，若与本机地址相同，则该从机便使 SM2 位清 0 以接收主机随后发来的数据信息；对于地址不符合的从机，仍保持 SM2=1 的状态(仍处于监听状态)，对主机随后发来的数据不予理睬，直至主机发送一个新的地址帧。

(4) 主机给已被寻址的从机发送控制指令和数据(数据帧的第 9 位为 0)。

5.3　串行口应用实例

前面介绍了串行通信口的基础知识，为了读者对串行通信口应用有一个全面了解，在此对串行通信口的应用过程中要做的工作进行简要归纳。

(1) 确定通信规约，通信双方要明确约定以下内容：

通信方式——明确采用何种通信方式、帧结构、各位含义等。

通信速率——通常规定通信波特率。

校验方式——确定传输数据的校验方式。通常采用奇/偶校验，同步传输时有纵校验、横校验等。

回送信息——传输信息被确认后，向对方回送何种信息。

代码含义——传输 1 帧数据中各个代码的含义。

(2) 确定相关器寄存器的值(各寄存器的具体设定方法在前面已作了详细介绍)。

① 串行口控制寄存器 SCON。

② 电源控制寄存器 PCON 的 PCON.7，波特率加倍系数位 SMOD。

③ 对于方式 1、方式 3 要设置波特率，实际上就是设置定时器 T1 为方式 2，相关的寄存器有：定时器/计数器方式寄存器 TMOD、定时器/计数器控制寄存器 TCON 及初值寄存器 TH1、TL1。定时器 T1 初值 X 可用式(5.4)计算。

(3) 编写程序，按照以上确定的各寄存器的值对串行口初始化。并编写中断服务程序。

5.3.1　利用串行口扩展 LED 显示器

单片机中并行口总是有限的，根据需要可用串行口扩展并行口。在此，利用串行口扩展一个 8 位 LED 显示器，硬件电路如图 5.12 所示。图中串行口工作在方式 0，串行数据从 RXD(P3.0)端输出。74LS164 是一个串行输入并行输出的 8 位移位寄存器，其引脚 1 和 2 是串行数据输入端；引脚 3～6 和 10～13 是并行数据的输出端，每个 74LS164 的输出端 Q7～Q0 各驱动一个共阴极 LED 显示器；CLR 是 74LS164 的清 0 端，由 P1.6 提供清 0 信号，当 CLR 为 0 时，Q7～Q0 输出为 0，8 个 LED 显示空白字符；同步移位脉冲由 TXD(P3.1)送出，P1.7＝1 时允许 74LS164 串行接收数据，其波特率固定为 $f_{osc}/12$。

图 5.12　扩展一个 8 位 LED 显示器

利用下列程序可将显示缓冲区 DISBUF(片内 RAM 70H～77H)中的字符显示在 8 位 LED 显示器上:

```
            ORG    0000H
            LJMP   START
              ⋮
            ORG    0100H
START: MOV   SP，#60H
       MOV   SCON，#00H      ; 串行口工作在方式 0
       MOV   R7，#08H        ; R7 为计数器，显示 8 个字符
       MOV   R0，#77H        ; R0 指向 DISBUF 的末地址
       LCALL DISP           ; 调用显示子程序
              ⋮
DISP:  CLR   P1.6           ; 清显示器
       SETB  P1.6
       SETB  P1.7           ; 允许 74LS164 串行接收数据
DISP1: MOV   A，@R0          ; 取显示字符
       MOV   DPTR，#TABL
       MOVC  A，@A+DPTR      ; 查表获得显示码
       MOV   SBUF，A         ; 串行发送
DISP2: JNB   TI，DISP2       ; 等待发送完毕
       CLR   TI             ; 发送完毕则清中断标志
       DEC   R0             ; R0 指向下一字符
       DJNZ  R7，DISP1
       CLR   P1.7           ; 禁止 74LS164 接收数据
       RET
TABL:  DB    3FH，06H，5BH，4FH，66H，6DH，7DH，07H ; 0～F 的显示码
       DB    7FH，6FH，77H，7CH，39H，5EH，79H，71H
```

5.3.2　利用串行口输入开关量

用 AT89C51 的串行口外接 74LS165 移位寄存器扩展 8 位开关量输入端口，输入数据由 8 个开关 S7～S0 提供，电路如图 5.13 所示。74LS165 是 8 位并入/串入移位寄存器，当控制端 SHIFT/LOAD 为 0 时，165 并行装入 S0～S7 提供的数据;当 SHIFT/LOAD 为 1 时，在时钟 CK 的作用下 H～A 依次由 QH 端移位输出。CP 为时钟禁止控制端，高电平禁止，DS 为数据串输入端，在此未用。

图 5.13　用串行口输入开关量

当 CPU 需要输入 S7～S0 提供的数据时，将串行口设置为方式 0(SM0 SM1＝00B)启动串行口，串行输入 8 位开关量，然后根据开关 S7～S0 的功能转向不同的处理程序，参考程序如下：

```
START：    ⋮
              ；必要时启动串行口
    CLR    P1.0        ；SHIFT/LOAD=0，74LS165 并行装入数据 S0～S7
    STEB   P1.0        ；SHIFT/LOAD=1，允许 74LS165 串行移位
    MOV    SCON，＃10H  ；设置串行口方式 0，REN=1 允许接收
    JNB    RI，$        ；查询 RI
    CLR    RI          ；查询结束，清 RI
    MOV    A，SBUF      ；输入数据
              ；S7～S0 的功能处理程序
    JB     ACC.0，KEY0 ；转向 S0 的处理程序
    JB     ACC.1，KEY1 ；转向 S1 的处理程序
              ⋮
```

5.3.3　双机通信系统

利用串行口可以实现两台机器间的全双工通信。如图 5.14 所示，设甲乙两台机器按全双工方式收发 ASCII 码字符，数据位为 8 位，其中最高一位用来作奇偶校验位，采用偶校验方式，要求传送的波特率为 1200 b/s。假设发送缓冲区 OUTBUF 首址为片内 RAM 60H，接收缓冲区 INBUF 首址为 RAM 70H，时钟频率 f_{osc}＝6 MHz，试编写有关的通信程序。

图 5.14　双机通信系统

1．确定通信方式

根据系统要求，通信双方要相互约定：7 位 ASCII 码加 1 位校验位共 8 位数据，故可采用串行口方式 1 进行通信。51 单片机的奇偶校验位 P 是当累加器 A 中"1"的个数为奇数时 P＝1，为偶数时 P＝0。直接把 P 的值放入 ASCII 码的最高位(奇偶校验位)，即为偶校验方式。

2．计算定时器 T1 的计数初值

对于串行口方式 1，波特率由定时器 T1 的溢出率和 SMOD 决定，定时器 T1 采用工作方式 2，可以避免计数溢出后用软件重装定时初值。取 SMOD＝0，按式(5.4)可求得计数

初值 X 为

$$X = 256 - \frac{2^{SMOD} \times f_{osc}}{384 \times B} = 256 - \frac{2^0 \times 6M}{384 \times 1200} = 243 = F3H$$

也可以通过查表 5.2 确定 X=F3H。

3. 确定相关寄存器参数

(1) 串行口控制寄存器 SCON。

位	D7	D6	D5	D4	D3	D2	D1	D0
功能	SM0	SM1	SM2	REN	TB8	RB8	TI	RI

SM0、SM1=01 时为方式 1，在 SM2=0 和 REN=1 条件下，允许接收数据，其余各位均取 0，则(SCON)=01010000B=50H。

(2) 电源控制寄存器 PCON。

位	D7	D6	D5	D4	D3	D2	D1	D0
功能	SMOD	—	—	—	CF1	CF0	PD	IDL

由于 SMOD=0，因此(PCON)=00H(同系统复位以后的状态，可不赋值)。

(3) 确定定时器方式寄存器 TMOD。

定时器	T1				T0			
位	D7	D6	D5	D4	D3	D2	D1	D0
功能	GATE	C/T	M1	M0	GATE	C/T	M1	M0

由于只用 T1，且为定时方式 2，因此(TMOD)=00100000B=20H。

请注意：串行通信端口的接收中断 RI、发送中断 TI 共用一个中断向量(0023H)，因此，串行口中断请求后，中断服务程序首先要判断是 RI、TI 当中的哪个请求中断。

4. 编写有关的通信程序

```
主程序：   ORG    0000H
          LJMP   MAIN
          ORG    0023H          ;串行中断入口
          LJMP   SINOUT
          ORG    0040H
MAIN：     MOV    TMOD,#20H      ;定时器 T1 设为方式 2
          MOV    TL1,#0F3H      ;装入定时器初值
          MOV    TH1,#0F3H      ;8 位重装值
          SETB   TR1            ;启动定时器 T1
```

```
        MOV   SCON，♯50H        ；串行口设为方式 1
        MOV   R0，♯60H          ；OUTBUF 首址
        MOV   R1，♯70H          ；INBUF 首址
        SETB  EA                ；开中断
        SETB  ES                ；允许串行口中断
        LCALL SOUT              ；先发送 1 个字符
        LJMP  $                 ；等待中断
        ；中断服务程序
SINOUT： JNB   RI，SEND          ；若不是接收，则转向发送
        LCALL SIN               ；若是接收，则调用接收子程序
        RETI                    ；中断返回
SEND：   LCALL SOUT              ；若是发送，则调用发送子程序
        RETI                    ；中断返回
        ；发送子程序
SOUT：   MOV   A，@R0            ；取发送数据到 A
        MOV   C，P              ；偶校验位赋予 C
        MOV   ACC.7，C          ；送入 ASCII 码最高位中
        INC   R0                ；修改发送数据指针
        MOV   SBUF，A           ；发送数据
        CLR   TI                ；清发送中断标志
        RET                     ；子程序返回
        ；接收子程序
SIN：    MOV   A，SUBF           ；读入接收缓冲区内容
        JNB   P，EXIT           ；若 P＝0，则接收正确
ERROR：  …                      ；若 P＝1，则接收错误
        …                      ；出错处理
EXIT：   ANL   A，♯7FH          ；删去校验位
        MOV   @R1，A            ；存入接收缓冲区
        INC   R1                ；修改接收缓冲区指针
        CLR   RI                ；清接收中断标志
        RET                     ；子程序返回
```

对图 5.14 所示的系统也可以用方式 2 实现两台机器间的全双工通信。在方式 2 下，串行口为 9 位 UART，发送或接收一帧数据包括 1 位起始位 0，8 位数据位，1 位可编程位（TB8）和 1 位停止位 1。此时，可编程位 TB8 用于奇偶校验位，发送子程序直接把 PSW 中的 P 标志送入串行口控制寄存器 SCON 的 TB8 位，作为一帧信息的第 9 位数据一起发送，接收子程序对接收到的 RB8 进行再次校验，若接收错误，则进行出错处理。方式 2 的编程方法与上述过程相似，主程序完成对相关寄存器和中断系统的初始化后，先调用发送子程序，发完一帧信息后 TI 被置 1，向 CPU 请求中断，CPU 响应中断后再发送下一帧信息或接收一帧信息。请读者完成主程序的编写，下面给出的发送子程序和接收子程序仅供参考：

```
              ;发送子程序
SOUT2：   PUSH  PSW
          PUSH  ACC
          CLR   TI              ;清发送中断标志
          MOV   A，@R0           ;取发送数据
          MOV   C，P
          MOV   TB8，C           ;标志 P 送入 TB8 位
          MOV   SBUF，A          ;发送数据
          INC   R0              ;修改发送数据指针 R0
          POP   ACC
          POP   PSW
          RET                   ;子程序返回
              ;接收子程序
SIN2：    PUSH  PSW
          PUSH  ACC
          CLR   RI              ;清接收中断标志
          MOV   A，SBUF          ;读入接收缓冲区内容
          MOV   C，P             ;取奇偶校验位
          JNC   S1              ;P 为 0，偶校验正确
          JNB   RB8，ERROR       ;若两次校验位不一致，则出错
          LJMP  S2
S1：      JB    RB8，ERROR       ;若双方的校验位不一致，则出错
S2：      MOV   @R1，A           ;存入接收缓冲区
          INC   R1              ;修改接收缓冲区指针 R1
          POP   ACC
          POP   PSW
          RET                   ;子程序返回
              ;误码处理子程序
ERROR：   …
          …                     ;出错处理
          RET
```

5.3.4　电流环在通信系统中的应用

在串行通信中，一般用传输线上的高低电平表示"1"和"0"，用 TTL 电平进行通信时，有效通信距离短，往往满足不了工程中的实际需求。工程应用中，为了实现远距离通信，或连接干扰较大的设备，常常采用 20 mA 的电流环进行串行通信。

图 5.15 给出了用 20 mA 的电流环进行远距离通信的接口电路。图中，甲方发送数据，经 SN75452 进行功率放大送往接收方的光电隔离器 4N25 进行光电隔离转换。当发送端数据为"1"时，SN75452 导通，传输线上约有 20 mA 的电流流过，光电隔离器 4N25 中的发光管发光，光敏三极管导通，使得 7404 输入为低电平，反相后 RXD 接收端数据为"1"；当发送端数据为"0"时，SN75452 截止，传输线上无电流流过，光电隔离器 4N25 中的发光管不发光，使得 7404 输入为高电平，反相后 RXD 接收端数据为"0"。

图 5.15　用电流环进行远距离通信

图 5.15 电路中，利用传输线上有无电流流过表示"1"和"0"，20 mA 电流环传输线的低阻特性使其对电气噪声不敏感，信号不易受干扰，不但提高了系统的抗干扰能力，而且能实现远距离通信，是控制系统中常用的电路形式。若对图 5.15 中的电路进行适当的扩展便可实现甲乙双方的双向通信。

需要注意的是，电流环电路在信号传输过程中，信号要进行电压→电流→光→电压的一连串物理量的转换。这些转换是需要时间的，因此，在电流环电路中，一般数据的传输速率不宜过高。

5.4　RS - 232C 串行总线及应用

5.4.1　RS - 232C 总线

RS - 232C 标准是美国电子工业协会(EIA)在 1969 年颁布的一种推荐标准，RS 是 Recommended Standard 的缩写。RS - 232C 总线的诞生是人们普遍采用公用电话网为媒体进行数据通信的结果，也是调制解调器商品化的产物。RS - 232C 总线是一种 DTE 和 DCE 间的信号传输线，DTE(Data Terminal Equipment)是数据终端设备的简称，DCE(Data Communication Equipment)是数据通信设备的简称。

RS - 232C 在当代微型计算机系统中得到了广泛使用。PC 机通过 25 线或 9 线的 D 型连接器实现主机与 RS - 232C 的连接，连接器的引脚定义如图 5.16 所示。

图 5.16　DB - 25/DB - 9 连接器

RS - 232C 的标准定义为 25 条信号线，引脚定义见表 5.4。每条引脚在"符号"一栏中按第一个字母分为 5 类：A 表示地线或公共回线；B 表示数据线；C 表示控制线；D 表示定时线；S 表示次级信道线。

RS－232C 的 25 条信号引脚功能如下。

表 5.4　RS－232C 各信号引脚定义

引脚	符号	助记符	名　称	引脚	符号	助记符	名　称
1	AA	GND	保护地	14	SBA	STXD	次级发送数据线
2	BA	TXD	发送数据线	15	DB		发送信号码元定时
3	BB	RXD	接收数据线	16	SBB	SRXD	次级接收数据线
4	CA	RTS	请求发送线	17	DD		接收信号码元定时
5	CB	CTS	允许发送线	18			未定义
6	CC	DSR	数据设备就绪线	19	SCA	SRTS	次级请求发送线
7	AB	GND	信号地	20	CD	DTR	数据终端就绪线
8	CF	DCD	数据载波检测线	21	CG		信号质量检测线
9			未定义	22	CE	R1	振铃指示线
10			未定义	23	CH/CI		数据速率选择线
11			未定义	24	DA		发送信号码元定时
12	SCF	SDCD	次级载波检测线	25			未定义
13	SCB	SCTS	次级允许发送线				

1. 本地通信线(6 条)

AA 和 AB：AA 为保护地线，常与机壳相连，以构成屏蔽地；AB 为信号地线，是除保护地外其他信号线的测量基准点。

BA 和 BB：BA 为发送数据线 TXD，数据由 DTE 发送 DCE 接收；BB 为接收数据线 RXD，信号由 DCE 发送 DTE 接收。平时，TXD 线始终保持逻辑 1(传号)状态，只有在发送数据时才有可能变为逻辑 0(空号)状态。RXD 线在不发送数据的全部时间里以及发送数据的间隔期内，也始终保持逻辑 1(传号)状态。

CA 和 CB：CA 为请求发送线 RTS，由 DTE 发送 DCE 接收；CB 为允许发送线 CTS，由 DCE 发送 DTE 接收。这一对线主要用于 DTE 询问 DCE 对信道的连接状况。当 DTE 需要发送数据时，它就使 RTS 变为逻辑 1 有效，用于请求 DCE 去接通通信链路。一旦 DCE 和通信链路接通，DCE 就使 CTS 变为逻辑 1 有效，通知 DTE 可以在 TXD 线上发送数据了。

上述 6 条线通常可以实现本地微型计算机系统间的串行通信，故常称之为本地通信线。这类通信的距离短，DCE 可以采用零调制解调器或一般的 Modem，不需另附数据通信设备。

2. 远程通信线(7 条)

CD：为数据终端就绪线 DTR。DTR 由 DTE 发出 DCE 接收，用于表示数据终端 (DTE)的状态。若 DTR＝1，则表示 DTE 准备就绪；若 DTR＝0，表示 DTE 尚未准备就绪。通常，DTE 在加电启动后就准备就绪了。

CC：为数据装置就绪线 DSR，由 DCE 发出 DTE 接收，是 DTE 的应答线，用于表示 DCE 中数据装置的状态。若 DSR＝1，则表示 DCE 的数据设备已准备好(如自动呼叫成功)，但 DCE 是否和信道接通应由 CTS 指示；若 DSR＝0，则表示 DCE 中数据装置尚未准备好。

CE：为振铃指示器线 RI，由 DCE 发出 DTE 接收，用于表示通信的另一方有无振铃。若 RI＝1，则表示 DCE 正在接收对方 DCE 发来的振铃信号。RI 在 DCE 没有收到振铃信号的所有其他时间内都维持在逻辑 0 电平状态。

CF：为数据载波检测线 DCD，又称为接收线路信号检测线。DCD 信号由 DCE 发出 DTE 接收。当本地 DCE 正接收来自远程的 DCE 载波信号时，DCE 变为逻辑 1。在调制解调器中，DCD 常接到标有载波(Carrier)的发光二极管指示器上。

DA/DB：在同步通信方式必须使用的两条线，但两个信号不能同时使用，只能使用其中一个。DA 是 DTE 为源的发送信号码元定时线，该信号是由 DTE 产生的同步时钟，用于使 Modem 能和 DTE 同步地发送数据；DB 是 DCE 为源的发送信号码元定时线，同步时钟由 DCE 产生，用于使 Modem 和 DTE 同步发送数据。

DD：接收信号的码元定时线，该信号由 DCE 产生，用作同步接收时钟，接收时必须把此信号从解调器发送给 DTE。

以上 7 条通信线配合 6 条本地通信线，常在以公用电话网为媒体的远程通信中使用，以协调 DTE 和 DCE 间的数据传输。

应当指出：在以公用电话网为媒体的远程通信中，TXD 线上发送数据的条件是 RTS、CTS、DTR 和 DSR 皆应为逻辑 1 有效状态，但在没有专用数据装置的本地通信中 DTR 和 DSR 两条线是可以不用的。

3. 其他引线(12 条)

这些引线的定义和名称已在表 5.4 中列出。其中，5 条留作用户定义，其余 7 条在大多数微型计算机系统中都空出不用，故在此从略。

5.4.2　RS－232C 在工程中的应用

为了提高数据通信的可靠性和抗干扰能力，RS－232C 标准中规定，发送端信号逻辑 "0"(空号)电平范围为＋5～＋15 V，逻辑"1"(传号)电平范围为－5～－15 V；接收端逻辑 "0"为＋3～＋15 V，逻辑"1"为－3～－15 V。噪声容限为 2 V。－5～＋5 V 以及－3～ ＋3 V 之间分别为发送端和接收端点信号的不确定区。通常，RS－232C 总线逻辑电平采用 ＋12 V 表示"0"，－12 V 表示"1"。

为了实现上述电平转换，RS－232C 可采用运算放大器、晶体管和光电隔离器电路来完成电平转换，或采用专用集成电路来完成电平转换。例如，常常采用电平转换器 MC1488 和 MC1489 完成电平转换，器件外特性如图 5.17 所示。MC1488 将 TTL 电平转换成 RS－232C 电平，MC1489 将 RS－232C 电平转换成 TTL 电平。

图 5.17　MC1488 和 MC1489 引脚图

　　在工程应用中，单片机与单片机之间可以采用 RS‑232C 进行通信，如图 5.18 所示，它不但能提高系统的抗干扰能力，而且能实现远距离通信。单片机与 PC 机之间进行通信时，在单片机一侧需要进行电平转换，如图 5.19 所示。在分布式控制系统中，各个单片机与后台机之间也可以采用 RS‑232C 进行通信，如图 5.20 所示。

图 5.18　单片机系统之间通信

图 5.19　单片机与 PC 机通信

图 5.20　分布式系统通信模块

　　工程应用中，除使用 MC1488 和 MC1489 进行电平转换外，另一个常用器件是 MAX232。由于 MC1488 需要±12 V 两组电源，对某些系统就不太方便了。MAX232 芯片是一种典型的单电源双组驱动器/接收器，每组驱动器/接收器均能将输入 232 电平转换为 TTL/CMOS 电平，并可将输入的 TTL/CMOS 电平转换为 232 电平。MAX232 的最大特点是采用＋5 V 单电源供电，对于大多数单片机应用系统来说简化了系统对电源的要求。MAX232 使用起来非常方便，只需按照典型应用电路连接即可实现电平转换，图 5.21 是 MAX232 驱动器/接收器的管脚分布图。图 5.22 为 MAX232 芯片的典型应用电路。MAX232 的推荐工作条件见表 5.5。

图 5.21　MAX232 管脚图　　　　　图 5.22　MAX232 芯片的典型应用电路

表 5.5　MAX232 的推荐工作条件

名　　称	符　　号	最小	典型	最大	单位
电源电压	VCC	4.5	5	5.5	V
输入高电平	VIH(T1IN、T2IN)	2			V
输入低电平	VIL(T1IN、T2IN)			0.8	V
接收器输入电压	R1IN R2IN			±30	V
工作温度	TA	0		70	℃

　　RS-232C 总线除采用电平转换接口外，还可采用电流输出接口方式，即用有无电流来传输信号。常用的有 20 mA 和 60 mA 两种电流环回路，请参阅 5.3.4 节。

　　本章对单片机串行通信技术做了详细介绍，读者朋友经过本章的学习后能够解决以下实际问题吗？

　　主站采用 PC 机，10 个数据采集终端用 10 个单片机系统(如图 5.23 所示)，组成了一个完整的数据采集系统。请你完成通信功能的设计，使每个数据采集终端都能与主站实现数据通信。

图 5.23　数据采集系统通信方式

　　若能按照规约，设计详细的硬件原理图并编程实现通信功能，那么你很优秀！祝贺你掌握了单片机串行通信技术。

　　若能按照规约，设计详细的硬件原理图，但只能编写某些程序，那么只能达到良好，请你再下点功夫熟悉一下软件编程技术。

　　若能熟悉通信原理，设计硬件原理框图，编写某段程序，那么只能说明咱们的目的还没达到，我们需要共同努力，再加把劲定会成功！

习　题　5

　　5.1　什么是串行异步通信，它有哪些特点？

　　5.2　串行异步通信的字符格式由哪几个部分组成？某异步通信接口，其帧格式由 1 个起始位(0)，7 个数据位，1 个偶校验和 1 个停止位组成。用图示方法画出发送字符"5"(ASCII 码为 0110101B)时的帧结构示意图。

　　5.3　51 单片机的串行口由哪些功能模块组成？各有什么作用？

　　5.4　51 单片机的串行口有哪几种工作方式？有几种帧格式？各工作方式的波特率如何确定？

　　5.5　若异步通信接口按方式 1 传送字符，已知每分钟传送 960 个字符，问其波特率是多少？

　　5.6　单片机中 SCON 寄存器的 SM2，TB8，RB8 有何作用？

　　5.7　设 $f_{osc} = 6$ MHz，试编写一段程序，其功能为对串行口初始化，使之工作于方式 1，波特率为 1200 b/s；并用查询串行口状态的方式，读出接收缓冲器的数据并回送到发送缓冲器。

5.8　若晶振为 11.0592 MHz，串行口工作于方式 1，波特率为 4800 b/s。写出用 T1 作为波特率发生器的方式字并计算 T1 的计数初值。

5.9　为什么定时器 T1 用作串行口波特率发生器时，常选用工作方式 2？若已知系统时钟频率和通信用的波特率，则如何计算其初值？

5.10　简述单片机多机通信的原理。

5.11　电路如图 5.14 所示，以 AT89C51 串行口按工作方式 3 进行串行数据通信，请编写全双工通信程序，将甲机片内 30H～3FH 单元的数据送到乙机片内 40H 开始的单元中。（波特率为 1200 b/s）

5.12　设计一个单片机的双机通信系统，串行口工作于方式 1，请编写通信程序将甲机内部 RAM 30H～3FH 存储区的数据块通过串行口传送到乙机内部 RAM 40H～4FH 存储区中去。

5.13　简述 RS - 232C 通信方式及应用。

5.14　串行通信中为什么要采用电流环技术？请设计一个全双工通信的 20 mA 电流环。

第 6 章

单片机系统扩展及应用

本章要点与学习目标：

　　单片机的应用领域很广，控制形式多种多样，不同场合下的技术要求也不同，因此，单片机应用系统的软、硬件结构差别很大，系统扩展的内容及接口形式也不尽相同，但单片机系统扩展的原理和方法基本相同。本章针对不同应用场合介绍了单片机系统扩展的主要内容与技术要点，并给出了单片机系统扩展的几个典型实例供大家参考。读者通过对本章的学习应掌握以下知识点：

- 单片机系统总线的形成方法与控制信号的作用；
- 外部数据存储器和程序存储器的扩展方法；
- 简单 I/O 接口和 8255A 可编程接口的扩展；
- LED 数码显示器和键盘接口的扩展；
- A/D 和 D/A 转换器接口扩展。

6.1　单片机系统总线的形成

　　目前，51 系列单片机的种类很多，单片机的性能和实用性得到了很大的提升。在有些应用场合，一个单片机本身就是一个最小应用系统，许多实际的应用系统就是由这种低成本和小体积的单片机构成的。

　　图 6.1 是单片机最小系统的一般结构，单片机的四个并行口都可以与外部电路直接相连。图 6.2 是单片机最小系统的一个简单例子，P1 口的 P1.0～P1.3 作输入，读取开关 S0～S3 上的数据，用 P1.4～P1.7 作输出，控制发光二极管 L0～L3。在图 6.1 和图 6.2 中，由于 AT89C51 内部含程序存储器，故 $\overline{EA}$ 引脚（31 脚）应接 +5 V，加电后，在自动复位电路的作用下，CPU 从内部程序存储器的 0000H 处开始执行程序，系统便可根据用户程序的功能正常运行。在实际应用中，有时还需要设计手动复位电路，关于复位电路和时钟电路的细节请参阅第 2 章的有关内容，在此不再赘述。

　　单片机本身的资源是有限的，如 51 系列单片机的片内 RAM 容量一般为 128～256 B，片内程序存储器为 4～8 KB。对复杂系统而言，若单片机本身的资源满足不了实际要求时，就需要进行系统扩展。

图 6.1　AT89C51 单片机最小系统

图 6.2　最小系统应用实例

系统扩展的主要内容有如下几个方面：

（1）外部数据存储器扩展；

（2）外部程序存储器扩展；

（3）输入/输出接口扩展；

（4）A/D 和 D/A 扩展；

（5）管理功能器件的扩展（如扩展定时器/计数器、键盘/显示器等）。

为了使单片机能方便地与各种芯片连接，常用单片机的外部连线构成 3 总线结构形式——地址总线、数据总线和控制总线。对于 51 系列单片机，3 总线形成如图 6.3 所示。

地址总线形成电路：对单片机进行系统扩展时，P2 口作为高 8 位地址总线。单片机访问外部程序存储器，或访问外部数据存储器和扩展 I/O 端口（即执行 MOVX A，@DPTR 和 MOVX @DPTR，A 指令）时，由 P2 口输出高 8 位地址信号 A15～A8，P2 具有输出锁存功能，在 CPU 访问外部部件期间，P2 口能保持地址信息不变。P0 口为地址/数据分时复用口，分时用作低 8 位地址总线和 8 位双向数据总线。因此，构成系统总线时，应加 1 个 74LS373 锁存器，用于锁存低 8 位地址信号 A7～A0。

图 6.3　系统总线形成电路

74LS373 是一个 8 位锁存器，三态输出，其真值表见表 6.1。在图 6.3 所示的电路中，74LS373 的 8 个输入端 8D～1D 分别与 P0.7～P0.0 相连。G 为 373 的使能端，用地址锁存信号 ALE 控制，当 ALE 为"1"时，使能端 G 有效，P0 口提供的低 8 位地址信号被 373 锁存，其输出 8Q～1Q 即为地址信号 A7～A0；当 ALE 为"0"时，CPU 用 P0 口传送指令代码或数据，此时，使能端 G 无效，地址信号 A7～A0 保持不变，从而保证了 CPU 访问外部部件(外部程序存储器或外部 RAM，也可能是扩展的 I/O 端口)期间地址信号不会发生变化。

表 6.1　74LS373 真值表

使能 G	输出允许 $\overline{\text{OE}}$	输入 D	输出 Q
H	L	L	L
H	L	H	H
L	L	×	Q
×	H	×	Z

数据总线：P0 口作为数据总线 D7～D0。数据总线是双向三态总线。

控制总线：系统扩展时常用的控制信号有：

ALE——地址锁存信号。当 CPU 访问外部部件时，利用 ALE 信号的正脉冲锁存出现在 P0 口的低 8 位地址，因此把 ALE 称为地址锁存信号。

$\overline{\text{PSEN}}$——片外程序存储器访问允许信号，低电平有效。当 CPU 从外部程序存储器读取指令或读取常数(即执行 MOVC 指令)时，该信号有效，CPU 通过数据总线读回指令或常数。扩展外部程序存储器时，用该信号作为程序存储器的读出允许信号。当 CPU 访问外部数据存储器期间，该信号无效。

$\overline{\text{RD}}$——片外数据存储器读信号，低电平有效。

$\overline{\text{WR}}$——片外数据存储器写信号，低电平有效。

当 CPU 访问外部数据存储器或访问外部扩展的 I/O 端口时(执行 MOVX 指令时)，会产生相应的读/写信号。扩展外部数据存储器和 I/O 端口时，$\overline{\text{RD}}$ 和 $\overline{\text{WR}}$ 用于外部数据存储器芯片和 I/O 接口芯片的读/写控制。

6.2　外部数据存储器的扩展

51 系列单片机内部 RAM 的容量是有限的，一般只有 128 B 或 256 B。当单片机用于实时数据采集或处理大批量数据时，仅靠片内提供的 RAM 是远远不够的。此时，我们可以利用单片机的扩展功能，扩展外部数据存储器。由图 6.3 可知，单片机的地址总线为 16 条 A15～A0，可以寻址外部数据存储器的最大空间为 64 KB，用户可根据系统的需要确定扩展存储器容量的大小。

数据存储器即随机存取存储器(RAM，Random Access Memory)，用于存放可随时修改的数据信息。常用的外部数据存储器有静态 RAM(SRAM，Static Random Access Memory)和动态 RAM(DRAM，Dynamic Random Access Memory)两种。前者读/写速度高，一般都是 8 位宽度，使用方便，易于扩展；缺点是集成度低，成本高，功耗大。后者集成度高，成本低，功耗相对较低；缺点是需要增加动态刷新电路，硬件电路复杂。因此，对单片机扩展数据存储器时一般都采用静态 RAM。

常用的静态 RAM 芯片有 6264(8 k×8)、62256(32 k×8)等芯片，其管脚配置均为 28 脚双列直插式封装，有利于印刷板电路设计，使用方便。图 6.4 给出了 6264 的引脚图和真值表。

6264 真值表

$\overline{CS1}$	CS2	$\overline{OE}$	$\overline{WE}$	D7～D0
0	1	0	1	读出
0	1	1	0	写入
0	0	×	×	三态 (高阻)
1	1	×	×	
1	0	×	×	

图 6.4　6264 的引脚图和真值表

存储器扩展的核心问题是存储器的编址问题，就是给存储单元分配地址。由于存储器通常由多块芯片组成，因此存储器的编址分为两个层次：存储器芯片内部存储单元编址和存储器芯片编址。前者，靠存储器芯片内部的译码器选择芯片内部的存储单元。后者，必须利用译码电路实现对芯片的选择。译码电路是将输入的一组二进制编码变换为一个特定的输出信号，即将输入的一组高位地址信号通过变换，产生一个有效的输出信号，用于选中某一个存储器芯片，从而确定该存储器芯片所占用的地址范围。常用的有 3 种译码方法：全译码、部分译码和线选法。

6.2.1　全译码

全译码是用全部的高位地址信号作为译码电路的输入信号进行译码。其特点是：地址与存储单元一一对应，也就是说 1 个存储单元只占用 1 个惟一的地址，地址空间的利用率高。对于要求存储器容量大的系统，一般使用这种译码方法。

例 6.2.1　利用全译码为 AT89C51 扩展 16 KB 的外部数据存储器，存储器芯片选用 SRAM 6264，要求外部数据存储器占用从 0000H 开始的连续地址空间。

解　首先确定要使用的 6264 芯片的数目：

芯片数目＝系统扩展的存储容量÷6264 芯片的容量＝16 KB÷8 KB＝2 片

然后进行地址分配，画出地址译码关系图。所谓地址译码关系图，是一种用简单的符号来表示系统地址与芯片所占用的地址之间相互关系的示意图，如下所示。

芯片	高位地址	片内地址	地址范围
	A15 A14 A13	A12 A11 A10 A9 A8 A7 A6 A5 A4 A3 A2 A1 A0	
1# 芯片	0 0 0	0 0 0 0 0 0 0 0 0 0 0 0 0	0000H(芯片首地址)
	~	~	~
	0 0 0	1 1 1 1 1 1 1 1 1 1 1 1 1	1FFFH(芯片末地址)
2# 芯片	0 0 1	0 0 0 0 0 0 0 0 0 0 0 0 0	2000H(芯片首地址)
	~	~	~
	0 0 1	1 1 1 1 1 1 1 1 1 1 1 1 1	3FFFH(芯片末地址)

最后，根据地址译码关系画出原理电路图，如图 6.5 所示。图中，系统的数据线与芯片的数据线一一对应相连；片内地址线与芯片的地址线一一对应相连，高位地址信号作为译码电路的输入信号进行译码。当 CPU 执行 MOVX 指令时，若指令给出的地址在 0000H ~1FFFH 范围内，则 1 号或门输出为低电平，1# SRAM 6264 的片选信号有效，CPU 访问 1# 存储器芯片；若指令给出的地址在 2000H~3FFFH 范围内，则 2 号或门输出为低电平，2# SRAM 6264 的片选信号有效，CPU 访问 2# 存储器芯片。$\overline{RD}$ 和 $\overline{WR}$ 用于外部数据存储器芯片的读/写控制。

图 6.5 扩展 16 KB 的外部数据存储器

如把外部 RAM 的 1000H 单元的数据传送到外部 RAM 的 2000H 单元的程序段为：

```
MOV    DPTR，#1000H      ；设置源数据指针
MOVX   A，@DPTR          ；产生RD信号，读1#存储器芯片
MOV    DPTR，#2000H
MOVX   @DPTR，A          ；产生WR信号，写2#存储器芯片
```

该例中采用的是全译码，故 1# 和 2# 存储器芯片的每一个存储单元各占用 1 个惟一的地址，每个芯片为 8 KB 存储容量，扩展的外部数据存储器总容量为 16 KB，地址范围为 0000H~3FFFH。

例 6.2.2　　利用全译码为 AT89C51 扩展 40 KB 的外部数据存储器,存储器芯片选用 SRAM 6264。要求外部数据存储器占用从 6000H 开始的连续地址空间。

解　　首先确定要使用的 6264 芯片的数目:

$$芯片数目=系统扩展的存储容量÷6264 芯片容量$$
$$=40 \text{ KB}÷8 \text{ KB}=5 \text{ 片}$$

对于要求存储器容量大的系统,一般使用全译码方法进行译码。这时扩展的芯片数目较多,译码电路使用专用译码器。3 - 8 译码器 74LS138 是一种常用的地址译码器,其引脚图和真值表如图 6.6 所示。其中,$\overline{G2A}$、$\overline{G2B}$ 和 G1 为控制端,只有当 G1 为"1",且 $\overline{G2A}$ 和 $\overline{G2B}$ 均为"0"时,译码器才能进行译码输出,否则译码器的 8 个输出端全为高阻状态。使用 74LS138 时,$\overline{G2A}$、$\overline{G2B}$ 和 G1 可直接接固定电平,也可参与地址译码,但其译码关系必须为 001。在本例中,通过进行地址分配可以很方便地画出存储器系统的连接图,如图 6.7 所示。

74LS138 真值表

G2A	G2B	G1	C	B	A	输　　出
0	0	1	0	0	0	$\overline{Y0}$ =0, 其余为1
0	0	1	0	0	1	$\overline{Y1}$ =0, 其余为1
0	0	1	0	1	0	$\overline{Y2}$ =0, 其余为1
0	0	1	0	1	1	$\overline{Y3}$ =0, 其余为1
0	0	1	1	0	0	$\overline{Y4}$ =0, 其余为1
0	0	1	1	0	1	$\overline{Y5}$ =0, 其余为1
0	0	1	1	1	0	$\overline{Y6}$ =0, 其余为1
0	0	1	1	1	1	$\overline{Y7}$ =0, 其余为1

图 6.6　74LS138 引脚图和真值表

图 6.7　扩展 40 KB 的数据存储器

在图 6.7 中,各芯片的地址范围分别为:

1# 芯片:6000H～7FFFH(A15 A14 A13=011)

2# 芯片:8000H～9FFFH(A15 A14 A13=100)

3# 芯片：A000H～BFFFH(A15 A14 A13＝101)

4# 芯片：C000H～DFFFH(A15 A14 A13＝110)

5# 芯片：E000H～FFFFH(A15 A14 A13＝111)

6.2.2　部分译码

部分译码是用部分高位地址信号(而不是全部)作为译码电路的输入信号进行译码。其特点是：地址与存储单元不是一一对应的，而是 1 个存储单元占用多个地址。即在部分译码电路中，有若干根地址线不参与译码，会出现地址重叠现象。我们把不参与译码的地址线称为无关项，若 1 根地址线不参与译码，则一个单元占用 $2(2^1)$ 个地址；若 2 根地址线不参与译码，则一个单元占用 $4(2^2)$ 个地址；若 n 根地址线不参与译码，则一个单元占用 2^n 个地址，n 为无关项的个数。部分译码会造成地址空间的浪费，但译码器电路简单，对地址译码电路的设计带来了很大的方便。一般在较小的系统中常采用部分译码方法进行译码。

例 6.2.3　分析图 6.8 中的译码方法，写出存储器芯片 SRAM 6264 占用的地址范围。

图 6.8　数据存储器扩展

解　画出地址译码关系如下：

通过地址译码关系图可知图 6.8 采用的是部分译码，地址线 A13 不参与译码，为无关项。当 A13＝0 时，6264 占用的地址空间为 4000H～5FFFH，当 A13＝1 时，6264 占用的地址空间为 6000H～7FFFH，出现地址重叠现象。由于存在无关项，使得 4000H 和 6000H 这两个地址指向同一个单元，4001H 和 6001H 这两个地址指向同一个单元，依此类推，

5FFFH 和 7FFFH 这两个地址指向同一个单元。即存储器芯片的每个单元都占用两个地址，其地址空间示意图如图 6.9 所示，一个 8 KB 的存储器芯片占用了 16 KB 的地址空间，其实际存储容量只有 8 KB。我们把无关项为 0 时的地址称为基本地址，无关项为 1 时的地址称为重叠地址。编程时一般使用基本地址(4000H～5FFFH)访问该芯片，而重叠地址空着不用。

图 6.9　6264 地址空间

6.2.3　线选法

所谓线选法，是利用系统的某一根地址线作为芯片的片选信号。线选法实际上是部分译码的一种极端应用，其具有部分译码的所有特点，译码电路最简单，甚至不使用译码器。如直接以系统的某一条地址线作为存储器芯片的片选信号，只需把用到的地址线与存储器芯片的片选端直接相连即可。当一个应用系统需要扩展的芯片数目较少，需要的实际存储空间较小时，常使用线选法。

例 6.2.4　分析图 6.10 中的译码方法，写出各存储器芯片 SRAM 6264 占用的地址范围。

图 6.10　数据存储器扩展

解　图 6.10 中，使用线选法选择芯片，直接把地址线 A15、A14 和 A13 作为芯片的片选信号，地址译码关系如下：

芯片	片选			片内地址														地址范围
	A15	A14	A13	A12	A11	A10	A9	A8	A7	A6	A5	A4	A3	A2	A1	A0	
1# 芯片	1	1	0	0	0	0	0	0	0	0	0	0	0	0	0	0	C000H(首地址)
								∫									
	1	1	0	1	1	1	1	1	1	1	1	1	1	1	1	1	DFFFH(末地址)
2# 芯片	1	0	1	0	0	0	0	0	0	0	0	0	0	0	0	0	A000H(首地址)
								∫									
	1	0	1	1	1	1	1	1	1	1	1	1	1	1	1	1	BFFFH(末地址)
3# 芯片	0	1	1	0	0	0	0	0	0	0	0	0	0	0	0	0	6000H(首地址)
								∫									
	0	1	1	1	1	1	1	1	1	1	1	1	1	1	1	1	7FFFH(末地址)

　　线选法的优点是硬件简单,不需要译码器。缺点是各存储器芯片的地址范围不连续,给程序设计带来不便。但在单片机应用系统中,一般要扩展的芯片数目较少,广泛使用线选法作为芯片的片选信号,尤其在 I/O 端口扩展中更是如此。

6.3　外部程序存储器的扩展

　　51 系列单片机具有 64 KB 的程序存储器空间,其中 87C51、AT89C51 单片机含有4 KB 的片内程序存储器,而 8031 则无片内程序存储器。当采用 87C51、AT89C51 单片机而程序超过 4 KB,或采用 8031 型单片机时,就需要进行程序存储器的扩展。这里要注意的是,51 系列单片机有一个管脚$\overline{EA}$跟程序存储器的扩展有关。如果$\overline{EA}$接低电平,则不使用片内程序存储器,片外程序存储器地址范围为 0000H～FFFFH(64 KB)。如果$\overline{EA}$接高电平,那么片内存储器和片外程序存储器总容量为 64 KB。

6.3.1　EPROM 扩展

　　扩展程序存储器常用的器件是 EPROM 芯片,如 2764(8 K×8 bit)、27128(16 K×8 bit)和27256(32 K×8 bit)等。它们均为 28 脚双列直插式封装,引脚如图 6.11 所示。

图 6.11　2764、27128 和 27256 引脚图

我们以 2764 为例介绍其性能和扩展方法，其他 EPROM 芯片的使用方法与其相似。2764 是 8 K×8 bit 的 EPROM，单一 ＋5 V 供电，工作电流为 75 mA，维持电流为 35 mA，读出时间最大为 250 ns。其引脚有：

A12～A0：13 条地址线。

D7～D0：8 位数据线。

$\overline{CE}$：片选信号，低电平有效。

$\overline{OE}$：输出允许信号，当 $\overline{CE}=0$，且 $\overline{OE}=0$ 时，被寻址单元的内容才能被读出。

V_{PP}：编程电源，当芯片编程时，该端加编程电压（＋25 V 或＋12 V）；正常使用时，该端接＋5 V 电源。（NC 为不用的引脚。）

在使用 2764 时，只能将其所存储的内容读出，读出过程与 SRAM 的读出十分相似。即首先送出要读出的单元地址，然后使 $\overline{CE}$ 和 $\overline{OE}$ 均有效（低电平），则在芯片的 D0～D7 数据线上就可以输出要读出的内容，其读出时序关系如图 6.12 所示。

图 6.12　2764 读出时序

例 6.3.1　图 6.13 所示的电路中，为 AT89C51 扩展外部程序存储器，用 $\overline{PSEN}$ 作为 EPROM 的读出允许信号。分析该电路，写出该系统的程序存储器容量及地址范围。

图 6.13　程序存储器扩展

解　图 6.13 中，AT89C51 内部含 4 KB 的程序存储器，外部扩展的程序存储器为 8 KB，故该系统的程序存储器总容量为 12 KB。外部扩展的程序存储器使用线选法选择芯片，当地址线 A13＝1 时选中外部扩展的程序存储器。系统的程序存储器的地址空间示意图如图 6.14 所示。

该系统中，既有片内程序存储器，又有片外程序存储器。执行程序时，CPU 是从片内程序存储器取指令，还是从片外程序存储器取指令，是由单片机 $\overline{EA}$ 引脚电平的高低来决定的。在例 6.3.1 中，$\overline{EA}=1$ 为高电平，加电后，CPU 先执行片内程序存储器的程序，当 PC 的值超过 0FFFH 时将自动转向片外程序存储器执行指令。但应当注意，由于该系统中的程序存储器的地址是不连续的，在编程时应当合理地进行程序的转移。

图 6.14　地址空间示意图

例 6.3.2　利用全译码为 AT 89C51 扩展 40 KB 的外部数据存储器和 40 KB 的外部程序存储器，存储器芯片选用 SRAM 6264 和 EPROM 2764。要求 6264 和 2764 占用从 6000H 开始的连续地址空间。

解　要扩展 40 KB 的外部数据存储器和 40 KB 的外部程序存储器需要 6264 和 2764 各 5 片，使用专用译码器 74LS138 进行译码，其存储器系统的连接图如图 6.15 所示。其中，各芯片的地址范围分别为：

芯片 1、6：6000H～7FFFH
芯片 2、7：8000H～9FFFH
芯片 3、8：A000H～BFFFH
芯片 4、9：C000H～DFFFH
芯片 5、10：E000H～FFFFH

图 6.15　扩展数据存储器和程序存储器

6.3.2　E²PROM 扩展举例

E²PROM（EEPROM）是一种电擦除可编程只读存储器，其主要特点是能在计算机系统中进行在线修改，它既有 RAM 可读可改写的特性，又具有非易失性存储器 ROM 在掉电后仍能保持所存数据的优点。因而，E^2PROM 在智能仪器仪表、控制装置等领域得到了普遍应用。

E^2PROM 在单片机存储器扩展中，可以用作程序存储器，也可以用作数据存储器，至于具体做什么使用，由硬件电路确定。E^2PROM 作为程序存储器使用时，CPU 读取 E^2PROM 数据同读取一般 EPROM 的操作相同；E^2PROM 作为数据存储器使用时，总线连接及读取 E^2PROM 数据同读取 RAM 的操作相同，但 E^2PROM 的写入时间较长，必须用软件或硬件来检测写入周期。常用的 E^2PROM 芯片有 Intel 2816A、2817A 和 2864A 等芯片，其引脚如图 6.16 所示。

图 6.16　E^2PROM 引脚图

1) E^2PROM 2816A

2816A 的存储容量为 $2K×8bit$，单一 $+5V$ 供电，不需要专门配置写入电源。2816A 能随时写入和读出数据，其读取时间完全能满足一般程序存储器的要求，但写入时间较长，需 $9\sim15ms$，写入时间完全由软件延时控制。

2) E^2PROM 2817A

与 2816A 一样，2817A 也均属于 5V 电擦除可编程只读存储器，其容量也是 $2K×8bit$。不同之处在于：2816A 的写入时间为 $9\sim15ms$，完全由软件延时控制，与硬件电路无关；2817A 可利用硬件引脚 RDY/$\overline{BUSY}$ 来检测写操作是否完成。

3) E^2PROM 2864A

2864A 是 $8K×8bit$ E^2PROM，单一 $+5V$ 供电，最大工作电流为 160 mA，最大维持电流为 60 mA，典型读出时间为 250 ns。由于芯片内部设有"页缓冲器"，因此允许对其快速写入。2864A 内部可以提供编程所需的全部定时控制，编程结束可以给出查询标志。

在此，我们以 2817A 芯片为例介绍其性能和扩展方法。2817A 的封装是 DIP28，采用单一 $+5V$ 供电，最大工作电流为 150 mA，维持电流为 55 mA，读出时间最大为 250 ns。片内设有编程所需的高压脉冲产生电路，无需外加编程电源和编程脉冲即可工作。2817A 的读操作与普通 EPROM 的读出相同，其写入时序如图 6.17 所示。

图 6.17　2817A 的写入时序

2817A 的写入过程如下：CPU 向 2817A 发出字节写入命令后，即当地址有效、数据有效及控制信号 $\overline{CE}=0$、$\overline{OE}=1$，且在 $\overline{WE}$ 端加上 100 ns 的负脉冲，便启动一次写操作。但应注意的是，写脉冲过后并没有真正完成写操作，还需要一段时间进行芯片内部的写操作，在此期间，2817A 的引脚 RDY/$\overline{BUSY}$ 为低电平，表示 2817A 正在进行内部的写操作，此时它的数据总线呈高阻状态，因而允许 CPU 在此期间执行其他的任务。当一次写入操作完毕，2817A 便将 RDY/$\overline{BUSY}$ 置高，由此来通知 CPU。

例 6.3.3　　为 AT89C51 单片机扩展 2 KB 的 E^2PROM。

解　　单片机扩展 2817A 的硬件电路图如图 6.18 所示。

图 6.18　扩展 E^2PROM

图 6.18 中，P2.6 反相后与 2817A 的片选端相连，2817A 的地址范围是 4000H～47FFH（无关项取 0，该地址范围不是惟一的）。

2817A 的读/写控制线连接采用了将外部数据存储器空间和程序存储器空间合并的方法，使得 2817A 既可以作为程序存储器使用，又可以作为数据存储器使用。如果只是把 2817A 作为程序存储器使用，使用方法与 EPROM 相同。E^2PROM 也可以通过编程器将程序固化进去。如果将 2817A 作为数据存储器，读操作同使用静态 RAM 一样，用"MOVX A，@DPTR"指令直接从给定的地址单元中读取数据即可。向 2817A 中写数据采用"MOVX @DPTR，A"指令。

2817A 的 RDY/$\overline{BUSY}$ 引脚是一个漏极开路的输出端，故外接上拉电阻后，将其与 AT89C51 的 P1.0 相连。采用查询方式对 2817A 的写操作进行管理。在写操作期间，RDY/$\overline{BUSY}$ 脚为低电平，当写操作完毕时，RDY/$\overline{BUSY}$ 变为高电平。其实，检测 2817A 写操作是否完成也可以用中断方式实现，方法是将 2817A 的 RDY/$\overline{BUSY}$ 反相后与 AT89C51 的外部中断输入脚相连（图 6.18 中的虚线所示），当 2817A 每写完一个字节，便向单片机提出中断请求。

6.4　并行 I/O 端口扩展技术

虽然单片机本身具有 I/O 端口，但其数量有限，在工程应用时往往要扩展外部 I/O 端口。扩展方法有3种：简单I/O端口扩展、可编程并行I/O端口扩展以及利用串行口进行I/O端口的扩展。本节重点介绍前两种扩展方法及实际应用，利用串行口扩展的方法已在第5章介绍。

6.4.1　简单I/O端口的扩展

对一些简单外设的接口，只要按照"输入三态，输出锁存"与总线相连的原则，选择74LS系列的TTL或MOS器件即能组成扩展接口电路。例如，可采用8位三态缓冲器74LS244组成输入口，采用8D锁存器74LS273、74LS373、74LS377等组成输出口。采用这些简单接口芯片进行系统扩展，接口电路简单、配置灵活、编程方便、且价格低廉，是I/O端口扩展的一种首选方案。

图6.19给出了74LS244的引脚图与真值表，它是8位三态缓冲器，在系统设计时常常用作系统总线的单向驱动或输入接口芯片。图6.20给出了74LS273的引脚图与真值表。74LS273是8D触发器，$\overline{\text{CLR}}$为低电平有效的清0端，当其为0时，输出全为0，且与其他输入端无关；CP端是时钟信号，当CP由低电平向高电平跳变时，D端输入数据传送到Q端输出。在系统设计时常用74LS273作为输出接口芯片。

图6.19　74LS244引脚图与真值表

图6.20　74LS273引脚图与真值表

例6.4.1　采用74LS244和74LS273为AT89C51单片机扩展8位输入端口和8位输出端口。

解　单片机扩展74LS244和74LS273的硬件电路图如图6.21所示。

图 6.21　简单 I/O 端口扩展

图 6.21 中，P0 口作为双向 8 位数据线，既能够从 74LS244 输入数据，又能够从 74LS273 输出数据。P2.0 分别与 $\overline{RD}$、$\overline{WR}$ "或运算"作为输入口和输出口的选通及锁存信号。因为 74LS244 和 74LS273 都是在 P2.0 为 0 时被选通的，所以二者的口地址都为 FEFFH（这个地址不是惟一的，只要保证 P2.0=0，其他地址位无关）。

在 51 单片机中，扩展的 I/O 端口采用与片外数据存储器相同的寻址方法，所有扩展的 I/O 端口与片外 RAM 统一编址，因此，对片外 I/O 端口的输入/输出指令就是访问片外 RAM 的指令，即：

```
MOVX A, @DPTR        ;产生读信号RD
MOVX A, @Ri          ;产生读信号RD
MOVX @DPTR, A        ;产生写信号WR
MOVX @Ri, A          ;产生写信号WR
```

针对图 6.21 中的电路可编写程序，实现用开关 S0～S7 控制对应的发光二极管 L0～L7 发光。程序如下：

```
NEXT: MOV DPTR, #0FEFFH    ;数据指针指向口地址
      MOVX    A, @DPTR     ;输入数据
      MOVX    @DPTR, A     ;向 74LS273 输出数据
      LJMP    NEXT         ;循环
```

6.4.2　LED 数码显示器扩展

LED 数码显示器（又称为 LED 数码管）是单片机应用系统中最常用的显示设备之一。它由 8 个发光二极管（以下简称字段）构成，通过不同的组合可用来显示数字 0～9、字符

A～F、P、空白字符、符号"－"及小数点"."等。LED 数码管分为共阳极和共阴极两种，无论是共阳极还是共阴极其外形结构与封装形式相同，其封装形式和等效电路如图 6.22 所示。

图 6.22　LED 数码显示器

　　共阳极数码管的 8 个发光二极管的阳极（二极管正端）连接在一起，即公共端 COM。通常，公共阳极 COM 端接高电平，其他管脚接发光段驱动电路输出端。当某段驱动电路的输出端为低电平时，则该端所连接的字段导通并点亮。根据发光字段的不同组合可显示出各种数字或字符。此时，要求段驱动电路能吸收发光段的导通电流，还需根据外接电源及发光段的导通电流来确定相应的限流电阻（发光段的导通电流一般为 5～20 mA）。

　　共阴极数码管的 8 个发光二极管的阴极（二极管负端）连接在一起，即 COM 端。通常，公共阴极 COM 端接低电平，其他管脚接段驱动电路输出端。当某段驱动电路的输出端为高电平时，该端所连接的字段导通并点亮，根据发光字段的不同组合可显示出各种数字或字符。此时，要求段驱动电路能提供额定的导通电流，还需根据外接电源及导通电流来确定相应的限流电阻。

　　要使数码管显示出相应的数字或字符，必须为 LED 显示器提供显示段码（也称为字形代码）。因为 LED 显示器共有 8 个发光段，所以一个字形代码正好为一个 8 位二进制数。设字形代码的各二进制位与发光段的连接对应关系如下：

段码位	D7	D6	D5	D4	D3	D2	D1	D0
发光段	Dp	g	f	e	d	c	b	a

　　如使用共阳极数码管时，若字形代码的某位数据为 0，则表示对应字段亮，数据为 1 表示对应字段不亮；若使用共阴极数码管，则字形代码的某位数据为 0 表示对应字段不亮，数据为 1 表示对应字段亮。如要显示"0"，共阳极数码管的字形代码应为：11000000B（即 C0H）；共阴极数码管的字形代码应为：00111111B（即 3FH）。依此类推，可求得数码管常用的字形代码如表 6.2 所示。

表 6.2　LED 显示器字形代码（显示段码）

字型	共阳极代码	共阴极代码	字型	共阳极代码	共阴极代码
0	C0H	3FH	9	90H	6FH
1	F9H	06H	A	88H	77H
2	A4H	5BH	b	83H	7CH
3	B0H	4FH	C	C6H	39H
4	99H	66H	d	A1H	5EH
5	92H	6DH	E	86H	79H
6	82H	7DH	F	8EH	71H
7	F8H	07H	空白	FFH	00H
8	80H	7FH	P	8CH	73H

1. 静态显示器接口

静态显示是指数码管显示某一字符时，相应的发光二极管恒定导通或恒定截止。就是在同一时刻只显示 1 种字符，或者说被显示的字符在同一时刻是稳定不变的。这种显示方式的各位数码管相互独立，公共端恒定接地（共阴极）或接正电源（共阳极）。每个数码管的 8 个字段分别与一个 8 位 I/O 接口相连，I/O 端口只要有字形代码输出，相应字符即显示出来，并保持不变，直到 I/O 端口输出新的字形代码。采用静态显示方式，虽然具有较高的显示亮度，占用 CPU 时间少，编程简单等优点，但其占用的端口线多，硬件电路复杂，成本高，只适合于显示位数较少的场合。

图 6.23 是数码管静态显示方式的一种典型应用，用两片 74LS273 驱动 2 位静态 LED 显示器（共阴极数码管）。P2.7＝0 时选通 1♯显示器，其地址为 7FFFH；P2.6＝0 时选通 2♯显示器，其地址为 BFFFH。用下列程序可在显示器上显示字符"1"和"2"：

图 6.23　2 位静态 LED 显示器

```
MOV    DPTR，#7FFFH
MOV    A，#06H                    ；"1"的字形代码
MOVX @DPTR，A
MOV    DPTR，#0BFFFH
MOV    A，#5BH                    ；"2"的字形代码
MOVX @DPTR，A
```

2．动态显示接口

动态显示是一位一位地轮流点亮各位数码管，这种逐位点亮显示器的方式称为动态扫描。通常，各位数码管的段选线相应并联在一起，由一个 8 位的 I/O 端口控制；各位 LED 显示器的位选线（COM 端）由另外的 I/O 端口控制。动态方式显示时，各数码管分时轮流选通，要使其稳定显示，必须采用动态扫描方式，即在某一时刻只选通一位数码管，并送出相应的字形代码，在另一时刻选通另一位数码管，并送出相应的字形代码。依此规律循环，逐个循环点亮各位数码管，每位显示 1 ms 左右，即可使各位数码管显示要显示的字符。虽然这些字符是在不同的时刻分别显示的，但由于人眼存在视觉暂留效应，可以给人以同时显示的感觉。

采用动态显示方式节省 I/O 端口，硬件电路也较静态显示方式简单，但其亮度不如静态显示方式，而且在显示位数较多时，CPU 要依次扫描，仍占用 CPU 较多的时间。用 51 系列单片机构建数码管动态显示系统时，采用简单的接口芯片即可进行系统扩展，其特点是接口电路简单，编程方便，价格低廉。6 位动态 LED 显示器如图 6.24 所示。

图 6.24　6 位动态 LED 显示器

图 6.24 中，数码管采用共阴极 LED，字形码输出口 74LS273 经过 8 路同相驱动电路 7407 后接至数码管的各段，当位线输出"1"时，驱动数码管发光。7407 是集电极开路的同相驱动器，能为发光段提供更大的导通电流，增强 LED 的发光亮度，其输出端经 110 Ω 的

限流电阻接至+5 V 电源,改变电阻的大小即可调节发光亮度。用另一个输出口 74LS273 作为 LED 的位选控制口,其输出经过 6 路反相驱动器 75452 后接至数码管的 COM 端。当位选控制口的某位输出"1"时,75452 反相器驱动相应的 LED 位发光。字形码输出口和位选控制口的地址分别为:

字形码输出口地址:DFFFH(地址不是惟一的);

位选控制口的地址:EFFFH(地址不是惟一的)。

3. 动态扫描程序

在单片机应用系统中,为了便于对 LED 显示器进行管理,需要建立一个显示缓冲区。显示缓冲区 DISBUF 是片内 RAM 的一个区域,它的作用是存放要显示的字符,其长度与 LED 的位数相同。图 6.24 中的动态显示器,DISBUF 为 6 个字节,设 DISBUF 占用片内 RAM 的 70H~75H 单元。显示缓冲区 DISBUF 中的内容是由其他处理程序事先存入 DISBUF 中的,再由显示程序进行显示。设要显示"P89C51"(P89C51 是 PHILIPS 公司的 51 系列单片机产品),则"P89C51"在 DISBUF 中的存放形式见表 6.3 所示。数码显示器的低位(最右边的位)显示的是显示缓冲区中的低地址单元中的数,因此在显示缓冲区中存放的次序为低地址单元存低位,高地址单元存高位。

表 6.3　显示缓冲区

地址	DISBUF
70H	01H
71H	05H
72H	0CH
73H	09H
74H	08H
75H	11H

要说明的是,显示程序是利用查表方法来得到要显示字符的字形代码的。在显示程序的字形代码(显示段码)表中,字形代码存放的次序依次为"0~9","A~F","空白"和"P"。其中,"P"的序号为 18(即 11H),故在 DISBUF 中的 75H 单元用 11H 代表"P"。

显示程序的任务是把显示缓冲区中待显示的字符送往 LED 显示器显示。在进行动态扫描显示时,从 DISBUF 中依次取出待显示的字符,采用查表的方法得到其对应的字形代码,逐个地循环点亮各位数码管,每位显示 1 ms 左右,即可使各位数码管显示要显示的字符。设 DISBUF 中的信息为"P89C51",可由下列程序在显示器上显示"P89C51":

```
        ⋮
LOOP1:  LCALL   DISPLAY         ;调用显示子程序
        ⋮
        LJMP    LOOP1           ;循环
DISPLAY:MOV     R0, #70H        ;R0 指向 DISBUF 首地址
        MOV     R3, #01H        ;右起第 1 个 LED 的选择字
NEXT:   MOV     A, #00H         ;取位选控制字为全灭
        MOV     DPTR, #0EFFFH   ;取位选控制口地址
```

```
            MOVX    @DPTR，A          ；瞬时关显示器
            MOV     A，@R0            ；从 DISBUF 中取出字符
            MOV     DPTR，#DSEG       ；取段码表首地址
            MOVC    A，@A+DPTR        ；查表，取对应的字形码
            MOV     DPTR，#0DFFFH     ；取字形码输出口地址
            MOVX    @DPTR，A          ；输出字形码
            MOV     DPTR，#0EFFFH     ；取位选控制口地址
            MOV     A，R3             ；取当前位选控制字
            MOVX    @DPTR，A          ；点亮当前 LED 显示位
            LCALL   DELAY            ；延时 1 ms
            INC     R0               ；R0 指向下一个字符
            JB      ACC.5，EXIT       ；若当前显示位是第 6 位则结束
            RL      A                ；下一个 LED 的选择字
            MOV     R3，A
            SJMP    NEXT
EXIT：      RET                      ；返回
            ；段码表 0~9，A~F，空白，P
DSEG：      DB 3FH，06H，5BH，4FH，66H，6DH，7DH，07H，7FH
            DB 6FH，77H，7CH，39H，5EH，79H，71H，00H，73H
DELAY：     MOV     R7，#02H          ；延时 1 ms 的子程序
DEL1：      MOV     R6，#0FFH
DEL2：      DJNZ    R6，DEL2
            DJNZ    R7，DEL1
            RET
```

例 6.4.2　　针对图 6.24 所示的电路，编一显示程序，调用动态扫描显示子程序 DISPLAY，使数码显示器显示"012345"共 6 个字符。

解　参考程序如下：

```
            MOV     A，#05H           ；取最右边 1 位字符
            MOV     R0，#70H          ；指向 DISBUF 首址（最低位）
            MOV     R1，#06H          ；共送入 6 个字符
LOOP2：     MOV     @R0，A            ；将字符送入 DISBUF
            INC     R0               ；指向下一显示单元
            DEC     A                ；下一个显示字符
            DJNZ    R1，LOOP2         ；若 6 个数未送完，则重复
LOOP3：     LCALL   DISPLAY          ；扫描显示一遍
            SJMP    LOOP3            ；重复扫描
```

6.4.3　键盘接口

1. 按键的分类

键盘实际上是由排列成矩阵形式的一系列按键开关组成的，用户通过键盘可向 CPU 输入数据信息、地址信息和各种命令。键盘按照其接口原理可分为编码键盘与非编码键盘两类，这两类键盘的主要区别是识别键符及给出相应键码的方法不同。

　　编码键盘主要是用硬件来实现对按键的识别，键盘接口电路能够由硬件逻辑自动提供与键对应的编码。此外，编码键盘一般还具有去抖动和多键、窜键保护电路。这种键盘使用方便，但需要较多的硬件，价格较贵，一般的单片机应用系统较少采用。

　　非编码键盘的接口电路只是简单地提供按键的行列矩阵，对按键的识别、编码、去抖动等工作均由软件完成。由于其经济实用，因此常应用于单片机系统中。下面将重点介绍非编码键盘。

2. 矩阵键盘的结构及原理

　　在单片机应用系统中，除了复位按键有专门的复位电路及专一的复位功能外，其他按键都是以开关状态来设置控制功能或输入数据的。当所设置的功能键或数字键按下时，单片机应用系统完成该按键所设定的功能。一组键或一个键盘，总有一个接口电路与 CPU 相连。当按键较多时一般采用行列式结构并按矩阵形式排列，如图 6.25 所示。

图 6.25　矩阵键盘的结构

　　图 6.25 给出了 4×4 行列式键盘的基本结构示意图。4×4 表示有 4 根行线和 4 根列线，在每根行线和列线的交叉点上有 1 个按键，组成了一个有 16 个按键的矩阵键盘。列线通过上拉电阻接到 +5 V 上。当无键按下时，列线处于高电平状态；当有键按下时，行、列线将导通，此时，列线电平将由与此列线相连的行线电平决定，这是识别按键是否按下的关键。然而，矩阵键盘中的行线、列线和多个键相连，因此，必须将行线、列线信号配合起来作适当处理，才能确定闭合键的位置。识别按键是否按下的方法很多，其中，最常见的方法是行扫描法。

3. 矩阵键盘的行扫描法

　　所谓行扫描法，就是通过行线逐行发出低电平信号。如果该行线所连接的键没有按下，则列线的电平信号是全"1"；如果有键按下的话，则列线得到的是非全"1"信号，即根据列线的电平信号是否有"0"信号来判断有无键按下。

　　在使用行扫描法时，为了提高效率，首先快速检查整个键盘中是否有键按下。若无键按下，则结束键盘扫描程序；若有键按下，则再用逐行扫描的方法来确定闭合键的具体位置（按下的是哪一个键）。方法是：先扫描第 0 行，行输出值为 1110B，第 0 行为"0"，其余 3

行为"1"(通常,把行输出值为 0 的行称为当前行),然后读入列信号,判断是否为全"1"。若列输入值为全"1",则当前行无键按下,行输出 1101(第 1 行为"0",其余 3 行为"1"),再扫描下一行 …… 依此规律逐行扫描,直到扫描某行时,其列输入值不为全"1",则根据行输出值和列输入值中 0 的位置确定闭合键的具体位置,从而用计算法或查表法得到闭合键的键值。

下面通过实例说明矩阵键盘的接口原理与编程方法。

例 6.4.3　为单片机设计一个 8×4 矩阵键盘,并编写键盘扫描程序。

解　接口电路如图 6.26 所示。用 74LS273 作为行输出口,输出 8 位行扫描信号。用 74LS244 作为列输入口,输入 4 位列输入值。其口地址分别是:

行输出口地址:F7FFH;

列输入口地址:FBFFH。

图 6.26　一个 8×4 矩阵键盘电路

键盘采用行扫描法方式工作,键盘扫描子程序应具有以下功能:

(1) 判断有无键按下。其方法为:行输出口输出全为 0,读列输入口信息,若列输入值为全 1,则说明无键按下;若不为全 1,则说明有键按下。

(2) 消除按键的抖动。微机键盘通常使用机械触点式按键开关。机械式按键在按下或释放时,由于机械弹性作用的影响,通常伴随有一定时间的触点机械抖动,然后其触点才稳定下来。其抖动过程如图 6.27 所示,抖动时间的长短与开关的机械特性有关,一般为 5~10 ms。

在触点抖动期间检测按键的通断状态,可能导致判断出错,即一次按下按键被错误地认为是多次操作,这种情况是不允许出现的。为了克服由于按键触点机械抖动所致的检测误判,必须采取消抖动措施。

图 6.27　按键抖动示意图

在此，使用软件延时的方法消除按键的抖动。当检测到有按键按下时，调用两次显示子程序，每调用一次延时 6 ms，共延时 12 ms。这样既实现了按键的消抖动，又可保持显示器有稳定的显示。同样，在检测到闭合键释放后，也采用软件延时的方法消除按键的抖动。

（3）逐行扫描。若有键按下，则逐行扫描，以判别闭合键的具体位置。

（4）计算闭合键的键值。计算公式为

$$键值＝行号×4＋列号$$

（5）判断按键是否释放。计算出闭合键的键值后，再判断按键是否释放。若按键未释放，则等待；若键已释放，则再延时消抖。

（6）命令处理。根据闭合键的键值，程序应完成该按键所设定的功能。若按下的是命令键，则转入命令键处理程序，完成命令键的功能；若按下的是数字键，则转入数字键处理程序，进行数字的存储和显示等操作。

键盘扫描程序如下：

```
                ；KEY 键盘扫描程序
                ；入口参数：无
                ；出口参数：A 为返回值
                ；若有键按下，则 A 为闭合键的键值 0～31；若无键按下，则 A 为 FFH
                ；占用寄存器：R3 为行计数器，R2 存放行扫描值
                ；R4、R5 为暂存器
    KEY：   LCALL   KS1          ；快速检查整个键盘中是否有键按下
            JNZ     LK1          ；A 非 0，若有键按下，则转至 LK1
            LJMP    LK8          ；若无键按下，则返回
    LK1：   LCALL   DISPLAY      ；若有键闭合，则调显示子程，延时 12 ms
            LCALL   DISPLAY      ；消抖动
            LCALL   KS1          ；再次检查有键闭合否
            JNZ     LK2          ；若有键闭合，则转入逐行扫描
            LJMP    LK8          ；若无键闭合，则返回
    KL2：   MOV     R3, #00H     ；行号初值送 R3
            MOV     R2, #0FEH    ；行扫描初值送 R2
    LK3：   MOV     DPTR, #0F7FFH  ；行输出口地址，F7FFH
            MOV     A, R2        ；行扫描值送 A
            MOVX    @DPTR, A      ；扫描当前行
            MOV     DPTR, #0FBFFH  ；列输入口地址，FBFFH
            MOVX    A, @DPTR      ；读入列值
            ANL     A, #0FH      ；保留低 4 位
```

```
            MOV      R4, A              ;暂存列值
            CJNE     A, #0FH, LK4       ;列值非全"1"则转
            MOV      A, R2              ;行扫描值送 A
            JNB      ACC.7, LK8         ;已扫到最后 1 行则转
            RL       A                  ;若未扫完,则准备扫下一行
            MOV      R2, A              ;行值存入 R2 中
            INC      R3                 ;行号加 1
            LJMP     LK3                ;转至扫描下一行
LK4:        MOV      A, R3              ;行号送入 A
            ADD      A, R3              ;行号×2
            MOV      R5, A              ;暂存
            ADD      A, R5              ;行号×4
            MOV      R5, A              ;存入 R5 中
            MOV      A, R4              ;列值送入 A
LK5:        RRC      A                  ;列值右移 1 位
            JNC      LK6                ;该位为 0 则转
            INC      R5                 ;键值加 1
            SJMP     LK5                ;列号未判完继续
LK6:        PUSH     R5                 ;保护键值
LK7:        LCALL    DISPLAY            ;扫描一遍显示器
            LCALL    KS1                ;发全扫描信号
            JNZ      LK7                ;键未释放则等待
            LCALL    DISPLAY            ;键已释放
            LCALL    DISPLAY            ;延时 12 ms,消抖
            POP      A                  ;键值存入 A 中
KND:        RET                         ;返回
LK8:        MOV      A, #0FFH           ;无闭合键标志,FFH 存入 A 中
            RET                         ;返回

KS1:        MOV      DPTR, #0F7FFH      ;行输出口地址:F7FFH
            MOV      A, #00H            ;取 8 行全扫描信号
            MOVX     @DPTR, A           ;同时扫描 8 行
            MOV      DPTR, #0FBFFH      ;列输入口地址:FBFFH
            MOVX     A, @DPTR           ;列输入
            ANL      A, #0FH            ;保留低 4 位
            ORL      A, #0F0H           ;高 4 位取"1"
            CPL      A                  ;取反,若无键按下,则全 0
            RET                         ;返回
```

6.4.4　8255A 可编程并行 I/O 接口扩展

　　所谓可编程的接口芯片,是指其功能可由微处理机的指令来加以改变的接口芯片,利用编程的方法,可以使一个接口芯片执行不同的接口功能。目前,各生产厂家已提供了很

多系列的可编程接口器件，51 单片机常用的可编程接口芯片是 Intel 8255A。

1. 8255A 的内部结构与端口选择

8255A 是一种 8 位并行接口芯片，它为用户提供了 3 个 8 位并行端口 PA、PB 和 PC 口，3 个端口都可以和外设相连，分别传送外设的输入/输出数据或控制信息，图 6.28 给出了 8255A 的内部结构和引脚图。3 个端口在 8255A 内部分成 A、B 两组控制电路，这两组控制电路根据 CPU 发出的方式选择字来控制 8255A 的工作方式，每个控制组都接收来自读/写控制逻辑的"命令"和内部数据总线的"控制字"，并向与其相连的端口发出适当的控制信号。A 组控制部件用来控制 PA 口和 PC 口高 4 位（PC7～PC4），B 组控制部件用来控制 PB 口和 PC 口低 4 位（PC3～PC0）。

图 6.28　8255A 的内部结构和引脚图

读/写控制逻辑用来管理数据信息、控制字和状态字的传送，它接收来自 CPU 地址总线的 A1、A0 和控制总线有关信号（$\overline{RD}$、$\overline{WR}$、RESET 等），向 8255A 的 A、B 两组控制部件发送命令，用于对 8255 的端口选择及读/写控制，表 6.4 给出了 8255A 的端口选择及读/写控制状态表。

表 6.4　8255A 端口选择及读/写控制状态表

片选 $\overline{CS}$	地址选择 A1	A0	读写控制 $\overline{RD}$	$\overline{WR}$	端口及操作
0	0	0	0	1	读 PA 口
			1	0	写 PA 口
	0	1	0	1	读 PB 口
			1	0	写 PB 口
	1	1	0	1	读 PC 口
			1	0	写 PC 口
			1	0	写控制字
1	×	×	×	×	总线三态

2. 8255A 的控制字与工作方式

8255A 有两种控制命令字:一个是方式选择控制字,另一个是 C 口按位置位/复位控制字,其控制字格式如图 6.29 所示。初始化时,CPU 首先对 8255A 的控制寄存器写入方式选择控制字,选择 8255A 的工作方式。在 8255A 工作期间,如果把一个置位/复位控制字送入 8255A 的控制寄存器,就能将 C 口的某一位置 1 或清 0,而不影响其他位的状态,使 C 口具有位操作功能。

图 6.29　8255A 控制字格式

(a) 方式选择控制字格式;(b) C 口置位/复位控制字格式

8255 有 3 种工作方式:方式 0、方式 1 和方式 2。工作方式的选择是通过上述写控制字的方法来完成的。

(1) 方式 0(基本输入/输出方式):A 口、B 口及 C 口高 4 位、低 4 位都可以设置为方式 0 输入或输出,不需要选通信号。单片机可以用 8255A 进行数据的无条件传送,数据在 8255A 的各端口能得到锁存和缓冲。在方式 0 下,输入口为缓冲输入方式,输出口具有锁存功能。

(2) 方式 1(选通输入/输出方式):A 口和 B 口都可以独立地设置为方式 1,在这种方式下,8255A 的 A 口和 B 口通常用于传送和它们相连外设的数据,C 口作为 A 口和 B 口的握手联络线,以实现中断方式传送数据。

A 口和 B 口为方式 1 输入时,C 口的定义及握手信号的时序如图 6.30 所示。其中,$\overline{STB}$ 为选通信号,低电平有效,当外设送来 $\overline{STB}$ 信号时,输入的数据被装入 8255A 的输入锁存器中;IBF 是输入缓冲器满信号,高电平有效。IBF 是一个状态信号,当其为高电平表示输入口的数据尚未被 CPU 取走时,外设暂时不能向输入口送新的数据;INTR 是中断请求信号,高电平有效。当 IBF 为高电平,且中断允许信号 INTE=1 时,INTR=1,向 CPU 请求中断。CPU 响应中断后,执行输入指令(产生读信号 $\overline{RD}$ 为负脉冲),读取输入口的数据，同时$\overline{RD}$的下降沿清除中断请求信号，$\overline{RD}$的上升沿使 IBF＝0。

图 6.30 方式 1 输入时的握手信号及时序

INTE 为中断允许控制信号。A 口由 PC4 位的置位/复位状态进行控制，B 口由 PC2 位的置位/复位状态进行控制。只有 PC4 或 PC2 置位时，8255A 的 A 口或 B 口才会产生中断请求。

若 A 口和 B 口为方式 1 输入时，PC7、PC6 可以用作 I/O 线，即方式 0 下的输入或输出。

A 口和 B 口为方式 1 输出时，C 口的定义及握手信号的时序如图 6.31 所示。其中，$\overline{OBF}$是输出缓冲器满信号，低电平有效。该信号为低电平表示 CPU 已将数据送到输出端口，通知外设可将数据取走；$\overline{ACK}$是外设产生的响应信号，若该信号有效表示数据被外设所接收。当外设接收了输出端口的数据后，INTR 为高电平向 CPU 发出中断请求，请求 CPU 输出新的数据。

图 6.31 方式 1 输出时的握手信号及时序

INTE 为中断允许控制信号。A 口由 PC6 位的置位/复位状态进行控制，B 口由 PC2 位的置位/复位状态进行控制。只有 PC6 或 PC2 置位时，8255A 的 A 口或 B 口才会产生中断请求。

若 A 口和 B 口为方式 1 输入时，PC5、PC4 可以用作 I/O 线，即方式 0 下的输入或输出。

（3）方式 2（A 口的双向选通输入输出方式）：只有 A 口可以设置为方式 2，在这种方式下，既能输入，又能输出。无论是输入或输出都可以用中断方式，也可以用查询方式进行数据交换。A 口为方式 2 时，C 口的定义及握手信号的时序如图 6.32 所示。这时，中断允许控制信号 INTE1 由 PC6 位的置位/复位状态进行控制，INTE2 由 PC4 位的置位/复位状态进行控制。其他握手信号的定义类似于方式 1。

当 A 口工作在方式 2 时，B 口既可工作在方式 0 下，又可工作在方式 1 下。

图 6.32　方式 2 的握手信号及时序

3. 8255A 与系统的连接及应用

由于 8255A 是 Intel 公司专为其主机配套设计制造的标准化外围接口芯片，因此它与 51 单片机的连接是非常简单的。图 6.33 给出了一个 8255A 与系统的连接实例。

图 6.33　8255A 与系统的连接

图 6.33 中，P0 口为地址/数据复用口，数据通过 P0 口直接传送，地址的低 8 位通过 74LS373 锁存。系统的读/写控制及复位信号与 8255A 的读/写及复位端对应相连。系统地址总线的 A1、A0 直接与 8255A 的地址线 A1、A0 对应相连。利用高 8 位地址线的 P2.1 作为选通信号，直接与 8255A 的片选端相连，8255A 各个端口的地址如下：

A 口地址：FD00H（地址不是惟一的，下同）；

B 口地址：FD01H；

C 口地址：FD02H；

控制寄存器地址：FD03H。

例 6.4.4　针对图 6.33 所示的电路进行编程，用位操作方式进行控制，使 8255A 的 PC5 端向外输出一个宽度为 1 ms 的正脉冲信号。

解　若要从 PC5 端输出一个正脉冲信号，则可通过对 PC5 位的置位/复位控制来实现。由于每送 1 个控制字，只能对 1 位作 1 次置位或复位操作，因此产生 1 个正脉冲要对 PC5 位先送置位控制字，经过一定的延时后再送复位控制字即能实现。程序如下：

MOV	DPTR，#0FD03H	;指向 8255A 的控制口
MOV	A，#80H	;方式字，A、B 和 C 口均为方式 0 输出
MOVX	@DPTR，A	;8255A 初始化
MOV	A，#0BH	;置位/复位控制字，对 PC5 置 1
MOVX	@DPTR，A	
LCALL	DELAY1ms	;调用延时子程序 DELAY1ms
DEC	A	;对 PC5 置 0
MOVX	@DPTR，A	

例 6.4.5　使用 8255A 芯片为单片机系统设计打印机接口电路，并编写打印子程序。

解　打印机的主要信号及时序如图 6.34 所示。其中，DB0～DB7 为数据线，向打印机提供数据。$\overline{STB}$ 是数据选通信号，利用 $\overline{STB}$ 的负脉冲将 DB0～DB7 上的数据锁存于打印机内部，由打印机处理并打印该字符。在打印该字符期间 BUSY 为高电平，表示打印机处于"忙"状态。一旦 BUSY 变为低电平，就表示打印机可以接收下一个数据。

打印机的接口电路如图 6.35 所示。设 8255A 的地址为 FD00H～FD03H，8255A 与系统的具体连接方法如图 6.33 所示。

图 6.34　打印机的主要信号及时序图　　　　图 6.35　打印机的接口电路

打印子程序采用查询方式传送数据，其功能是打印片内 RAM 30H 单元中的 ASCII 码字符。程序如下：

```
           ;主程序
           MOV    DPTR，#0FD03H    ;指向 8255A 的命令口
           MOV    A，#88H          ;取方式字：A 口输出，C 口低出高入
           MOVX   @DPTR，A         ;送入方式字，8255A 初始化
           MOV    A，#01H          ;C 口置位/复位命令字(PC0=1)
           MOVX   @DPTR，A         ;置 PC0 初始状态为 1
           ⋮
           LCALL  PRINT           ;调打印子程序
           ⋮

           ;调打印子程序
PRINT：    MOV    DPTR，#0FD02H    ;指向 C 口
LOOP1：    MOVX   A，@DPRT         ;读入 C 口信息
           JB     A.7，LOOP1       ;若 BUSY=1，则继续查询
           MOV    DPTR，#0FD00H    ;指向 A 口
           MOV    A，30H           ;取 RAM 数据
```

```
MOVX    @DPTR，A            ;数据输出到 A 口
MOV     DPTR，#0FD03H       ;指向命令口
MOV     A，#00H             ;C 口置位/复位命令字(PC0=0)
MOVX    @DPTR，A            ;产生 STB 的下降沿
NOP
MOV     A，#01H             ;改变 C 口置位/复位命令字(PC0=1)
MOVX    @DPTR，A            ;产生 STB 的上升沿
RET                        ;返回
```

6.5 单片机系统扩展举例

6.5.1 LED 点阵式大屏幕显示器设计

　　无论是单个 LED(发光二极管)还是 LED 七段码显示器(数码管)，都不能显示字符(含汉字)及更为复杂的图形信息，这主要是因为它们没有足够的信息显示单位。点阵式 LED 显示是把很多的 LED 按矩阵方式排列在一起，通过对各 LED 发光与不发光的控制来完成各种字符或图形的显示。最常见的 LED 点阵显示模块为 8×8 结构，其显示原理如图 6.36 所示。在图 6.36 中，只要使 LED 处于正偏(X 方向为 1，Y 方向为 0)，对应的 LED 就发光。如 X7=1，Y7=0 时，则与其对应的右下角的 LED 会发光。各 LED 还需接限流电阻，实际应用时，限流电阻既可接在 X 轴上，也可接在 Y 轴上。

图 6.36　点阵式 LED 显示原理

用 8×8 的 LED 显示模块可以显示各种西文字符，通过适当的驱动电路控制各 LED 发光与不发光来显示点阵型。如用 8×8 模块显示字符"P"的点阵码为：7CH、22H、22H、22H、3CH、20H、20H 和 70H（如图 6.37 所示）。字符"→"的点阵码为：08H、04H、02H、FFH、FFH、02H、04H 和 08H。

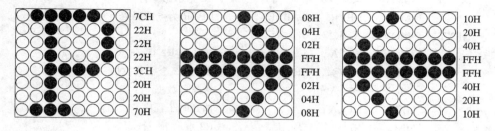

图 6.37　8×8 点阵字型

8×8 的 LED 显示模块是组建大型电子显示屏的基本单元。用 8×8 模块组成的大屏幕显示器，不仅能显示文字，还可以显示图形、图像，而且能产生各种动画效果，是广告宣传、新闻传播的有力工具。LED 大屏幕显示器不仅有单色显示，还有彩色显示，其应用越来越广，已渗透到人们的日常生活之中。用大型电子显示屏显示汉字时，简易型汉字为 16×16 点阵，精美型汉字为 24×24 点阵、32×32 点阵。图 6.38 给出了汉字"雷"的 16×16 点阵字型，其点阵码为 32 个字节。

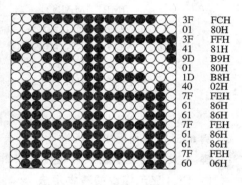

图 6.38　16×16 汉字点阵

例 6.5.1　矩阵式 LED 显示器接口电路如图 6.39 所示。显示数据由 P0 口提供，P0.7～P0.0 经 8 路驱动器（7407）驱动 LED 的 X0～X7。显示屏以行扫描方式进行显示，用 74LS138 选通显示器的各行（Y0～Y7），扫描显示过程每一次显示一行（8 个 LED 点）。编写程序，显示字母"P"。

图 6.39　矩阵式 LED 显示器接口电路

解　设从程序存储器的 TABLE 开始存放要显示字符"P"的点阵码。用 R2 指示点阵码的字节顺序，同时 R2 也是扫描行的行计数器。程序如下：

```
            ORG     0000H
            LJMP    MAIN
            ORG     0040H
MAIN：      MOV     R2，#0             ；R2 指示第 0 行
            MOV     DPTR，#TABLE       ；DPTR 为点阵码表首地址
NEXT：      MOV     A，R2
            MOV     P2，A              ；选通第 R2 行
            MOVC    A，@A+DPTR         ；取第 R2 个字节数据
            MOV     P0，A              ；送显示数据
            LCALL   DELAY             ；调延时子程序
            INC     R2                ；R2 指示下一行
            CJNE    R2，#8，NEXT       ；若 8 行未完，则继续
            LJMP    MAIN
DELAY：     MOV     R7，#02H           ；延时 1 ms 的子程序
DEL1：      MOV     R6，#0FAH
DEL2：      DJNZ    R6，DEL2
            DJNZ    R7，DEL1
            RET
TABLE：     DB 7CH，22H，22H，22H，3CH，20H，20H，70H  ；点阵码
```

例 6.5.2　利用单片机设计一个大屏幕显示器。

解　大屏幕显示器设计过程中要解决的主要问题有 3 点。

1. 8×8 显示模块的基本用法

用 8×8 的 LED 显示模块可组成大屏幕显示器。大屏幕 LED 显示器的行、列控制信号的传输若采用并行方式，则扫描驱动电路相对简单，但其占用单片机的资源较多，且信号传输线较多，成本高，抗干扰性能差，不适合远距离控制。在实际应用中，一般屏幕控制器与显示屏之间都有一段距离。因此，经常采用串行传输方式。采用串行传输占用的信号传输线少，成本低，抗干扰能力强。不足之处是需要增加移位寄存器，硬件电路相对复杂一些。

图 6.40 为大屏幕显示器的接口方案。该例是一个 8 行×64 列的显示屏。该方案用 P1 口作显示器的行选通信号，用串行口输出 8 字节共 64 bit 的数据到 74LS164 中，形成 64 列的列驱动信号。(74LS164 的用法请参见图 5.12。)

图 6.40　大屏幕显示器的接口方案

2. LED 大屏幕显器的编程要点

由上述方案可知，LED 大屏幕显示一般都采用动态显示，要实现稳定显示，需遵循动态扫描的规律，现将编程要点简述如下：

（1）从串行口输出 8 字节共 64 bit 的数据到 74LS164 中，形成 64 列驱动信号。

（2）从 P1 口输出相应的行扫描信号，与列信号组合，点亮该行中有关的点。

（3）延时 1～2 ms，使当前行有一定的发光强度。此时间受 50 Hz 闪烁频率的限制，延时不能太大，应保证扫描所有 8 行（即一帧数据）所用时间之和在 20 ms 以内，否则画面会出现闪烁现象。

（4）从串行口输出下一组数据，从 P1 口输出下一行扫描信号并延时 1～2 ms，完成下一行的显示。

（5）重复上述操作，直到所有 8 行全扫描显示一遍，即完成一帧数据的显示。

（6）重新扫描显示的第一行，开始下一帧数据的扫描显示工作，如此不断地循环，即可完成相应的画面显示。

（7）要更新画面时，只需将新画面的点阵数据输入到显示缓冲区中即可。

（8）通过控制画面的显示，可以形成多种显示方式。如画面的左平移、右平移、开幕式、合幕式、上移、下移及动画等。

3. LED 大屏幕显示的扩展

若将图 6.40 显示屏扩展为 32 行×320 列的点阵显示屏，则垂直方向应有 4 个 8×8 LED 显示模块，水平方向应有 40 个 8×8 LED 显示模块，整个显示屏由 40×4＝160 个 8×8 LED 模块组成。由于一行的 LED 点数太多，可将行驱动分成 5 组驱动，每一组驱动有 8×8＝64 个 LED 点。由于帧数据对应的行数达 32 行，如仍采用 8 路复用，则垂直方向应分成 4 组驱动，每一组驱动 8 行 LED 点。垂直方向如采用并行传送方式，则需占用 4 个 I/O 端口线。

6.5.2　智能电子钟设计

用单片机设计时钟的方法有很多种，这里介绍一种硬件和软件都比较好理解的设计方法。

1. 系统功能

（1）开机时，电子钟从 12：00：00 开始自动计时。

（2）按键 S1 控制对"秒"的调整，每按一次秒计数值加 1。

（3）按键 S2 控制对"分"的调整，每按一次分计数值加 1。

（4）按键 S3 控制对"时"的调整，每按一次小时计数值加 1。

2. 系统硬件组成

系统电路图如图 6.41 所示。单片机采用通用的 AT89C51 芯片，显示器为 6 个共阳极 LED 数码管，用 1 个 BCD 七段译码器 74LS47 驱动数码管（74LS47 的输入为 BCD 码，其输出级为集电极开路输出，可直接驱动七段数码管，具有首尾消零等特点），用 3-8 译码器 74LS138 的输出作为动态扫描时数码管的选通信号。因为采用了上述两个芯片，所以在对数码管进行扫描显示时，只需要单片机的 7 条 I/O 线就能完成显示功能了。

图 6.41 中，用 P1.0～P1.3 作为显示数据值的输出，连接在 BCD 七段译码器 74LS47 的 13～10 引脚上（译码器 74LS47 的 BCD 码输入端）；P1.4～P1.5 作为扫描值的输出连接在 3 - 8 译码器 74LS138 的输入端（74LS138 的 A，B，C）。因此，写程序时应以 P1 口高 4 位为位扫描值，低 4 位为显示数据值（分离 BCD 码）。由于 LED 数码管点亮时耗电量较大，因此使用了 6 只 PNP 型晶体管 9012 作电源驱动输出，以保证数码管的正常亮度。单片机的 P0.0～P0.2 口分别接在 3 个开关上，以控制"时"、"分"、"秒"的调整。

图 6.41　时钟电路图

3. 软件设计

由于电路设计得极其巧妙，许多功能都可以由硬件完成，因此软件设计就比较简单了。下面介绍软件设计的要点。

主程序：首先进行初始化。设置电子钟的计时初值为 12：00：00，启动 T0 进行 4 ms 定时，且允许 T0 中断。然后检测 S1～S3 是否按下，当按键 S1～S3 按下时，转入时、分、秒计数值的调整程序。系统主程序流程图如图 6.42 所示。

图 6.42　主程序流程图

　　定时器 T0 中断服务子程序：中断服务程序的作用是进行"时"、"分"、"秒"的计时与显示。定时器 T0 用于定时，定时周期设为 4 ms，中断累计 250 次（即 1 s）时，对秒计数单元进行加 1 操作。时间记数单元分别在 2CH（s）、2BH（min）、2AH（h）内存单元中。在计数单元中采用组合 BCD 码计数，满 60 进位。定时器 T0 中断服务程序流程图如图 6.43 所示。

图 6.43　T0 中断服务程序流程图

　　显示子程序 DISP：DISP 子程序的作用是分别将时间记数单元 2CH（s）、2BH（min）、2AH（h）中的十进制时间值（组合 BCD 码）转化为个位和十位（分离 BCD 码）存放在显示缓冲区中。显示缓冲区地址为 20H～25H。其中，20H～21H 存放秒数据，22H～23H 存放分数据，24H～25H 存放时数据。由于每一个地址单元内均为分离 BCD 码，用 BCD—七段译码器 74LS47 直接进行译码，因此不需要软件方式对 BCD 码数据进行译码。

　　扫描子程序 SCAN：SCAN 的作用是把显示缓冲区中的数据依次送往显示器显示。把扫描值作为高 4 位，显示数据值作为低 4 位，输出到 P1 口，以完成显示。因为采用 3-8 译码器 74LS138 作为扫描输出，所以用 28H 单元存放扫描指针，即 28H 中存放的是数码管的序号。显示时，只需取出 20H～25H 某一地址中的数据，并从 P1 口的低 4 位输出，同时 P1 口的高 4 位作为扫描值输出，就能保证数码管的正常工作。

　　源程序清单：

```
                ;＊＊＊＊＊主程序＊＊＊＊＊
        ORG     0000H           ;主程序起始地址
        JMP     START           ;跳至主程序
        ORG     0BH             ;T0 中断子程序起始地址
        JMP     TIM0            ;跳至 T0 中断子程序 TIM0
START：  MOV     SP,#70H         ;设置堆栈在 70H
        MOV     28H,#00         ;(28H)为扫描指针,初值为 00
```

```
            MOV     2AH，#12H          ；“时”初值为 12H
            MOV     2BH，#00           ；“分”初值为 00H
            MOV     2CH，#00           ；“秒”初值为 00H
            MOV     TMOD，#01H         ；设 T0 为 MODE1
            MOV     TH0，#0F0H         ；计时中断为 4ms
            MOV     TL0，#60H
            MOV     IE，#10000010B     ；T0 中断使能
            MOV     R4，#250           ；中断 250 次
            SETB    TR0                ；启动 T0
LOOP：      JB      P0.0，N2           ；S1(秒)按下？若不是，则跳至 N2 检查 S2
            CALL    DELAY             ；消除抖动
            MOV     A，2CH             ；将秒值存入 A
            ADD     A，#01            ；A 的内容加 1
            DA      A                 ；做十进位调整
            MOV     2CH，A             ；将 A 的值存入秒单元
            CJNE    A，#60H，N1        ；是否等于 60 s？若不是，则跳至 N1
            MOV     2CH，#00           ；若是，则清除秒的值为 00
N1：        JNB     P0.0，$           ；S1(秒)放开了？
            CALL    DELAY             ；消除抖动
N2：        JB      P0.1，N4           ；S2(分)按了吗？若不是，则跳至 N4 检查 S3
            CALL    DELAY             ；消除抖动
            MOV     A，2BH             ；将分的值存入 A
            ADD     A，#01            ；A 的内容加 1
            DA      A                 ；做十进位调整
            MOV     2BH，A             ；将 A 的值存入分单元
            CJNE    A，#60H，N3        ；是否等于 60 min？若不是，则跳至 N3
            MOV     2BH，#00           ；若是，则清除分的值为 00
N3：        JNB     P0.1，$           ；S2(分)放开了？
            CALL    DELAY             ；消除抖动
N4：        JB      P0.2，LOOP         ；S3(时)按了吗？若不是，则跳至 LOOP
            CALL    DELAY             ；消除抖动
            MOV     A，2AH             ；将时的值存入 A
            ADD     A，#01            ；A 的内容加 1
            DA      A                 ；做十进位调整
            MOV     2AH，A             ；将 A 的值存入时单元
            CJNE    A，#24H，N5        ；是否等于 24 时？若不是，则跳至 N5
            MOV     2AH，#00           ；若是，则清除时的值为 00
N5：        JNB     P0.2，$           ；S3(分)放开了？
            CALL    DELAY             ；消除抖动
            JMP     LOOP
            ；* * * * * T0 中断服务子程序 * * * * *
TIM0：      MOV     TH0，#0F0H         ；重新启动 T0
            MOV     TL0，#60H
```

```
                PUSH    ACC             ;将 A 的值暂时存于堆栈
                PUSH    PSW             ;将 PSW 的值暂时存于堆栈
                DJNZ    R4, X2          ;计时 1 s
                MOV     R4, #250
                CALL    CLOCK           ;调用计时子程序 CLOCK
                CALL    DISP            ;调用显示子程序
    X2:         CALL    SCAN            ;调用扫描子程序
                POP     PSW             ;从堆栈取出 PSW 的值
                POP     ACC             ;从堆栈取出 A 的值
                RETI
    ; * * * * * 显示器扫描子程序 * * * * *
    SCAN:       MOV     R0, #28H        ;(28H)为扫描指针
                CJNE    @R0, #6, X3     ;扫描完 6 个数码管? 若不是,则跳至 X3
                MOV     @R0, #00        ;是则扫描指针为 0
    X3:         MOV     A, @R0          ;扫描指针存入 A
                ADD     A, #20H         ;A 加 20H 即为显示缓冲区地址
                MOV     R1, A           ;将各地址存入 R1
                MOV     A, @R0          ;扫描指针存入 A
                SWAP    A               ;将 A 高低 4 位交换(P1 高 4 位为扫描值)
                ORL     A, @R1          ;P1 高 4 位为扫描值,低 4 位为显示数据值
                MOV     P1, A           ;输出至 P1
                INC     @R0             ;扫描指针加 1
                RET
    ; * * * * * 时、分、秒计数值调整程序 * * * * *
    CLOCK:      MOV     A, 2CH          ;2CH 为秒计数单元
                ADD     A, #1           ;秒加 1
                DA      A               ;做十进制调整
                MOV     2CH, A          ;存入秒计数单元
                CJNE    A, #60H, X4     ;是否等于 60 s? 若不是,则跳至 X4
                MOV     2CH, #00        ;若是,则清除为 00
                MOV     A, 2BH          ;2BH 为分计数单元
                ADD     A, #1           ;分加 1
                DA      A               ;做十进制调整
                MOV     2BH, A          ;存入分计数单元
                CJNE    A, #60H, X4     ;是否等于 60 min? 若不是,则跳至 X4
                MOV     2BH, #00        ;若是,则清除为 00
                MOV     A, 2AH          ;2AH 为时计数单元
                ADD     A, #1           ;时加 1
                DA      A               ;做十进制调整
                MOV     2AH, A          ;存入时计数单元
                CJNE    A, #24H, X4     ;是否等于 24 时? 若不是,则跳至 X4
                MOV     2AH, #00        ;若是,则清除为 00
    X4:         RET
```

```
              ; * * * * * 向显示缓冲区写数据 * * * * *
DISP:    MOV    R1, #20H        ; 20H 为显示缓冲区首址
         MOV    A, 2CH          ; 将秒计数单元的值存入 A
         MOV    B, #10H         ; 设 B 累加器的值为 10H
         DIV    AB              ; A 除以 B, 商(十位数)存入 A, 余数(个位数)存入 B
         MOV    @R1, B          ; 将 B 的值存入 20H
         INC    R1              ; R1 增为 21H
         MOV    @R1, A          ; 将 A 的值存入 21H
         INC    R1              ; R1 增为 22H
         MOV    A, 2BH          ; 将分计数单元的值存入 A
         MOV    B, #10H         ; 设 B 累加器的值为 10H
         DIV    AB              ; A 除以 B, 商(十位数)存入 A, 余数(个位数)存入 B
         MOV    @R1, B          ; 将 B 的值存入 22H
         INC    R1              ; R1 增为 23H
         MOV    @R1, A          ; 将 A 的值存入 23H
         INC    R1              ; R1 增为 24H
         MOV    A, 2AH          ; 将时计数单元的值存入 A
         MOV    B, #10H         ; 设 B 累加器的值为 10H
         DIV    AB              ; A 除以 B, 商(十位数)存入 A, 余数(个位数)存入 B
         MOV    @R1, B          ; 将 B 的值存入 24H
         INC    R1              ; R1 增为 25H
         MOV    @R1, A          ; 将 A 的值存入 25H
         RET
DELAY:   MOV    R6, #60         ; 5 ms 延迟子程序
D1:      MOV    R7, #248
         DJNZ   R7, $
         DJNZ   R6, D1
         RET
         END
```

6.5.3　D/A 转换器

D/A 转换器输入的是数字量，经转换后输出的是模拟量，常用在需要模拟量输出的场合。下面对其主要的技术指标及应用进行介绍。

1. D/A 转换器的主要性能指标

（1）分辨率：分辨率是 D/A 转换器对输入量变化敏感程度的描述，与输入数字量的位数有关。如果数字量的位数为 n 位，则 D/A 转换器的分辨率为 $1/2^n$。这就意味着数/模转换器能对满刻度的 $1/2^n$ 输入量作出反应。

例如，8 位 D/A 转换器的分辨率为 1/256，10 位 D/A 转换器的分辨率为 1/1024 等。因此，数字量位数越多，分辨率也就越高，亦即转换器对输入量变化的敏感程度也就越高。使用时，应根据分辨率的需要来选定转换器的位数。常用的 D/A 转换器有 8 位、10 位、12 位 3 种。

（2）建立时间：建立时间是描述 D/A 转换速度快慢的一个参数，指从输入数字量变化到输出达到终值误差±(1/2)LSB(最低有效位)时所需的时间。通常以建立时间来表示转换速度。

转换器的输出为电流信号时，建立时间较短；输出形式为电压信号时，由于建立时间还要加上运算放大器的延迟时间，因此建立时间要长一点。但总的来说，D/A 转换速度远高于 A/D 转换速度，快速的 D/A 转换器的建立时间约为 1 μs。

（3）接口形式：D/A 转换器与单片机接口方便与否，主要取决于转换器本身是否带数据锁存器。有两类 D/A 转换器，一类是不带锁存器的，另一类是带锁存器的。对于不带锁存器的 D/A 转换器，为了保存来自单片机的转换数据，接口时要另加锁存器，因此这类转换器必须接在系统的输出端口上；而带锁存器的 D/A 转换器，可以把它看作是一个输出口，直接连在系统总线上，而不需另加锁存器。

2. 典型 D/A 转换器芯片 DAC0832

DAC0832 是一个 8 位 D/A 转换器。单电源供电，从+5 V 至+15 V 均可正常工作。基准电压的范围为±10 V；电流建立时间为 1 μs；CMOS 工艺，低功耗 20 mW。DAC0832 转换器芯片有 20 个引脚，双列直插式封装，其内部结构和引脚排列如图 6.44 所示。

图 6.44　DAC0832 内部结构

（a）DAC0832 内部结构；（b）DAC0832 引脚图

该转换器采用了两次缓冲输入方式，即由输入寄存器和 DAC 寄存器构成两级数据输入锁存器。这样可以在输出的同时接收下一个输入数据，以提高转换速度。更重要的是它能够实现多个模拟量的同步输出。DAC0832 转换电路是一个 R-2R T 型电阻网络，实现 8 位数据的转换。对各引脚信号说明如下：

D7～D0：转换数据输入。

ILE：数据锁存允许信号(输入)，高电平有效。

$\overline{CS}$：片选信号(输入)，低电平有效。

$\overline{WR1}$：第 1 写信号(输入)，低电平有效。

$\overline{WR2}$：第 2 写信号(输入)，低电平有效。

$\overline{XFER}$：数据传送控制信号(输入)，低电平有效。

I_{OUT1}：电流输出 1。

I_{OUT2}：电流输出 2。DAC 转换器的特性之一是：$I_{out1}+I_{out2}$＝常数。

R_{fb}：反馈电阻端。

DAC0832 是电流输出，为了取得电压输出，需在电压输出端接运算放大器，R_{fb} 即为运算放大器的反馈电阻端。

V_{REF}：基准电压，其电压可正可负，范围是 $-10\sim+10$ V。

AGND：模拟地。

DGND：数字地。

3. DAC0832 的接口与应用

51 单片机与 DAC0832 的接口有 3 种连接方式，即直通方式、单缓冲方式及双缓冲方式。直通方式不能直接与系统的数据总线相连，需另加锁存器，故应用较少。下面介绍单缓冲与双缓冲两种连接方式。

1) 单缓冲方式的应用

所谓单缓冲方式，就是使 DAC0832 的两个输入寄存器中有一个处于直通方式，而另一个处于受控的锁存方式，当然也可使两个寄存器同时选通及锁存。在实际应用中，如果只有一路模拟量输出，或虽有几路模拟量但并不要求同步输出时，就可采用单缓冲方式。单缓冲方式的 3 种连接方式如图 6.45 所示。其中，图 6.45(a) 为 DAC 寄存器直通方式；图 6.45(b) 为输入寄存器直通方式；图 6.45(c) 为两个寄存器同时选通及锁存方式。

图 6.45　DAC0832 的 3 种单缓冲方式

(a) DAC 寄存器直通方式；(b) 输入寄存器直通方式；(c) 两级同时选通方式

在许多控制系统中，要求有一个线性变化的电压输出量，用来控制检测过程，如移动记录笔或移动电子束等。对此可在 DAC0832 的输出端接一运算放大器，电路连接如图 6.46 所示。

图 6.46　DAC8032 工作于单缓冲方式

图 6.46 中的 DAC8032 工作于单缓冲方式,其中输入寄存器受控,而 DAC 寄存器直通。可选用输入寄存器地址为 FE00H 对其编程。由于其基准电压 $V_{REF} = -5$ V,用下列程序可以产生幅度为 0～+5 V 的锯齿波:

```
        ORG    0200H
START:  MOV    DPTR,♯0FE00H  ;0832 输入寄存器地址
        MOV    A,♯00H         ;转换初值
NEXT:   MOVX   @DPTR,A        ;D/A 转换
        INC    A
        NOP                    ;延时
        NOP
        LJMP   NEXT
```

执行上述程序,在运算放大器的输出端就能得到如图 6.47(a)所示的锯齿波。对锯齿波的产生作如下说明:

程序每循环一次,A 加 1,因此实际上锯齿波的上升边是由 256 个小阶梯构成的,但由于阶梯很小,所以宏观上看就是如图 6.47(a)中所表示的线性增长的锯齿波。

可通过循环程序段的机器周期数计算出锯齿波的周期,并可根据需要,通过延时的办法来改变波形周期。当延迟时间较短时,可用 NOP 指令来实现;当需要延迟时间较长时,可以使用一个延时子程序。延迟时间不同,波形周期不同,锯齿波的斜率就不同。

程序中 A 的变化范围是 0～255,因此得到的锯齿波是满幅度的。如要求得到非满幅锯齿波,可通过计算求得数字量的初值和终值,然后在程序中通过置初值,判终值的办法即可实现。

用同样的方法也可以很方便地产生三角波、矩形波、梯形波,相信读者能自行编写程序。

图 6.47 D/A 输出波形
(a) 锯齿波;(b) 三角波;(c) 矩形波;(d) 梯形波

2) 双缓冲方式的应用

所谓双缓冲方式,就是把 DAC0832 的两个锁存器都接成受控锁存方式。双缓冲方式用于多路 D/A 转换系统,以实现多路模拟信号的同步输出。双缓冲 DAC0832 的连接如图 6.48 所示。两片 DAC0832 共占据两个地址,其中第一片 0832 的输入寄存器占一个地址(FE00H),而第二片 0832 的输入寄存器、DAC 寄存器及第一片 0832 的 DAC 寄存器合用一个地址(FD00H)。

编程时,先用一条传送指令把数据传送到 1♯ 0832 的输入寄存器,再用一条传送指令把数据传送到 2♯ 0832 的输入寄存器,使得两路模拟信号 V_{OUT1} 和 V_{OUT2} 同步输出。

图 6.48　DAC8032 工作于双缓冲方式

4. 单极性与双极性输出电路

在图 6.46 和图 6.48 的电路中，运算放大器的作用是把 0832 的电流输出变换为电压信号输出，其电压输出范围为 0～+5 V，且为单极性信号输出。在控制系统中，有时需要双极性信号输出。例如，在伺服系统中对马达的控制，控制输出量不仅有大小差别，而且有极性之分，这时应采用双极性输出电路。

在图 6.49 中给出了一个双极性输出电路。其中，$V_{ref} = +5$ V，运算放大器 A1 的电压输出范围为 0～−5 V。运算放大器 A2 的作用是把运算放大器 A1 的单极性输出变为双极性输出。例如，当 $V_{OUT1} = 0$ V 时，$V_{OUT2} = -5$ V；当 $V_{OUT1} = -2.5$ V 时，$V_{OUT2} = 0$ V；当 $V_{OUT1} = -5$ V 时，$V_{OUT2} = +5$ V。V_{OUT2} 的输出范围为 −5～+5 V。

图 6.49　双极性输出电路

6.5.4　A/D 转换器

A/D 转换器用于实现模拟量到数字量的转换，按转换原理可分为 4 种：计数式 A/D 转换器、双积分式 A/D 转换器、逐次逼近式 A/D 转换器和并行式 A/D 转换器。

目前最常用的是双积分式 A/D 转换器和逐次逼近式 A/D 转换器。双积分式 A/D 转换器的主要优点是转换精度高，抗干扰性能好，价格便宜。其缺点是转换速度较慢，因此，这种转换器主要用于速度要求不高的场合。逐次逼近式 A/D 转换器是一种速度较高，精度较高的转换器，其转换时间大约在几 μs 到几百 μs 之间。通常使用的逐次逼近式典型 A/D 转换器芯片是 ADC0809。

1. 典型 A/D 转换器芯片 ADC0809

ADC0809 是典型的 8 位 8 通道逐次逼近式 A/D 转换器，CMOS 工艺。ADC0809 内部逻辑结构如图 6.50 所示，其引脚排列如图 6.51 所示。图 6.50 中，8 路模拟电子开关可选通 8 个模拟通道，允许 8 路模拟量共用一个 A/D 转换器进行转换。8 路模拟量由地址信号 C、B、A 进行通道选择，ADC0809 的时序如图 6.52 所示。

图 6.50　ADC0809 内部结构

图 6.51　ADC0809 引脚图

图 6.52　ADC0809 时序图

ADC0809 芯片主要信号的功能说明如下：

（1）IN7～IN0：模拟量输入通道，允许输入 0～5 V 的单极性信号。注意：对变化速度快的模拟量，在输入前应增加采样保持电路。

（2）C、B、A：地址线。C 为高位地址，A 为低位地址，用于对模拟通道进行选择。其地址状态与通道相对应的关系见表 6.5。

表 6.5　ADC0809 通道选择表

C	B	A	通道
0	0	0	IN0
0	0	1	IN1
0	1	0	IN2
0	1	1	IN3
1	0	0	IN4
1	0	1	IN5
1	1	0	IN6
1	1	1	IN7

（3）ALE：地址锁存信号。在 ALE 的上跳沿，C、B、A 地址信号送入地址锁存器中，选中对应的通道。

（4）START：转换启动信号。在 START 上跳沿，所有内部寄存器清 0；START 下跳沿时，开始进行 A/D 转换；在 A/D 转换期间，START 应保持低电平。

（5）D7～D0：数据输出线。其为三态缓冲输出形式，可以和单片机的数据线直接相连。

（6）OE：输出允许信号。用于控制三态输出锁存器向单片机输出转换的数据，若 OE＝1，输出转换得到的数据；OE＝0，输出数据线呈高电阻。

（7）CLK：时钟信号。ADC0809 的内部没有时钟电路，所需时钟信号由外界提供，因此设置有 CLK 引脚。外接时钟频率为 10 kHz～1.2 MHz，当时钟频率为 640 kHz 时，ADC0809 的转换时间为 100 μs。单片机应用系统中，通常使用 CLK 频率为 500 kHz。

（8）EOC：转换结束状态信号。EOC＝0，正在进行转换；EOC＝1，转换结束。该状态信号既可作为查询的状态标志，又可以作为中断请求信号使用。

（9）Vcc：＋5 V 电源。

（10）V_{ref}：参考电源。参考电源用来与输入的模拟信号进行比较，作为逐次逼近的基准，因此在应用系统中必须保证其精度。V_{REF} 的典型值为 $+5.00$ V（$V_{REF+} = +5.00$ V，$V_{REF-} = 0$ V）。

2. 51 单片机与 ADC0809 连接

ADC0809 与单片机的连接形式多种多样。由于 ADC0809 内部具有地址锁存器和三态输出锁存器，因此 ADC0809 可以和单片机的总线直接相连，这种相连方式也是最简单的接口形式。图 6.53 给出了一种典型的连接方法（$f_{osc} = 6$ MHz）。

图 6.53　ADC0809 的接口电路

电路连接主要涉及两个问题，一是 8 路模拟信号通道选择，二是 A/D 转换完成后转换数据的传送。

1）8 路模拟信号通道选择

图 6.53 中使用的是线选法，ADC0809 地址由 P2.7 确定。CPU 写外部端口时，只要 P2.7＝0，便可使 ALE 产生上升沿锁存通道地址。A、B、C 分别接地址锁存器的低三位地址，只要把三位地址写入 0809 中的地址锁存器，就实现了模拟通道选择。故通道 IN0～IN7 的地址可分别取值为 7F00H～7F07H。

从图 6.53 中可以看到，把 ADC0809 的 ALE 信号与 START 信号连接在一起，使得在 ALE 信号的前沿写入地址信号，紧接着在其后沿就启动转换。因此，启动图 6.53 中的 ADC0809 进行转换只需要下面的指令（以通道 5 为例）：

```
MOV   DPTR, #7F05H      ；选中通道 5
MOVX  @DPTR, A          ；ALE 和 START 信号有效，启动 0809
```

注意：在此用 MOVX @DPTR, A 指令启动 ADC0809，只与 DPTR 中的通道地址有关，而与累加器 A 的值无关。

2）转换数据的传送

A/D 转换后得到的是数字量数据，这些数据应传送给单片机进行处理。数据传送的关键问题是如何确认 A/D 转换完成，因为只有确认 A/D 转换完成后，才能进行数据传送。为此，可采用下述 3 种方式：

（1）定时传送方式。对于一种 A/D 转换器来说，转换时间作为一项技术指标是已知的和固定的。例如在图 6.53 中，设 $f_{osc}=6$ MHz，则 ALE 的信号频率为 1 MHz，2 分频后得到 500 kHz 的时钟信号，与 ADC0809 的 CLK 相连，转换时间为 128 μs，相当于 6 MHz 的51 单片机 64 个机器周期。可据此设计一个延时子程序，A/D 转换启动后即调用这个延时子程序，延迟时间一到，转换肯定已经完成了，接着就可进行数据传送。

（2）查询方式。A/D 转换芯片有表明转换完成的状态信号，例如 ADC0809 的 EOC 端就是转换结束信号。因此，可以用查询方式，软件测试 EOC 的状态，即可确知转换是否完成，然后进行数据传送。

（3）中断方式。把表明转换完成的状态信号（EOC）作为中断请求信号，以中断方式进行数据传送。

在图 6.53 中，EOC 信号经过反相器后送到单片机的 $\overline{INT0}$，因此可以采用查询该引脚或中断的方式进行数据传送。

不管使用上述哪种方式，一旦确认转换完成，即可通过指令进行数据传送。

首先送出端口地址（P2.7＝0），选通 0809。当读信号有效时，即 OE 信号有效，把转换数据送上数据总线传送到单片机，即：

```
MOV   DPTR，＃7F05H      ;选中通道 5
MOVX  A，@DPTR           ;OE 信号有效，转换的数据送到累加器 A
```

注意：在此，DPTR 中的通道地址为 7F05H，用 MOVX A，@DPTR 指令读取通道5（IN5）的转换数据。实际上 DPTR 中可以是 7F00H～7F07H 中任一个地址均可正确读取相应通道的转换数据。

综上所述，针对图 6.53 中的 A/D 转换电路，设计一个 8 路模拟量输入的巡回检测系统，采样数据依次存放在片内 RAM 70H～77H 单元中，其数据采样的初始化程序和中断服务程序如下：

```
         ; * * * * * 主程序 * * * * *
         ORG   0000H           ;主程序入口地址
         LJMP  MAIN            ;跳转主程序
         ORG   0013H           ;中断入口地址
         LJMP  INT1            ;跳转中断服务程序
         ORG   0100H
MAIN:    MOV   SP，＃60H
         MOV   R0，＃70H        ;数据暂存区首址
         MOV   R2，＃08H        ;8 路计数初值
         SETB  IT1             ;外部中断 1 为边沿触发
         SETB  EA              ;开中断
         SETB  EX1             ;允许外部中断 1 中断
         MOV   DPTR，＃7F00H    ;指向 0809 IN0 通道地址
         MOV   A，＃00H          ;此指令可省，A 可为任意值
LOOP:    MOVX  @DPTR，A         ;启动 A/D 转换
HERE:    SJMP  HERE            ;等待中断
         DJNZ  R2，LOOP         ;巡回未完继续等待
         ; * * * * * 中断服务程序 * * * * *
INT1:    MOVX  A，@DPTR         ;读 A/D 转换结果
         MOV   @R0，A           ;存数
```

```
        INC    DPTR           ;更新通道
        INC    R0             ;更新暂存单元
        RETI                  ;中断返回
```

上述程序是用中断方式来完成数据传送的,也可以用查询的方式实现之,参考程序如下:

```
        ORG    0000H          ;主程序入口地址
        LJMP   MAIN           ;跳转主程序
        ORG    0040H
MAIN:   MOV    SP, #60H
        MOV    R0, #70H
        MOV    R2, #08H
        MOV    DPTR, #7F00H
        MOV    A, #00H
NEXT:   MOVX   @DPTR, A
L1:     JB     P3.3 , L1      ;查询INT1是否为0
        MOVX   A, @DPTR       ;若为0,则转换结束,读数据
        MOV    @R0, A         ;存数
        INC    R0
        INC    DPTR
        DJNZ   R2, NEXT
        SJMP   $
```

6.5.5　智能温度计设计

在各种控制系统中,常常要用到温度检测和控制。这里我们介绍一种采用热敏电阻作为温度传感器的测温系统,其具有使用方便、扩充性强等优点,尤其适用于工业控制和温度监测等领域。

1. 测温原理

热敏电阻是一种新型半导体感温元件,具有灵敏度高、体积小、寿命长、价格低等优点,因此本电路采用热敏电阻作为温度传感器。按其特性分为正温度系数和负温度系数两种类型。

正温度系数热敏电阻是当温度升高时电阻值增大,当温度降低时电阻值减小;负温度系数热敏电阻是当温度升高时电阻值减小,当温度降低时电阻值增大。为了方便电路设计使系统性能稳定,我们选用负温度系数的热敏电阻,其阻值温度特性曲线如图 6.54 所示。

图 6.54　温度特性曲线

利用热敏电阻的温度特性曲线，通过测量热敏电阻的阻值就可以计算出对应的温度值。热敏电阻的阻值温度特性曲线是一条指数曲线，非线性较大，实际应用中要进行线性化处理，一般只使用线性度较好的一段，如图 6.54 所示的 AB 段。

2. 硬件电路

用热敏电阻测温的硬件电路如图 6.55 所示。将热敏电阻 R_T 与固定电阻 R 串联接 5 V 电源，当温度改变时，R_T 阻值改变，其两端的电压也随之改变，测量两端的电压通过以下公式求得温度值为

$$T = T_0 - K \cdot V_T$$

其中，T 表示被测温度，T_0 表示与热敏电阻特性有关的温度参数，K 表示与热敏电阻特性有关的系数，V_T 表示热敏电阻两端的电压。

图 6.55　智能温度计硬件图

选用负温度系数热敏电阻（MFD－502－34），其线性化较好的一段在 －20～80 ℃。

固定电阻 R 阻值的选取：MFD－502－34 型热敏电阻线性化较好的一段是 －20～80 ℃，为了在最高温度和最低温度时，使被测信号基本接近满量程值，采用线性区域内中间某一点温度的阻值作为固定电阻的值，它们分压后 ADC 的输入电压是 ADC 输入电压范围的一半，在 25 ℃时热敏电阻的阻值为 5 kΩ，所以选取固定电阻 R 的值为 5 kΩ。

在 －20 ℃时，热敏电阻的阻值为 37.399 kΩ，两端电压 V_T＝4.41 V，接近 A/D 输入电压的上限 5.0 V。在 80 ℃时，热敏电阻的阻值为 0.796 kΩ，两端电压 V_T＝0.687 V，接近 A/D 输入电压的下限 0 V。

按照图 6.55 所示的智能温度计硬件图，根据以上的公式和参数，测出热敏电阻两端的电压就可以求出被测温度。

3. 温度计算

为了稳定起见，在每次 A/D 转换前都做一次初始化。由于每个热敏电阻的特性不一致及与热敏电阻串联的电阻 R 不准确等原因，因此每台温度计在整个测量范围内至少找 5 点进行校正并适当地修改参数以达到最佳状态。（温度采集和计算程序略。）

6.5.6　红外遥控器设计

红外线遥控是目前最常用的遥控手段之一，红外线遥控装置具有体积小、功耗低、功能强、成本低等特点，因而继彩电、录像机之后，在 VCD 机、录音机、音响设备、空调机等家用电器上也纷纷采用。

1. 工作原理

1）遥控指令编码

遥控器发送的功能指令码一般采用多位二进制串行码。下面以本 29T6B - X 型彩色电视接收机的红外遥控器为例说明其原理，其一帧数据结构为：同步脉冲、系统码、命令码、命令反码和结束位。

同步脉冲作为一帧命令的起始标志，起帧同步作用；系统码用于区别不同类别的电器；命令码用于完成命令功能；29T6B - X 型彩色电视的系统码为 0x08，命令码见表 6.6，命令反码是将命令码按位取反。每次发送都是先发送脉宽为 4510 μs、周期为 2×4510 μs 的同步脉冲，然后连续发送两次系统码，接着发送命令码及命令反码，最后发送结束位，波形如图 6.56 所示。

表 6.6　遥控器命令码表

遥控功能	命令码	遥控功能	命令码	遥控功能	命令码
1	00	0	09	VOL+	13
2	01	− / −− / −−−	0A	MUTE	14
3	02	POWER	0B	SLEEP	15
4	03	SYSTEM	0C	DISPLAY	16
5	04	AV	0F	SMPX	17
6	05	CH−	10	MENU	1C
7	06	CH+	11	SCAN	1E
8	07	VOL−	12	VOL M	2A
9	08	−	—	—	—

图 6.56　遥控指令编码

2）数据的脉冲编码

红外通信数据采用脉冲编码，即将每位数据信号用一个脉冲来表示。

本例程序的红外编码采用频率调制（FSK）方式，以脉宽 561 μs 为周期，4×561 μs 代表 1，2×561 μs 代表 0。载波频率为 38 kHz，占空比为 1/3，如图 6.57 所示。采用频率调制有两点好处：一是减少了有效发射时间，降低了平均功耗，对于采用干电池供电的发射器十分重要；二是提高了抗干扰能力。

图 6.57　信号 0 和 1 脉冲

2. 硬件电路

系统由最小系统和红外发射电路组成，如图 6.58 所示。按键功能表见表 6.7。利用 89C51 的 P1.0 输出脉冲信号，发射电路中三极管 Q1 选用 9013，起信号放大作用，D1 为红外发射管。为了说明 89C51 单片机的应用，我们在此选用了该单片机，当然选用其他单片机可能会更有利，例如，AT89C2051、SPCE061A 等其他类型的单片机。

图 6.58　红外遥控器硬件图

表 6.7　按 键 功 能 表

按键	遥控功能	按键	遥控功能	按键	遥控功能
S1	MUTE	S10	5	S19	SMPX
S2	AV	S11	6	S20	DISPLAY
S3	SLEEP	S12	VOL M	S21	CH+
S4	POWER	S13	7	S22	MENU
S5	1	S14	8	S23	CH−
S6	2	S15	9	S24	VOL−
S7	3	S16	SYSTEM	S25	VOL+
S8	SCAN	S17	−/−−/−−−		
S9	4	S18	0		

3. 程序设计

读者可利用定时器产生定时脉冲信号，结合前面介绍的键盘扫描原理，不难编出相应的程序。在此给出发射程序流程图供读者参考，图 6.59(a) 为发射流程图，图 6.59(b) 为同步脉冲、0 信号、1 信号的发射流程。

(a)　　　　　　　　　　　　　　　(b)

图 6.59　发射程序流程图

(a) 发射流程图；(b) 同步脉冲、0 信号、1 信号的发射流程

习　题　6

6.1　简述 51 系列单片机系统扩展时总线形成电路的基本原理，并说明各控制信号的作用。

6.2　简述全译码、部分译码和线选法的特点及应用场合。

6.3　利用全译码为 AT89C51 扩展 16 KB 的外部数据存储器，存储器芯片选用 SRAM 6264。要求 6264 占用从 A000H 开始的连续地址空间，画出电路图。

6.4　利用全译码为 AT89C51 扩展 8 KB 的外部程序存储器，存储器芯片选用 2764EPROM，要求 2764 占用从 2000H 开始的连续地址空间，画出电路图。

6.5　利用全译码为 AT89C51 扩展 16 KB 的外部数据存储器和 16 KB 的外部程序存储器，存储器芯片选用 SRAM 6264 和 EPROM 2764。要求 6264 和 2764 占用从 2000H 开始的连续地址空间。

6.6　分析习题 6.6 图所示的电路，写出各芯片的地址范围。

习题 6.6 图

6.7　使用 74LS244 和 74LS273，采用全译码方法为 AT89C51 扩展一个输入口和一个输出口，口地址分别为 0080H 和 0081H，画出电路图。编写程序，从输入口输入一个字节的数据存入片内 RAM 的 30H 单元，同时把输入的数据送往输出口。

6.8　采用全译码方法为 AT89C51 扩展 8 个并行输入口和 8 个并行输出口，口地址自定，画出电路图（要求使用 74LS138 译码器）。

6.9　针对图 6.23 所示的电路编写程序。已知片内 RAM 50H 中的内容为压缩（组合）BCD 码，要求把该 BCD 码的高位字符显示在 1♯显示器上，把 BCD 码的低位字符显示在 2♯显示器上。若使用共阳极 LED 显示器实现上述功能，则在硬件和软件上应做哪些改变？

6.10　针对图 6.24 所示的电路编写程序，使数码显示器显示"ABCDEF"共 6 个字符。

6.11　试说明非编码键盘的工作原理。如何消除按键抖动？如何判断键是否释放？分析例 6.4.3 中的键盘扫描程序 KEY。试问：若将指令"LK7：LCALL DISPLAY "改为"LK7：NOP"，则对程序的功能有何影响？是否影响对按键的识别？

6.12　习题 6.12 图给出了独立式按键电路配置图。编写键盘扫描子程序，用累加器 A 返回按下键的键值。设 S0～S3 的键值为 0～3，若无键按下，则 A 的返回值为 FFH。要求消除按键抖动，并判断按下键是否释放。

习题 6.12 图

6.13 设计一个 4×4 矩阵式键盘电路，并编写键盘扫描子程序。

6.14 8255A 共有几种工作方式？各适用于哪些场合？

6.15 若对 8255A 作如下设置：A 口以方式 0 输出，B 口以方式 0 输入，C 口高 4 位为输入，低 4 位为输出，控制寄存器地址为 0003H。试对 8255A 初始化，用位操作方式使 8255A 的 PC4 置位，使 PC3 复位。

6.16 若将 8255A 的片选端与 P2.0 相连，8255A 的 A1、A0 与系统地址线 A1、A0 对应相连，试画出 8255A 与 AT89C51 的连线图，并写出 8255A 所占用的最小与最大两组地址。

6.17 若采用 8255A 作为 8×5 键盘的接口芯片，A 口作为行线输出，B 口作为列线输入，试画出键盘接口电路图。

6.18 对图 6.39 所示的矩阵式 LED 显示器编写显示程序，前一秒显示"→"(8×8 点阵)，后一秒显示"←"，按此规律不断重复。

6.19 DAC0832 与单片机连接时有哪些控制信号？其作用是什么？

6.20 在一个 AT89C51 单片机与一片 DAC0832 组成的应用系统中，DAC0832 的地址为 7FFFH，输出电压为 0～5 V。试画出有关逻辑框图，并编写程序，使该系统的输出信号为一组三角波。

6.21 利用 DAC0832 芯片，采用单缓冲方式，口地址为 F8FFH，编制产生阶梯波的程序。设台阶数为 10，最上边的台阶对应于满值电压。

6.22 若想利用 DAC0832 芯片输出正弦波，则可采用什么方法？试编制相应的程序。

6.23 在一个 f_{osc} 为 12 MHz 的 AT89C51 系统中接有一片 ADC0809，它的地址为 7FF8H～7FFFH。试画出 ADC0809 的接口电路，并编写程序，对 ADC0809 初始化后，定时采样通道 2 的数据(假设采样频率为 1 ms 一次，每次采样 4 个数据，存于内部 RAM 70H～73H 中)。

6.24 利用 AT89C51 单片机设计一个声光报警电路。要求在正常工作时，绿色指示灯亮；出现异常情况时，红色指示灯亮，同时喇叭发出报警声。

6.25 利用如习题 6.25 图所示的 AT89C51 单片机完成下列设计任务：

(1) 构成最小应用系统。

(2) 编写程序，利用定时器 T0 使 LED 亮 1 s 灭 1 s 不断闪烁。

习题 6.25 图

6.26　以 80C31 为 CPU，设计一单片机应用系统，要求：

(1) 具有 8 KB 程序存储器。

(2) 具有 8 KB 数据存储器。

(3) 具有 8 路开关量输入，外接 8 个开关。

(4) 具有 8 路开关量输出，外接 8 个发光二极管。

(5) 能够与 RS-232 实现串行通信。

(6) P1 口预留。

请选用适当器件，分配相应地址，设计硬件原理电路图。

编写程序，采集 8 路模拟量存于片内 RAM 50H 单元起始的存储单元中；采集 8 个开关量的输入状态存于片内 40H 单元，同时从 8 个开关量输出端口输出。

第 7 章

单片机应用系统开发环境

本章要点与学习目标：

　　本章系统介绍了单片机开发系统的功能及其在系统调试过程中的作用。对开发系统使用的熟练程度直接影响应用系统开发的速度和效果，因此，读者通过本章的学习应掌握以下知识点：

- 单片机开发系统的组成与功能；
- 开发系统的正确使用方法；
- 目前流行的开发系统及其功能。

　　对于系统研发和调试人员来说，必须具有一套功能强大、操作方便的单片机开发系统，才能方便有效地完成单片机应用系统的研制和系统调试。国内外很多公司研制出以 51 系列单片机内核为基础的单片机开发系统的系列产品，例如，WAVE2000、MICE－51、DVCC－51、SICE、SYBER 等系列产品。尽管它们的功能强弱并不完全相同，但都具有系统开发、软件调试和系统仿真功能。本章简要介绍开发系统的作用和功能。

7.1　开发系统的组成与功能

　　单片机应用系统设计完成以后，首先要做的就是样机调试，要检查电路装配是否正确，程序设计是否合理，功能调试完成后还要将程序写入存储器中，这些都必须借助单片机开发系统来完成。单片机开发系统一般由 PC 机、仿真器、仿真头、仿真软件、电源和目标板组成，如图 7.1 所示。

　　单片机开发系统是在通用计算机（PC 机）的基础上增加了目标系统的在线仿真器及安装在 PC 机上的编程器、汇编程序和模拟仿真软件等组成的。其中，仿真器本身也是一个单片机系统。当一个单片机应用系统（目标系统）装配完成后，其自身并无调试能力，无法验证其功能，我们可以把应用系统中的单片机芯片拔掉，插上在线仿真器提供的仿真头，此时整个仿真系统就仿真了一个可以随时检查内部设置的单片机了。仿真器的另一端通过 RS－232 口与 PC 机相连。在开发系统上通过在线仿真器调试单片机应用系统时，利用 PC 机及仿真器的资源模拟单片机的功能，就像使用应用系统中真实的单片机一样，这种"替代"称之为"仿真"。

图 7.1　单片机开发系统组成框图

　　单片机开发系统有通用型和专用型两类。通用型单片机开发系统配备多种在线仿真头和相应的开发软件，使用时，只需更换系统中的仿真头，就能开发相应的单片机系统或可编程器件。专用开发系统只能仿真一种类型的单片机。无论是通用型还是专用型，单片机开发系统都具有以下内容所讲的功能。

7.1.1　在线仿真功能

　　在线仿真器的英文名为 In Circuit Emulator(简称 ICE)。ICE 是由一系列硬件构成的设备。开发系统中的在线仿真器应能仿真目标系统(即应用系统)中的单片机，并能模拟目标系统的 ROM、RAM 和 I/O 端口等。使用在线仿真时，目标系统的运行环境和脱机运行的环境完全"逼真"，以实现目标系统的一次性开发。仿真功能具体地体现在两个方面。

1. 单片机仿真功能

　　在线仿真时，开发系统应能将在线仿真器中的单片机完整地出让给目标系统，不占用目标系统单片机的任何资源，使目标系统在仿真调试和脱机运行时的环境(工作程序、使用的资源和地址空间)完全一致，实现完全的一次性仿真。

　　单片机的资源包括：片内的 CPU、RAM、ROM、SFR、定时器、中断源、I/O 端口及外部可扩充的程序存储器和数据存储器的地址空间。这些资源应允许目标系统充分自由地使用，不受任何限制，使目标系统能根据单片机固有的资源特性进行硬件设计和软件编程。

2. 模拟功能

　　在开发目标系统过程中，开发系统允许用户使用其内部的 RAM 存储器和 I/O 端口来替代目标系统中的 ROM 程序存储器、RAM 数据存储器和 I/O 端口，使用户在目标系统样机还未完成装配之前，便可以借助开发系统提供的资源进行软件编程和模拟仿真。

　　在系统软件设计和调试过程中，用户编写的程序必须存放在开发系统 RAM 存储器内，以便于对程序进行调试和修改。开发系统所能出让的可作为目标系统程序存储器 RAM 的容量和地址映射应与目标系统完全一致。

7.1.2　调试功能

　　开发系统对目标系统软、硬件调试功能的强弱，将直接影响开发效率。一般来讲，单片机开发系统应具有以下调试功能：

1. 运行控制功能

开发系统能使用户有效地控制目标程序的运行，以便检查程序运行的结果，对存在的硬件故障和软件错误进行定位。

（1）单步运行：允许 CPU 从任意程序地址开始，一条一条地执行指令，每执行一条指令后停止运行，以便检查运行状态。

（2）断点运行：允许用户任意设置断点条件，启动 CPU 从规定地址运行程序，当符合断点条件时停止运行。

（3）全速运行：CPU 从指定地址开始连续全速运行目标程序。

（4）跟踪运行：跟踪程序走向，逐条执行指令，并可以跟踪到子程序中运行。

2. 目标系统状态检测功能

当 CPU 停止执行目标系统的程序后，允许用户方便地读出或修改目标系统资源的状态，以便检查程序运行的结果、设置断点条件以及设置程序的初始参数。允许用户读出/修改的目标系统资源包括：

（1）可以随时修改开发系统中的仿真 RAM 存储器内容或目标机中的程序存储器内容。

（2）可以修改单片机内部工作寄存器、特殊功能寄存器、I/O 端口状态、RAM 数据存储器及位单元等的内容。

（3）能够很方便地修改系统中扩展的数据存储器内容和 I/O 端口状态。

3. 跟踪功能

在系统研发过程中，专门购置逻辑分析仪当然是十分有用的，但由于逻辑分析仪价格较高，对于大多数研发人员来说，拥有一台逻辑分析仪就不太现实了。好在近期推出的单片机开发系统具有仿真逻辑分析仪的功能，在目标程序运行过程中，能跟踪存储目标系统总线上的地址、数据和控制信号的变化状态，跟踪存储器能同步记录总线上信息的变化过程。用户可以根据需要显示跟踪存储器搜集到的信息，也可以显示某一位总线状态变化的波形，掌握总线上的状态变化过程，这样能清楚地判断信号时序，从而快速找到故障的准确位置。

7.1.3　辅助设计功能

软件辅助设计功能的强弱是衡量单片机开发系统性能高低的重要标志。单片机应用系统软件开发的效率在很大程度上取决于开发系统的辅助设计功能。

1. 程序设计语言

单片机的程序设计语言有机器语言、汇编语言和高级语言。

机器语言只在简单的开发装置中才使用，程序的设计、输入、修改和调试都很麻烦。因此，机器语言只能用来开发一些非常简单的单片机应用系统。

汇编语言具有使用灵活、直观明了、程序容易优化的特点，是单片机应用系统中最常用的程序设计语言。相对而言，用汇编语言编写程序比较麻烦，要求研发者非常熟悉单片机的指令系统，具有一定的编程经验，才能设计出高效的应用程序。

高级语言通用性好，程序设计人员只需掌握开发系统所提供的高级语言，就可以直接编写程序。MCS-51 系列单片机常用的高级语言有 PL/M51、C-51、MBASIC-51 等。编译型高级语言可生成机器码，解释型高级语言必须在解释程序支持下直接解释执行，因此把编译型高级语言作为单片机开发语言。单片机开发系统可以支持多种高级语言，目前广泛采用的是 C 语言，当然，针对具体的开发系统会有一些特殊规定。

2. 编译程序

单片机大多应用于硬件环境相对简单的嵌入式系统中，一般直接使用机器代码程序。通常借助开发系统提供的编译软件将用户设计的源程序翻译成目标程序。

单片机开发系统与 PC 机连接，允许用户使用 PC 机的编辑环境编写汇编语言或高级语言程序。可以充分利用 PC 机的编辑环境，方便地将源程序输入到计算机开发系统中，生成汇编语言或高级语言的源文件。然后利用开发系统提供的交叉汇编或编译系统，将源程序编译成可在单片机上直接运行的目标程序。

7.1.4　程序固化功能

在系统调试阶段，应用程序尚未调试完成时，可借用开发系统的存储器进行修改、调试和存储程序。当系统调试完成，确认软件功能正常后，要将调试完成的程序固化到应用系统的单片机（片内有程序存储器的单片机）或片外程序存储器（片内无程序存储器或片内程序存储器不够使用时）中，程序写入器（也叫编程器）就是用来完成这一任务的，是单片机开发系统的重要组成部分。

编程器可以将完成调试、编译的目标程序写入目标单元，从而实现单片机应用系统脱机工作（脱离开发系统单独工作）。当然，现在流行的写入器不仅具有各类单片机、存储器编程功能，而且还具有写入可编程逻辑器件和检测常用集成块状态等功能。

7.2　应用系统调试

应用系统调试分为硬件系统调试和软件系统调试两种调试方法，两者要相互协调，相互配合，同时进行，以便缩短开发周期，提高开发效率。

7.2.1　硬件调试方法

单片机应用系统的硬件调试和软件调试既有区别又有联系，是软硬件结合十分紧密的一个整体。许多硬件故障是在调试软件时才发现的，但通常是先排除系统中明显的硬件故障后，再与软件系统结合起来调试。

1. 常见的硬件故障

1）逻辑错误

样机硬件的逻辑错误是由于设计错误和加工过程中的工艺性错误所造成的。这类错误包括错线、开路、短路等，其中短路是最常见最容易出现的故障。一般情况下，印刷电路板布线密度较高，易因制版工艺造成短路。

2）元器件失效

元器件失效的原因有两个方面：一是元器件本身已损坏或性能指标达不到电路要求，

如电容器耐压不够，集成电路速率低等；二是由于组装错误造成的元器件失效，如电解电容、二极管的极性装反，三极管极性不正确及集成块安装错位等。

3）可靠性差

引起系统不可靠的因素很多，如电路板金属化孔不通、接插件接触不良造成系统时好时坏；内部和外部的高频辐射干扰，电源容量不足，工作电压不稳，总线驱动能力不够造成逻辑电平不稳定等。另外，信号连线不规则和电路板布局不合理也会引起系统可靠性降低。

4）电源故障

若样机中存在电源故障，则加电后将造成器件损坏。电源的故障包括电压值不符合设计要求，电源引出线和插座不对应，电源功率不足及负载能力差等。

2. 硬件调试方法

1）脱机检查

脱机检查是在电路板未连接到开发系统之前的检查，分为静态检查和动态检查。

（1）静态检查。静态检查是在电路板没加电的情况下，先直观地检查电路板上有没有明显的错误，根据硬件电路原理图和装配图仔细检查样机线路的正确性，核对元器件的型号、规格和安装是否符合要求，借助万用表等工具，检查有无短路、开路、线路板过孔不通等问题。应特别注意电路板电源线之间、电源线与地线之间有无短路现象，用三用表测量电路板电源端和地线之间的电阻，经确认无误后方可接通电路板上的电源，防止电源之间或电源与地之间短路而烧坏器件或电源。检查系统总线是否存在相互间的短路，接插件连接情况是否正确，信号线间有无短路、开路现象。

系统所用的直流电源，使用前必须单独调试。确认其电压值、负载能力、极性等均符合要求后，才能连接到系统的各个电路板上。

（2）动态检查。经过静态检查，确认电路板电源端与地线之间电阻正常无短路，所用电源电压、极性、额定功率等均符合要求的情况下，才能给电路板加电。首先在电路板不插集成块的情况下，加电检查各插件上电源引脚的电位，测量各观察点电位是否正常，尤其应注意单片机插座上各点的电位是否正常，发现故障及时排除。确认各点电位正常后，关闭电源，分别插上集成块。

注意：此时应在插上一批集成块时加电，检查电源电压，各点电位是否正常，有无异常现象发生。若有，则及时排除，正常后再插一批，直到集成电路器件全部插上，各点电位均正常为止。否则，联机时可能会损坏仿真器。

2）联机调试

仿真器可以很方便地进行硬件功能测试，能够将动态执行的指令静态化，利用逻辑笔（一种十分有用的测试工具，参见 8.4.1 节）、三用表能够很容易地查出各种硬件连线及逻辑故障。利用仿真系统可以很方便地对硬件系统的基本功能进行测试。可以向存储单元写入/读出数据来检验译码器、存储器功能是否正常；采用循环向同一地址写入/读出数据，用逻辑笔检测写入/读出信号；向 I/O 端口写入数据，通过检测端口输出电平来判断端口的工作状态。

通过脱机检查可解决一些明显问题，排除一些简单故障。然而有些硬件故障需要通过联机调试才能发现和排除。

联机前先断电，把开发系统的仿真插头插到样机电路板的单片机插座上，检查一下开发机与样机之间的电源、接地是否良好，确认正常后，打开电源。

加电后，开发机执行读/写指令，对样机电路板上的存储器、I/O 端口进行读/写操作和逻辑检查，可用逻辑笔检测相应端的逻辑电平和脉冲信号，或用示波器观察信号波形（如输出、读/写控制信号、地址线、数据线波形以及有关控制电平等），判断其工作状态。若有故障，则应查明原因及时排除。在这一过程中，要充分利用开发系统的软件资源，通过编写简单的测试程序，来测试相应硬件模块的功能。

例如，希望检查 2000H 地址的译码信号，可用以下程序：

```
TEST：MOVE DPTR，＃2000H
LOOP：MOVX A，@DPTR
      NOP
      SJMP LOOP
```

执行以上程序后，就会在译码器相应输出端输出一组译码脉冲信号，然后用逻辑笔进行检测，就可判断译码电路工作是否正常。

在用户系统的主机部分调试完成后，可以插上用户系统的其他外围部件，如键盘、显示器、输出驱动板及 A/D、D/A 转换板等，再对这些部件进行调试。

7.2.2　软件调试方法

软件调试方法与所选用的软件和程序结构有关。如果采用模块化程序设计，首先要逐个模块调试，然后进行软件功能调试；如果采用实时多任务操作系统，一般是逐个任务进行调试。

对于模块化程序结构，要一个模块一个模块分别调试。调试模块程序时，一定要符合现场环境，确定好入口条件和出口状态。可采用单步运行方式或断点运行方式，通过检查用户系统 CPU 的状态、RAM 单元的内容和 I/O 端口的状态来判断程序执行结果是否符合设计要求。通过检测，可以发现程序中存在的逻辑错误，同时也可以发现应用系统中的硬件故障、软件算法及硬件设计缺陷等。在调试过程中不断完善用户系统的软、硬件功能。

各程序模块调试完成后，可以把各功能模块联合起来进行程序综合调试。在这一阶段，若发生故障，则可以考虑各子程序在运行时是否会破坏现场，缓冲单元是否会发生冲突，置位和清除在设计上是否会产生失误，堆栈区域是否会溢出，输入设备的状态是否正常等。若用户系统是在开发系统的监控程序下运行的，则还要考虑用户缓冲单元和监控程序的工作单元是否会发生冲突等。

单步和断点运行调试完成后，要进行连续运行调试，因为单步运行只能验证程序正确与否，而不能体现定时精度、CPU 的实时响应等问题。

全部软件调试完成后，应反复运行，除了观察系统稳定性外，还要观察应用系统的功能是否达到设计要求，必要时还要作适当修正。

实时多任务操作系统的调试方法与上述方法相似，只是实时多任务操作系统的应用程序是由若干个子任务程序组成的，一般是逐个任务进行调试。调试某一任务时，同时也可调试相关的子程序、中断服务程序等。各个任务调试完成后，将各个任务同时运行，如果操作系统没有错误，一般情况下系统就能正常运行了。

7.3　单片机仿真系统举例

　　了解和用好单片机仿真系统是每个系统开发人员必备的知识和技能，对于系统设计和调试非常重要。下面以伟福 E2000 型仿真系统为例，简要说明仿真系统在单片机应用系统开发过程中的应用。

7.3.1　仿真器功能

　　仿真器功能主要有以下几点：

　　（1）一套完整的仿真系统由 PC 机、仿真器、仿真头及仿真软件组成，通过更换仿真头（POD）可以对各种 CPU 进行仿真。

　　（2）仿真软件一般采用 Windows 版本，支持汇编语言、C 语言、PLM 语言等混合编程，目前常用汇编语言和 C 语言编程，具有项目管理功能。

　　（3）双工作模式。① 软件模拟仿真（没有仿真器的情况下也能模拟仿真）；② 硬件仿真。

　　（4）双 CPU 结构，不能占用用户资源。保证全空间硬件断点，不受任何条件限制，支持地址、数据、外部信号、事件断点，具有实时断点计数、软件运行时间统计功能。

　　（5）双集成环境。程序编辑、编译、下载、调试全部集中在一个环境下进行。

　　（6）具有逻辑分析仪综合调试功能。逻辑分析仪由交互式软件菜单窗口对系统硬件的逻辑进行同步实时采样，并实时在线调试分析。系统在使用逻辑分析仪时，除普通的单步运行、键盘断点运行、全速硬件断点运行外，还可实现各种条件组合断点设置。

　　由于逻辑分析仪可以直接对程序的执行结果进行分析，因此极大地方便了程序的调试。随着科学技术的发展，单片机在通信领域的应用越来越多。在通信功能的调试时，查找故障原因比较麻烦，有了逻辑分析仪，处理问题就方便多了。用它可以分别或者同时对发送方、接收方的输入、输出波形进行记录、存储、对比、测量等直观的分析，可以将实际输出信号波形与源程序相比较，就能及时发现问题的所在，提高调试效率。

　　（7）具有程序跟踪功能。跟踪功能以总线周期为单位，实时记录仿真过程中 CPU 发生的总线事件及触发条件。跟踪窗口在仿真停止时可收集显示追踪的 CPU 指令记忆信息，总线跟踪可以跟踪程序的运行轨迹，统计软件运行时间等。

7.3.2　仿真器硬件介绍

1. 仿真头

　　仿真头是指仿真器与系统板连接的、能够替代 CPU 的电路板，图 7.2 是伟福 E2000 型仿真系统的 POD8X5X 仿真头示意图。

　　选用 40 脚 DIP 封装的转接座、44 脚 PLCC 封装的转接、2051 转接座可以仿真多种型号的单片机。

2. 仿真器简介

　　用于仿真 P0、P2 口作为总线工作方式的 8031/32、8051/52 系列及兼容单片机，图 7.3 所示为仿真器与 POD8X5X 仿真头连接示意图，也可选用 44 脚 PLCC 封装的转接座，用于仿真 PLCC 封装的芯片。

图 7.2　POD8X5X 仿真头

图 7.3　仿真器与 POD8X5X 仿真头连接图

7.3.3　软件安装

1. Windows 版本软件安装

在 Windows 操作系统下,直接运行光盘上的 SETUP. EXE 安装文件,按软件提示即可完成安装。也可以将安装盘全部复制到硬盘的一个文件夹中,执行相应文件夹中的 SETUP 进行安装。在安装过程中,如果用户没有指定安装目录,程序会在 C 盘建立一个 C:\WAVE 文件夹,见表 7.1。

表 7.1　文 件 夹 结 构

目　　录	内　　　容
C:\WAVE	
├ BIN	可执行程序
├ HELP	帮助文件和使用说明
└ SAMPLES	样例和演示程序

请注意:在安装新版本软件时,如果系统上已有旧版本的软件,请卸载旧版本软件后,再安装新软件。

2. 编译器安装

伟福仿真系统已内嵌汇编编译器(伟福汇编器),同时留有第三方的编译器的接口,方便用户使用高级语言调试程序。

3. 仿真器使用

运行 E2000 的仿真软件 wave.exe 就会显示相应的界面，在界面上方是系统菜单和工具条，如图 7.4 所示。用户可按照工具条的提示进行操作，具体过程请读者参阅仿真器的使用说明，由于篇幅所限，在此不作详细介绍。许多开发系统界面设计直观明了，相信读者能很快上手使用。

图 7.4 仿真器工具条

习 题 7

7.1 简述单片机开发系统的组成及各部分的作用。

7.2 开发系统在单片机应用系统设计过程中的主要作用有哪些？

7.3 在调试单片机应用系统时，常见故障有哪些？

7.4 简述硬件系统调试方法。

7.5 单片机开发系统使用过程中应注意哪些问题？

第 8 章

单片机应用系统设计

本章要点与学习目标：

　　本章系统介绍了单片机应用系统设计的具体内容、设计方法、开发过程和调试步骤。读者通过本章的学习可以掌握以下知识点：

- 单片机应用系统的设计方法；
- 智能电子产品的设计过程及要领；
- 系统的调试步骤；
- 常用调试工具的使用方法。

　　前面我们介绍了单片机的基本原理、系统扩展和接口技术。对于设计单片机应用系统来说，这些内容只能使我们掌握单片机所提供的软、硬件资源，以及怎样合理利用这些资源，是应用系统设计的基础。除此之外，一个实用系统还需配置各种接口，系统设计还会涉及到更复杂的问题，如多种类型接口和应用电路(模拟电路、传感器、检测电路、伺服驱动电路及信号隔离电路等)。因此，单片机应用系统的设计应遵循一些基本原则，了解这些基本原则和系统设计方法，对于单片机系统的工程设计与开发应用有着十分重要的意义。本章力求从实际应用角度出发，讨论实际应用系统的设计方法，供读者在系统设计时参考。

8.1　系统设计内容

　　单片机应用系统主要由硬件系统和软件系统两部分组成。硬件系统包括单片机、外部扩展的存储器、外围设备、信号采集与处理及其接口电路等；软件系统包括系统软件和应用软件。

8.1.1　硬件系统组成

　　单片机典型应用系统包括单片机、用于检测信号的传感器、信号输入模块、控制输出模块及基本的人机对话模块等。当单个单片机系统不能满足要求时，应采用多机系统，即包含多个单片机子系统组成的应用系统，各个子系统之间利用通信模块实现信息交流，达到系统协调工作。图 8.1 是一个单片机应用系统基本模块组成框图。

图 8.1   单片机应用系统基本模块组成框图

1. 输入模块

输入模块是单片机与测控对象的连接部分,是系统数据采集的输入通道。通常来自测控对象的现场信息是多种多样的,按物理量的特征可分为模拟量和开关(数字)量两种,如图 8.2 所示。

图 8.2   输入模块框图

开关量输入:对于开关量的采集比较简单,只需对开关信号进行光电隔离、电平转换,便可直接作为输入信号。

模拟量输入:模拟量输入通道比较复杂,一般包括传感器、隔离放大器、滤波、采样保持电路、多路电子开关、A/D 转换器及其接口电路等。

传感器:传感器用来采集现场的各种信号,并将其变换成电信号,以满足单片机对输入信号的要求。现场信号有各种各样,有电信号(如电压、电流、功率等),也有非电量(如温度、湿度、压力、流量、速度、位移量等),对于不同物理量应选择相应的传感器。这一部分也是某些专业学生的一个薄弱环节,要成为合格的系统设计师、总工程师,就必须从全局出发,对系统涉及到的各个领域的知识都十分清楚。在此应提出来的是,请读者在学习和工作期间应注意不断拓宽自己的知识面。(有关传感器的内容请参见第 11 章。)

隔离放大与滤波:一般情况下传感器的输出是微弱信号,不能直接进入系统,要经过放大处理后才能作为输入信号。另外,信息来自各种工业生产现场,存在大量的噪声干扰。为了提高系统的可靠性,就必须采取隔离措施,滤掉干扰,这是整个系统抗干扰设计的重点部位。(抗干扰技术请参见第 9 章。)

多路电子开关：用多路电子开关实现用一个 A/D 转换器对多路模拟信号进行转换。多路模拟电子开关受单片机控制，某一时刻需要对哪一路模拟信号进行转换，由单片机向多路电子开关发出路地址信息，把该路模拟信号与 A/D 转换器接通，其他模拟信号与 A/D 转换器隔离，从而实现用一个 A/D 转换器转换多路信号的目的。

A/D 转换器：A/D 转换器的作用是将输入的模拟信号转换为数字信号，是系统输入通道中模拟系统与数字系统连接的核心部件，其性能直接关系到模拟信号的转换精度。

综上所述，输入模块具有以下特点：

(1) 与现场采集对象相连，是现场干扰进入系统的主要通道，也是整个系统抗干扰设计的重要环节。

(2) 由于采集的对象不同，有模拟量、数字量，而这些信号都是由现场的传感器产生的，传感器输出的微弱信号不能满足 A/D 转换器输入要求，因此必须有信号处理电路，如信号放大器、I/V 变换、A/D 转换、放大、整形电路等。

(3) 输入模块是一个模拟电路和数字电路的混合系统，电路功耗低，信号功率小。

2. 输出模块

输出模块是应用系统的信号输出通道，完成输出信号的状态锁存、信号隔离与功率驱动。输出信号通常也有两种：开关信号和模拟信号。开关信号采用隔离器件进行信号隔离、电平转换和功率放大。模拟信号则需要进行 D/A 转换、放大、功率驱动等。

输出模块的特点：

(1) 输出模块是应用系统的输出通道，通常需要状态锁定和功率驱动。

(2) 控制系统的大功率负荷易通过该通道把干扰噪声反馈到单片机控制单元，干扰系统正常工作。因此，输出信号的隔离对系统的可靠性影响较大，系统设计时必须重视。

(3) 根据控制对象的不同要求，采用输出驱动的器件也是多种多样的：三极管、可控硅、继电器驱动等。输出信号形式有电流信号、电压信号、开关量及数字量输出等，应根据应用系统的任务性质而定。

3. 人机对话模块

人机对话模块是单片机应用系统中人机之间信息交流的主要通道，是为用户对应用系统进行有效干预(如启动、参数设置等)及了解应用系统运行状态所设置的功能模块之一，主要包括键盘、显示器、打印机等设备及接口。

人机对话模块有以下特点：

(1) 由于常用的单片机系统大多数是小规模嵌入式系统，因此系统中人机对话设备的配置都较小，如微型打印机、功能按键、LED/LCD 显示器等。若需高水平的人机对话配置，如通用打印机、CRT、硬盘、标准键盘等，则往往将单片机系统通过串行通信端口与PC 机相连，使单片机应用系统能享用 PC 机的资源。

(2) 单片机应用系统中，人机对话通道及接口大多采用总线形式，与系统扩展密切相关。

(3) 人机对话模块接口结构简单，但功能较多。如键盘接口中通常采用对一个(组)按键定义多种功能，简化了系统硬件结构。

4. 通信模块

单片机系统中的通信模块是解决计算机与控制系统之间信息交流的重要接口。在较大规模的多机测控系统中，还需要设计各单机系统之间的通信接口。

通信模块具有以下特点：

（1）单片机本身具有异步串行通信口，很容易实现串行通信，因此，通信模块往往以单片机的串行口为基础扩展而成。

（2）单片机本身的串行口为系统通信提供了硬件支持，但并没有提供标准的通信规约。因此，利用单片机串行口构成系统时，要建立相应的通信规约并设置串行通信口。

（3）通信模块采用数字通信技术，抗干扰能力强。

以上对应用系统中的输入模块、输出模块、人机对话模块及通信模块的功能及特点进行了说明，其他模块功能比较简单，在此不再详述。当然，设计一个应用系统不一定都会用到所有功能模块，应视具体情况而定。

8.1.2　系统设计内容

单片机应用系统设计包含硬件设计与软件设计两部分，具体内容如下：

（1）最小系统设计。给单片机配以必要的外围器件，构成能够独立运行的最简单的单片机系统称为单片机最小系统。如片内有程序存储器的单片机 89C51、87C51、SPCE061A 等，只需在片外设置电源、复位电路、时钟源，便构成了最小系统，就能实现一些基本功能。

（2）系统扩展设计。在单片机最小系统基础上，扩展能满足应用系统要求的存储器、I/O 端口及外围电路等。

（3）接口电路设计。根据应用系统的性质与任务，设计相应的输入隔离放大器和输出驱动电路。

（4）通信模块设计。通信模块通常采用单片机本身提供的串行通信接口，实现与其他设备、系统之间的数据通信。

（5）抗干扰设计。系统抗干扰设计要贯穿到设计的全过程。从具体方案、器件选择到电路设计，从硬件系统设计到软件系统设计，都要把抗干扰设计作为一项重要任务。现行的大多数单片机都具有 WatchDog 功能，防止系统死机。这往往还不够，必须有外围电路组成的系统看门狗对整个系统进行监视。

（6）应用软件设计。根据系统功能要求，设计能够满足系统功能的程序。目前，大多对应用软件采用单片机汇编语言或 C 语言设计程序。

8.2　系统开发过程

通常，开发一个单片机应用系统需要经历以下几个过程：需求分析与市场调研→可行性分析→方案设计→样机研制→系统调试→批量生产等。当然，应用系统性质不同，设计过程也有所侧重。

8.2.1　需求分析与市场调研

在确定开发课题后，首先要进行系统需求分析与市场调研。目的是通过市场调研明确系统的设计目标及目前相关产品的性能、优缺点、发展方向及技术指标等。调研包括查找资料、分析研究，并解决以下问题：

（1）了解国内外同类系统的现状和发展方向、新器件性能及供应状况；对接收委托的研制项目，应充分了解对方的技术要求、使用环境、技术水平，以便明确系统的功能和技术指标。

（2）分析软、硬件技术难度，明确技术主攻方向和目标。

（3）了解软、硬件技术支持。能够移植的尽量移植，避免低水平重复开发。

（4）综合考虑软、硬件分工。在单片机应用系统设计中，软、硬件的工作是密切相关的，在系统设计时要综合考虑，合理分工。

（5）根据任务要求，选择合适的传感器和执行部件。

经过需求分析与方案调研，整理出需求分析与方案论证报告，将其作为系统可行性分析的主要依据。

8.2.2　可行性分析

可行性分析的目的是对系统开发研制的必要性及可行性做出明确的结论。根据这一结论决定系统的开发研制工作是否继续进行下去。

通常，可行性分析要从以下几个方面进行论证：

（1）市场或用户的需求情况分析。

（2）经济效益和社会效益分析。

（3）技术支持与开发环境。

（4）产品竞争力与市场前景。

（5）新技术的发展方向。

经过分析和研究写出可行性论证报告。对于可靠性要求较高的系统还要同时完成可靠性分析及论证报告。

8.2.3　方案设计

系统方案设计是依据市场调研、用户需求情况、系统运行环境、关键技术支持等因素，确定系统功能、系统结构并选择相应实现方法的过程。

系统功能设计包括系统总体目标功能的确定及系统软、硬件功能模块的功能划分与协调。

系统结构设计是根据系统软、硬件功能的划分及其协调关系，确定系统硬件组成和软件结构。系统硬件结构设计包括单片机选型、扩展方案和外围设备的配置及其接口电路的确定等，最后要以逻辑框图形式描述。系统软件结构设计是确定系统软件功能模块划分及各功能模块程序的实现方法，最后以结构框图或程序流程图形式确定下来。

本阶段的工作是为整个应用系统实现建立一个框架，即建立系统的逻辑模型，是系统设计的基础和前提。因此，这项工作必须从整体出发，从系统观念出发，放眼全局，每一步都要十分仔细、周密考虑，尽可能将工作内容具体化，各个模块功能划分要详细，只有这样，才不至于在系统设计时出现较大缺陷。

8.2.4　样机研制

系统详细设计与制作就是将前面的系统方案付诸实施，将硬件框图转化成具体电路，并设计印制电路板，将软件框图或流程图编制成相应的程序，生产出样机。这是系统设计的主要工作阶段，比较艰苦且工作量大。系统负责人要仔细研究，合理调配，做到既分工又协作，多头并进，力争软、硬件各个环节能够同时完成，以加快开发进程，缩短开发时间。

8.2.5　系统调试

系统调试是检测所设计系统的正确性与可靠性的过程，是解决设计和装配过程中存在不足的必要手段。单片机应用系统设计是一个复杂过程，在设计、制作过程中，难免存在一些局部性问题或错误。系统调试可发现存在的问题和错误，并及时进行修正。调试与修改的过程可能要反复多次，直到系统成功运行，达到设计要求为止。系统软、硬件调试通过后，把联机调试完毕的目标程序固化在程序存储器中，脱机(脱离开发系统)运行，对系统功能再进行逐项测试，直到达到设计指标，满足用户需求。

8.2.6　批量生产

在真实环境或模拟环境下运行，经反复测试运行正常，开发过程即告结束。这时的系统作为样机系统，加上外壳、面板，再配上完整的技术资料，就生成了正式系统(或产品)，投入批量生产，服务社会。

产品性质不同，开发过程中侧重点也不同。大部分军用产品、工业品对可靠性要求较高，而像民用产品、智能玩具之类的产品则对外观、成本要求较为苛刻。产品设计过程也不是一成不变的，要根据产品性质有所侧重，灵活掌握。

在产品设计过程中，要十分重视人机界面设计。一个设计良好的人机界面会使用户感觉亲切友好，使用得心应手。在此，提请整机设计人员及系统设计师注意，一定要运用人机工程学，重视人机交互界面的设计，否则会影响系统功能的正常发挥。系统调研、方案论证阶段要周密仔细，应当多花点时间，而在方案实施阶段，应抓紧时间，分工协作，同步进行。

8.3　系统设计方法

读者已详细了解了单片机的基本结构、工作原理、功能扩展和相应的接口电路。但对一个具体的应用对象，如何才能设计一个具体的应用系统，使其能够满足实际需要就变得非常现实了，也是我们每一位系统设计和产品开发者所关心的问题。本节从应用角度出发，详细介绍单片机应用系统硬件设计方法和研制过程。

8.3.1　熟悉设计对象

单片机作为控制系统的核心所控制的对象是多种多样的，所实现的控制功能也是千差万别的。这些对象可能是一个具体的设备，如交通灯控制器、机械手、电视机、空调器、微波炉、电冰箱等，也可能是一个系统，如生产线过程控制系统、数据采集系统、三遥系统等。在这些控制系统中，它可以有多个数字量和模拟量的采集和控制，有多个采样点和控制点。单片机在这些应用领域可以进行数字测量及采集，也可以完成过程控制、程序控制，或者是闭环控制。例如，一个空调器实际上就是一个温度控制系统，它包含温度测量、A/D变换、控制计算、输出功率调节等多个环节，在空调器中加热均采用电加热或压缩机，控制比较方便。对于一个锅炉控制系统，不管是燃油锅炉还是燃煤锅炉，比一个空调器控制要复杂的多，不仅要进行温度测量，还要测量锅炉内的压力、水位等参量，其控制系统规模要大一些。这类系统是一个模拟量闭环反馈控制系统。在这些系统中，需要显示输出（常用 LED、LCD 显示器）、初始值设定（常用拨码开关或键盘输入）、控制操作和报警提示等。因此就需要一个控制面板，在面板上要设置相应功能键和显示器，其方框图如图 8.3 所示。

图 8.3　温度控制系统方框图

如上所述，系统设计时，首先要搞清楚控制对象是什么，有哪些控制规律和动作要领，采用哪种控制方法；有哪些被测量和输出量，使用何种传感器，所要求的控制精度或控制误差范围等。这样，就可以对整个设计过程有一个总体把握，有的放矢地采取相应技术措施，达到预期的设计要求。系统设计时，尽可能的将问题搞清楚，充分估计各种困难和技术难点，这有利于后续工作的开展。

8.3.2　确定 I/O 类型和数量

明确系统的 I/O 通道数，对确定系统的规模和功能十分必要。这些内容不仅与系统的主控制回路有关，而且还涉及显示模块、测量模块、系统保护模块、操作模块、报警处理模块、参数设定模块、通信模块以及中断处理模块等。

1. 开关量确定

1）输入开关量

输入开关量包括现场输入节点（如行程开关、继电器触点、保护开关输出节点、操作机构辅助节点）和系统设置开关（如设备号设置拨码开关等）。

2）输出开关量

输出开关量包括控制信号、继电器线圈控制、报警装置驱动、指示灯及 LED 输出接口等。

上述信号数量要逐一核实、编号、确定功能、信号采集方式、输出驱动电路等，并逐一落实。

2. 模拟量确定

1）输入通道

根据任务性质和被测模拟量来确定系统所需的输入通路数量。输入通道数也就是 A/D 变换的路数，它包括系统中被测量的模拟量，如温度、压力、流量、液位、电压、电流等，也包括直接由测速电机、位移传感器等输出的电压电流信号。这些被测量首先经过信号变换，非电量要经过变送器将物理量变成电信号，再经过电压电流变换器转换为标准的电压或电流信号输入到 A/D 变换器。

2）输出通道

根据任务性质，确定系统的输出通路数量。模拟输出主要指连续变化量的调节与信号输出，如调节电机电枢电压或调节带有电气转换的调节阀等。模拟输出主要通过 D/A 变换器输出，因此，模拟输出通道数就是 D/A 变换路数。

将要输入通道和输出通道也同开关量一样，按照序号、名称、变送器规格、转换精度要求等内容仔细统计，登记造册并存档。这些工作要尽可能的详细、清楚，它们是系统研制、维护的基本技术资料。

3. 特殊输出处理

在一些特殊情况下，要注意根据实际情况，对 I/O 类型和数量进行灵活处理。如有的电机需要脉宽调制（PWM）控制，具有脉宽调制输出功能的单片机，就可直接作为单独输出形式应用，而没有脉宽调制输出功能的单片机，可用电子开关与软件来实现脉宽调制输出，从而达到调整输出脉宽的目的。

4. 软、硬件资源综合考虑

在系统设计时，应充分利用单片机的软件资源以简化硬件系统，达到最佳设计。例如，系统人机界面经常需要一些功能键和数字键，如果每一键对应一个开关量输入，就增加了开关输入数，加大了硬件开销，浪费了硬件资源，同时使硬件电路变得复杂。为了综合平衡软、硬件的开销，我们通常将所需的键排列成矩阵形式，采用键盘扫描程序来完成键值输入，其硬件如图 8.4 所示。

图 8.4　4×4 矩阵式键盘

图 8.4 是一个 4×4 矩阵键盘，如果每个键用一个开关输入量，则要 16 个输入量，而采用如图 8.4 所示的矩阵排列方式，仅需要 4 个输出量和 4 个输入量。这样，减少了开关量（这个例子中可减少 8 个），从而减少了 I/O 接口的开销。当然，这种方式加大了软件的工作，一般情况下，软件能够很容易完成。该键盘的识别要通过单片机的软件扫描来完成，要求在控制程序中有一个键盘搜索识别程序块并反复扫描键盘，才能实现搜索功能。

在考虑一个系统设计时，如何全面地衡量软、硬件的分配，是一个非常重要的问题。较好地解决这个问题，有赖于设计人员的开发经验和对单片机技术及接口电路的熟悉程度。一位有经验的设计者将始终立足于系统设计的整体利益，从系统的整体出发，全面地均衡软、硬件功能，从开发要求、实现途径、开发周期、产品成本、系统可靠性等多方面衡量，合理安排软、硬件功能。经常会出现熟悉硬件电路的人喜欢用硬件解决问题，往往将硬件电路设计得比较复杂，增加了开发工作量、调试周期和硬件成本，也增加了设备维护量，降低了设备可靠性。而熟悉软件的人又喜欢尽可能用软件来解决问题，将硬件电路设计得过于简单，使软件承担了更多的任务，而导致软件调试比较困难，增加了调试时间，加大了人力资源的投入，延长了开发周期。因此，全面且正确地均衡软、硬件功能的分配，对提高系统可靠性，缩短开发周期，减少工作量和提高效益是非常重要的。这也是普通工程技术人员与系统级工程技术人员的区别，望读者能全面掌握软、硬件及传感器方面的知识，提高系统的整体设计能力。

8.3.3　单片机选型

当前市场上单片机的种类和型号很多，有 4 位、8 位、16 位以及 32 位机；片内 ROM 和 RAM 各不相同；有的 I/O 功能强，I/O 路数多；有的扩展方便，有的不能扩展；有带片内 A/D 的，有不带片内 A/D 的，等等。要结合具体任务所需要的 I/O 数、控制对象要求的精度、响应速率、开发环境等因素选择合适的单片机。在很大程度上，我们选用单片机的种类和型号，基本上取决于我们对某些种类单片机的熟悉程度以及所具备的开发条件。

单片机的开发以及调试都需要仿真器系统，因此对仿真器系统使用的熟悉程度往往决定了选用单片机的类型。

国内 8 位单片机仍以 MCS－51 系列为主流机型，与其兼容的 Philips 公司、NEC 公司、ATMEL 等公司的相应型号单片机，使 51 系列单片机的资源相当丰富。故 8 位单片机的开发系统仍以 51 系列的单片机开发系统最普及，如 WAVE 开发系统、MECE 开发系统、SICE 开发系统等。这些开发系统市场普及率高，功能齐备，能够满足常见应用系统的开发需求。这些开发系统通常要通过串行通信口与 PC 机相连，借助于 PC 机的资源构成开发系统，开发系统带有仿真插头连接到被开发的目标板上实现仿真，并进行相应的软件调试。在 PC 机上安装相配套的专用开发工具软件即可使用。

在家用电器领域，Motorola 公司的 68 系列单片机占有一定市场，其品种多、型号全、功能专，适用于大批量开发和应用，其开发芯片和相应的掩膜芯片或 OTP 芯片都相互配套，使用方便。

另外，在研发阶段选用片内有 E^2PROM 存储器的单片机，会为系统开发调试带来方便，但在开发完成之后，可选用 OTP（一次性编程）芯片或采用掩膜芯片投入批量生产，可降低产品成本。

对于功能比较简单的家用电器、智能玩具等产品，可以选用功能齐全、节省电能、接口丰富、有一定驱动能力的 4 位单片机，不仅能很好的完成系统功能，而且硬件简单，成本低廉，便于批量生产。例如，三星公司的 KS56、KS57 系列的 4 位机，其片内有 2～8 KB ROM 和 256～736 B RAM，可直接驱动 LED、LCD 显示器，有的还带有 A/D 转换器，且其工作电压范围在 2.7～6 V 之间，便于使用电池供电。

对于技术要求较高，8 位单片机无法完成的系统，就必须选用 16 位或 32 位单片机。这类单片机性能更高，功能更强，典型的应用机型有 Intel 公司的 MCS‑196 系列单片机等。

8.3.4　确定存储器

单片机运行的程序存放在程序存储器中，系统的临时数据和参数一般存放在数据存储器 RAM 中。在设计存储器时，首先要确定所用程序存储器的容量。主要根据任务性质、控制内容、控制算法、控制检测的数量及中断服务程序的大小来确定。选择的原则是：确保够用，考虑发展，留有余量，最好选用现成芯片。如控制一部交流双速电梯，估计程序量要在 4 KB 左右，在设计时，可选用 8 KB 存储器来实现。

程序存储器的选择通常要比预先估计得富裕一些，这样不仅可减轻调试、删改程序的负担，而且选用大容量程序存储器，不一定会增加成本。有时在程序设计时，要将汉字字库放在程序存储器中，所需存储空间就要大些。使用 ROM 保存字型，可防止字库内容在断电时丢失。随着集成电路技术的发展和微电子技术的提高，大容量的 EPROM 芯片并不比低存储容量的 EPROM 价格高，有时还会低一些。如目前市场上 4 KB 的 EPROM 2732 比 2 KB 的 EPROM 2716 还便宜，而有相同存储量 8 KB 的 EPROM 2764 比 2732 便宜。因此，选择 2764 芯片作为程序存储器可能还会更经济一些。作为开发人员，要及时了解市场情况，以便做出正确的选择。

若选用片内具有 EPROM 的单片机，如 87C51FA，片内有 16 KB 的 EPROM，87C51FB 内部有 32 KB 的 EPROM，但该芯片价格高些，则要权衡价格和性能之间的矛盾，以便进行取舍。

对随机存储器 RAM 来说，片内 RAM 作为参数存储单元有时就够用了。若要存储大量数据、表格、参数，片内 RAM 就可能不够用了，则必须扩展片外 RAM。一般选用静态存储器 SRAM，如经常选用静态存储器 16 K×8 位的 62128、8 K×8 位的 6264 等。

选择 E^2PROM（电可擦除的可编程存储器）作为数据存储器，在要求断电时数据保存的特殊情况下是一种较好的选择。E^2PROM 可由电信号进行读写，且断电后保存数据不丢失，但 E^2PROM 要比 EPROM 贵一些。

无论选用哪种存储器，都要明确其容量、型号、性能，并且要选用速度和电平都相互兼容的芯片。

若使用单片机作为控制器，则不宜将系统扩充得太大，而是尽可能简化设计，充分体现单片机控制系统的优势和特点。

8.3.5　确定 I/O 接口芯片

I/O 接口包括开关量接口、模拟量接口、显示接口和键盘接口等。

开关量接口应根据前面确定的开关量数来选择接口芯片。每种系列单片机都有与其兼容的常用芯片，尽可能选用一些搭配合理、应用成熟的电路。

1. 专用可编程接口

51 系列单片机可选用 8155 或 8255 可编程 I/O 接口芯片。8155 芯片有 22 位 I/O，且内部有 256 B 的 RAM，在 I/O 点数不太多，且单片机片内 RAM 不足时选用 8155 芯片比较合适。8255 具有 3 个 8 位端口，共 24 位，作为开关量，I/O 接口是经常选用的接口芯片之一。

Z8 系列单片机可选用 PIO 作接口，也可选用 8255 芯片作接口，但其控制信号要经过逻辑组合，其中断控制要经过相应的处理才能应用。

2. 简单 I/O 接口

常常选用一般的 TTL 芯片和 74 系列 8D 锁存器、三态缓冲器等做 I/O 接口，适用于单片机和外部设备之间作同步交换和传输的场合。选用 TTL 芯片作 I/O 接口简单易行，成本低，便于调试，指令控制方便。可以胜任这种接口的芯片种类很多，如常用的 8D 锁存器 74LS273、8 位单向三态缓冲器 74LS244 及 8 位双向三态缓冲器 74LS245 等，设计时可根据设计需要查阅相关器件手册，合理选择。

3. 显示接口的设计

通常在控制系统中，显示接口是必要的，如利用发光二极管作状态指示，利用七段 LED 数码管显示数据等。随着液晶显示器技术的飞速发展和性能价格比的提高，液晶显示器在仪器仪表中的应用已非常普及。

在利用 LED 七段数码管进行静态显示时，使用 TTL 芯片的 BCD 七段译码驱动芯片非常方便。常用芯片有 74LS47 和 MC14495 等。选用时，可根据所用 LED 七段数码显示器共阴极或共阳极的不同，分别选用相应的芯片。使用这类芯片时，只把这类芯片作为一个外设输出接口，将要显示字符的 BCD 码锁存入该芯片，就可得到相应的数字显示。这种显示有适用于十六进制计数的接口芯片，也有适用于十进制计数的接口芯片。

在有的数字显示和小键盘输入的系统中，也可选择可编程接口器件 8279 作键盘和显示接口电路。

总的来说，由于单片机应用系统一般都强调简单实用，因此，在单片机应用系统中，除非十分必要，一般都选用简单 I/O 接口芯片进行系统扩展。

8.3.6 系统设计

在确定了 I/O 接口路数、A/D、D/A 转换通道数以及选定了所需要的输入、输出接口器件的基础上，下一步就是进行电路设计。将选用的单片机和相应的接口以及有关器件按系统要求组成一个系统电路连接图。系统电路设计时，主要考虑的内容有主模块设计和驱动电路设计两大部分。

1. 主模块设计

主模块包括单片机最小系统、外部存储器扩展和外部接口扩展，同时要完成地址分配、译码电路设计和控制电路设计。

1) 总线扩展

在 51 系列单片机中，程序存储器和数据存储器可分别寻址 64 KB 地址空间，而外部设备 I/O 端口和数据存储器统一编址。在 51 系列单片机中，扩展系统总线时，P0 口用来分时传送地址和数据，使用 74LS373 作为低 8 位地址锁存器来形成低 8 位地址线 A7～A0，用 ALE 作为地址锁存信号直接连到 74LS373 的锁存使能端。用 P2 口形成地址线的高 8 位 A15～A8，从而形成 A15～A0 共 16 位地址总线。由于程序存储器是只读存储器，使用 $\overline{PSEN}$ 信号作为外扩 ROM 的读信号，数据存储器使用控制信号 $\overline{RD}$ 或 $\overline{WR}$ 作为读、写控制信号，以访问两个不同的寻址空间。

2) 地址分配及译码电路

根据总体设计要求，分别给存储器、I/O 端口分配适当的地址，选择相应的译码器电路。

地址译码器通常选用现成的译码器芯片，常用芯片有：3－8 译码器 74LS138，双 2－4 译码器 74LS139，4－16 译码器 74LS154 等。这些译码器的功能及输入、输出信号的连接特性可查阅相应的器件手册。

当译码器选定并确定相应的选片信号之后，就要确定各芯片的具体地址，从而明确软件访问时的地址空间和使用范围。图 8.5 给出了利用 74LS138 作为 8 段译码器，将 64 KB 地址分配为 8×8 KB 的地址空间。当一级译码信号不够用时，要对某一段地址进行二次译码，即将一级译码输出中的某一译码信号再作为译码条件进行二级译码。

图 8.5　使用 74LS138 译码的地址分配

2. 驱动电路设计

由于常用的器件是 TTL 电路或 MOS 电路，这些电路的驱动能力有限，尤其应用于控制系统时，因此要增加电流放大和电平转换电路实现功率放大，以便驱动被控设备。

常用的开关驱动电路种类较多，通常有晶体管驱动、复合晶体管驱动、可控硅驱动（单向和双向可控硅）、中间继电器、固态继电器驱动和场效应管驱动等。读者可根据设计的电路特点适当选择，也可参考有关实用电路进行设计，必要时要进行相应的模拟实验。开关电路的驱动常采用固态继电器，它将双向可控硅和光电耦合驱动封装在一个密封块中，这种无触点开关有利于提高单片机控制系统的可靠性，减少触点动作对系统的影响。但这种固态继电器价格较高，应根据系统开发的实际要求和具体情况选用。

3. 光电耦合器件的应用

光电耦合器件能可靠地实现信号隔离，有效地将单片机电源和驱动电路电源完全分开（两电源不共地，各自独立），以减少输入、输出设备对单片机控制系统的干扰。

当前市场上光电耦合器的型号和种类很多，有单个独立封装的，有四个封装在一个集成块内的，其输入、输出特性和传输速度也各不相同。光电耦合器的输入端通常是一个独立的发光二极管，输出端有的是光敏三极管（如图 8.6 所示），有的是复合光敏三极管，有的是光敏可控硅，因此其驱动能力差别较大，价格差别也较大。选用时，要根据系统设计的基本要求选用。通常控制电磁开关，如继电器线

图 8.6　光电耦合器

圈、电机电枢电压，或有较大感性负载时均要使用光电耦合器进行隔离，而作为一般指示灯或 LED 显示输出时不需要光电隔离。

4. 绘制原理图

目前，均利用计算机辅助设计完成单片机控制系统原理图设计。只要有一台普通配置的 PC 机，就可方便地设计系统电路原理图。常用 Protel 99 绘制原理电路图及设计印制电路板，该软件是目前许多开发人员使用的设计原理电路图和印制电路板的 CAD 应用软件之一，它有比较丰富的元件库，如 74 系列集成电路、MOS 集成电路、单片机、存储器、光电耦合器件以及有关的分离元件、接插件等。若使用所带库中没有的一些特殊元件，可以自己设计元件添加入库。

使用计算机设计原理图布局方便，修改容易，直观明了，用打印机可直接输出，清晰正规，有利于设计资料的整理、存档，便于安装调试。

8.3.7　实验板设计

系统原理图设计完成之后，要经过实验验证，以证明理论设计的逻辑关系的正确性和合理性。

1. 几种常用实验板

1）面包板

面包板是常用的一种既经济又方便的实验电路板。在面包板上可以直接插入元器件及集成电路块，导线连接也采用插接式，操作简便，易于实现。但由于面包板制造质量以及内部簧片弹性等因素，因此常常出现接触不良等现象，造成电路工作不稳定，易出现故障。所以，往往只对一些很简单的电路进行实验时，才采用面包板。

2）通用实验板

目前市场上出售多种类型的通用实验板，按集成电路管脚尺寸排列焊盘。可以将双列直插芯片插座焊上，接通连线，分离元件也可直接焊上。有的实验板（如适用于 51 系列单片机实验板）已完成了几个主要芯片的插座设计，用户只需加上必要的外围电路，插上必要的扩展芯片就可做相应的实验。这是目前常用的实验方法。

3）印制电路实验板

印制电路板是根据将来系统设计需要，设计相应的实验板。设计的实验板也就是将来

实际应用电路板的试验板。设计的实验板焊接插座需进行原理测试，当实验测试完成后，并能保证其性能和功能都达到设计要求的情况下，就可对实验板稍做修改，即可正式加工印制电路板，从而加快了开发周期。经验丰富的开发人员通常采用这种方法。

2. 实验板测试步骤

1）电源检查

当实验板连接或焊接完成之后，首先在不插主要元器件的情况下，检查是否存在电源对地短路现象。用三用表电阻档检测，确保不存在短路现象的情况下，可加电检查。通常用＋5 V 直流电源，用万用表电压档测试各元器件插座上相应电源管脚电压是否正确。若有错误，则要及时检查、排除，使每个电源引脚的电压都符合要求。

2）各元器件电源检查

断开电源，按正确的元器件方向插上元器件。最好是分别插入，加电测试，并逐一检查每个元器件上的电源是否正确，以至于最后全部插上元器件，加电后，每个元器件上电源都正确无误。

8.3.8　实验电路调试

实验电路板安装检查完成之后，就可以利用开发系统进行调试。

1. 开发系统简介

对实验板进行调试，通常要使用单片机开发系统。开发系统都带有一个仿真插头，可直接插入目标电路板的 CPU 插座，代替目标板上的 CPU 对其系统功能进行仿真。（有关开发系统的具体功能请参见第 7 章）大多数开发系统都和 PC 机相连，借用 PC 机的键盘和显示器以及程序开发功能对目标实验板进行仿真调试，以动态运行方式确认原理设计是否正确，各部分功能及相应逻辑是否合理，是否符合设计要求。

开发系统的仿真器是一个与被开发的目标板具有相同单片机芯片的系统，它是借助开发系统的资源来模拟目标板中的 CPU，对目标板系统的资源如存储器、I/O 接口进行管理。同时，仿真机还具有程序跟踪功能，它可将程序执行过程中的有关数据和状态在屏幕上显示出来，这给查找错误和调试程序带来了方便。其程序运行的断点功能、单步功能可直接发现硬件和软件的设计错误。开发系统和目标实验板的连接如图 8.7 所示。

图 8.7　仿真机系统连接示意图

2. 利用开发机调试电路

利用开发机对实验板的硬件进行检查，常常按其功能及 I/O 通道分别编写相应的实验程序，检查各部分功能及逻辑是否正确。

1）检查各地址译码输出

通常，地址译码输出是一个低电平有效信号。因此，在选通某一个器件时（无论是存储器芯片还是 I/O 接口芯片）其选片信号是一个负脉冲信号。由于使用的时钟频率不同，指令执行时间不同，其负脉冲的宽度和频率也有所不同。

以 51 系列单片机开发系统为例，如一片 6264 存储芯片地址为 2000～3FFFH，则可在开发机上执行如下程序：

```
            MOV DPTR, ＃2000H
    LOOP:   MOVX A, @DPTR
            SJMP LOOP
```

程序执行时，用逻辑笔或示波器就应在该 6264 存储器芯片的片选端看到等间隔的一串负脉冲信号，就说明该芯片选片信号连接是正确的。

用同样的方法，可将各存储器及接口芯片的片选信号都逐一进行检查。如果在测试点上观察不到被测信号，就要检查片选线连接是否正确，有无接触不良、错线、断线等现象。

2）检查存储器

检查存储器时可编写一段检测程序，向随机存储器进行写入，再读出，将写入和读出的数据进行比较。若正确，则继续检查下一单元；若发现错误，则停止检测程序的运行。

下列检测程序供读者参考：

```
            ORG    0100H
            MOV    A, ＃00H
            MOV    DPTR, ＃RAM 首地址
    MTEST:  MOVX   @DPTR, A
            MOV    R0, A
            MOVX   A, @DPTR
            CLR    C
            SUBB   A, R0
            JNZ    STOP
            INC    DPTR
            MOV    A, R0
            INC    A
            SJMP   MTEST
    STOP:   出错停止
```

若一片 RAM 芯片的多个单元不正确，则有可能某些控制信号连接不正确；如果一片 RAM 芯片中个别单元出现问题，则有可能这一存储器芯片本身有问题。

3）检查 I/O 扩展接口

对可编程接口芯片如 8155、8255，要首先对该接口芯片初始化，再对其 I/O 端口进行操作。初始化要按系统设计要求进行，程序调试好后就可作为正式编程的相应内容，初始化后，就可对其端口进行读写。对开关量 I/O 来讲，在实验板上可利用按钮开关和发光二极管进行模拟调试。一般情况下，先调试主电路板，驱动板单独调试，这样故障排除更方便些。

如果用连续运行方式运行监测程序，端口状态不易观察时，就可用开发系统的单步功能单步执行检测程序，检查内部寄存器的有关内容或外部相应信号的状态，以确定开关量输入和输出通道连接是否正确。

如果使用简单 I/O 接口，像常用的锁存器和缓冲器，可直接对端口进行读写操作。

4）检查按键输入及显示电路

对独立按键可直接读入按键的状态，按开关量输入进行检查。若是矩阵式键盘，则要

编写相应的键盘扫描程序，并逐一按键，在显示器上显示相应的代码。

显示器检查可根据设计的是动态显示还是静态显示，是硬件七段译码还是软件七段译码，来编写相应的检测程序。检查时，要将七段 LED 显示器从 0 到 9 逐一验证，对有些特殊字符需要时也要进行验证，以防丢段或连线有错。若采用液晶显示器（LCD），则要连接相应接口，调试好通信程序，使 LCD 显示正常。

这部分检测程序较长，可参照本书第 6 章的内容编写检测程序，在此就不一一列出了。

8.3.9　系统结构设计

在前面实验板调试的基础上检查各部分功能均达到设计要求后，要核对系统原理图，确定元器件的型号、引脚连接线，最终确定正式系统原理图。然后就可进行结构设计了。

1. 机壳设计

机壳是控制器的保护罩，同时也是人机界面的重要组成部分。外壳的体积和面板设计要根据控制对象的要求综合考虑，不可能给出统一原则。如机床控制器，电路板可能就安装在机床内部，不需要另外设计机壳，只要一个简单的外壳加上一个便于操作的面板就可以了。空调器的控制器，要求将其放在机体内，因此控制板的体积要尽可能紧凑，不需要再加外壳保护，其有关操作放在空调机体的面板上进行。若要设计一个以单片机为核心的智能仪表，则要设计一个恰当的外壳，美观的面板，便于携带和操作，使产品有良好的人机界面。对于家电产品，外观造型、色彩、样式等都要求较高，既要功能齐全使用方便，又要美观大方经济实用。

2. 印制电路板设计

印制板的大小和形状要根据机壳内安装的实际要求和系统所含元器件的数量进行安排和布局。

在一个复杂的系统中，往往要设计多块印制电路板，通过接插件连接，印制板的划分要依据以下原则：

（1）同一功能模块电路尽可能设计在同一印制板上。

（2）电路板间的连线尽可能简单。

（3）板子大小要适中，布局要均衡。

同时，在设计印制板时，要选好相应的接插件以及安装方式。由于印制电路板元器件密集，容易相互影响，因此在设计时要考虑以下几点：

（1）电源线和地线尽可能加粗，以减少导线电阻产生的压降。

（2）低频信号宜采用一点接地，高频信号宜采用多点接地。

（3）地线最好绕印制板边沿一周布线，便于地线连接。

（4）数字、模拟电路要分开布局，且两者地线尽量不要相混。

（5）每个印制板电源进线跨接一个 $100 \sim 250\ \mu F$ 电解电容；每个集成电路芯片应跨接一个 103 左右的瓷片去耦电容，保证器件电源正常。

（6）在元器件排列时，有关的器件尽可能靠近，使走线尽可能短，可获得较好的抗噪效果。

（7）将发热量大的元器件尽可能放置在上方或靠近机壳通风散热孔，以便获得好的散热效果。

设计印制电路板使用 Protel 99 绘图软件。使用该软件设计 PCB 版图，可直接拿到印制板厂在光绘机上做出胶片底板，直接加工。在印制板上同时设计一张丝网印制板图，用于将印制板上的元件序号、名称等印制到电路板上，便于安装和检查。

以上介绍了系统硬件设计的主要步骤及方法。在印制板正式做出来后，要再次进行调试以形成正式的控制系统硬件。读者在工作中可结合自己的实践总结出一些规律，以提高系统设计的效率，缩短设计周期，从而尽快设计出一个优质高效的单片机控制系统。

8.4　系　统　调　试

系统调试是开发过程中的一个重要环节。当完成了系统的软、硬件设计，在硬件组装完成之后，便可进入系统调试阶段。系统调试的目的是要查出用户系统中硬件设计与软件设计中存在的缺陷及可能出现的不协调问题，以便进一步完善设计，使系统正常工作。

在方案设计阶段就要考虑系统调试问题，如采取什么方法调试，使用何种测试仪器等，以便在方案设计时将必要的调试方法综合到软、硬件设计中，提早做好调试准备工作。

系统调试包括软件调试、硬件调试及系统联调。根据调试环境不同，系统调试可分为模拟调试与现场调试。各种调试所起的作用不同，所处的时段也不一样，但目标是一致的，都是为了查出系统中潜在的错误，提高可靠性，完善系统功能。

8.4.1　常用调试工具

在单片机应用系统调试中，常用的调试工具有以下几种：

1. 单片机开发系统

单片机开发系统（又称仿真器）的主要作用是：

（1）系统硬件电路的诊断与检查。

（2）程序的输入与修改。

（3）硬件电路、程序的运行与调试。

（4）程序固化（要用到编程器）。

由于单片机本身不具有调试及输入程序的能力，因此单片机开发系统就成为开发应用系统不可缺少的工具。

对应于某一系列的单片机都有与之相应的开发系统。例如，Intel 公司推出的 ICE - 5100/252 单片机在线仿真器，用于开发研制 51 系列单片机应用系统；ATD - 96/98B 单片机开发系统用于开发研制 8096/98 单片机应用系统。Motorola 公司推出的 MC68HC11EVM 仿真器用于开发研制 MC68HC11 系列单片机应用系统。凌阳公司提供的 PROBEL 用于开发研制 SPCE061A 系列单片机应用系统，可以很容易地进行系统仿真和调试，并能完成程序下载实现器件编程。也有少数的开发系统适用于多种类型的单片机，但一般局限于同一公司的产品。因此，单片机开发系统的选择原则是，开发系统的单片机与用户系统的单片机必须为同一系列产品。如图 8.8 所示是一种常用的开发系统。

开发系统可独立工作，也可与计算机联机使用。它提供了必要的开发软件及丰富的子程序库，其监控程序支持程序输入、修改、测试、状态查询等功能。开发系统本身占用单片机硬件资源少并具有资源出借功能，同时具有多种跟踪、运行、调试功能，与主机联机时可用汇编语言或 C 语言编程。

图 8.8 一种常用仿真器

将单片机开发系统的仿真插头插入用户系统的单片机插座，通过操作开发系统实现对用户系统各部件的操作，就能达到调试、运行用户系统的目的。

2. 万用表

万用表（三用表）是系统设计和调试人员必不可少的仪表之一，主要用于测量硬件电路的通断、两点间电阻值、测试点电压、电流及其他静态工作状态等。系统研发、调试、维护人员应配备一块内阻较大的数字三用表。

例如，在某个集成块的输入端输入稳态电平时，可用万用表来测试其输出，通过测试值与理论值的比较，就可判定该芯片的工作是否正常。例如，74LS04 六非门器件，当在非门输入端加高电平时，其输出端应为低电平，可用三用表测试其电平，判断其工作状态。

3. 逻辑笔

逻辑笔是数字系统调试过程中十分有用的测试工具，它以制作容易，携带方便，经济实用，深受广大工程技术人员欢迎。图 8.9 是一种常用的逻辑笔。

图 8.9 逻辑笔

逻辑笔可以测试数字电路中被测试点的电平状态（高或低）及是否有脉冲信号。假如要检测单片机扩展总线上连接的某译码器是否有译码信号输出，可编写一循环程序使译码器输出一特定译码信号。运行该循环程序后，用逻辑笔测试译码器输出端，若逻辑笔上发光二极管交替闪亮，则说明译码器有译码信号输出；若只有红色发光二极管亮（高电平输出）或绿色发光二极管亮（低电平输出），则说明译码器无译码信号输出。这样就可以初步确定由扩展总线到译码器之间可能存在故障。系统运行时，逻辑笔用来测量系统总线的信号，判断系统运行状况十分实用。

4. 逻辑脉冲发生器与模拟信号发生器

逻辑脉冲发生器能够产生不同宽度、幅度及频率的脉冲信号，它可以作为数字电路的信号源。模拟信号发生器可产生具有不同频率的方波、正弦波、三角波、锯齿波等模拟信号，作为模拟电路的信号源。这些信号源在系统模拟调试过程中很有用。

5. 示波器

示波器可以测量电平、模拟信号波形及频率，还可以观察多个信号的波形及它们之间的相位关系（双踪或多踪示波器）。既可以对静态信号进行检测，也可以对动态信号进行测试，而且测试准确直观，是电子信息系统调试维修的一种必备工具。图 8.10 是一种常用的示波器。

图 8.10　常用的示波器

6. 逻辑分析仪

逻辑分析仪能够以单通道或多通道实时获取触发事件的逻辑信号，可保存显示触发事件前后所获取的信号，供操作者随时观察，作为软、硬件分析的依据，能够快速有效地查出软、硬件中的错误。逻辑分析仪主要用于动态调试中信号的捕获，当然，它也是一种比较贵重的仪器。一般情况下，单片机仿真器也可提供软件逻辑分析功能，能够解决一些实际问题，售价不高，是一种行之有效的分析方法。

在单片机应用系统调试过程中，数字三用表、示波器、逻辑笔及开发系统是最基本的调试工具。

通常为了便于掌握单片机原理及应用，需要相应的单片机原理实验箱，图 8.11 为一种功能比较齐全的单片机应用实验箱。该实验箱能够完成以下实验：单片机并行端口、串行通信口、定时器/计数器和中断系统等功能模块的测试及应用类基本实验；存储器扩展、I/O 端口扩展等系统扩展类实验；键盘、显示器应用实验；A/D、D/A 应用实验；光电隔离器件、继电器应用类实验；也可以作为大型综合性实验及电子设计大赛的培训平台等。

图 8.11　单片机实验箱

8.4.2　系统调试方法

1. 硬件调试

硬件调试是利用开发系统、基本测试仪器（万用表、示波器等），通过执行开发系统有关命令或运行适当的测试程序（也可以是与硬件有关的用户程序段），检查用户系统硬件工作是否正常。

硬件调试可分为静态调试与动态调试两步进行。

1）静态调试

静态调试是在用户系统未加电工作时的一种硬件检查方法。

第 1 步，目测。单片机应用系统中大部分电路安装在印制电路板上，因此，对每一块加工好的印制电路板要进行仔细的检查。检查它的印制线是否有断线和毛刺，是否与其他线或焊盘粘连，焊盘是否脱落，金属化过孔是否连通等。若印制板无质量问题，则将集成芯片的插座、电路元件焊接在印制板上（注意装配工艺，一般先低后高。先焊体积小高度低的元件，后装体积大较高的元件；先装低值元器件，后安装价格较高的元件），并检查其焊点是否有毛刺，是否与其他印制线或焊盘连接，焊点是否光亮饱满，有无虚焊等。对系统中所用的器件与设备，要仔细核对型号，检查它们对外连线（包括集成芯片引脚）是否完整无损。通过目测可以查出一些明显的器件、设备故障并及时排除。

第 2 步，万用表检测。目测检查后，可用万用表测试。先用万用表复核目测过程中认为可疑的连接点，检查它们的通断状态是否与设计相符。再检查各种电源线与地线之间是否有短路现象。短路现象一定要在器件安装及加电前排除。如果电源与地之间短路，系统中的器件或电源设备都可能被毁坏，后果十分严重。所以，对电源与地的处理，在整个系统调试及今后的运行过程中都要相当小心。

如果有现成的集成电路测试仪器，应将要使用的芯片进行测试筛选。其他的器件、设备在购买或使用前也应做必要的测试，以确保将性能可靠的器件、设备用于系统。

第 3 步，加电检查。在静态检测完成之后，在给印制板加电前，首先检查所有插座或器件的电源额定值是否与电源电压相符，然后再加电检查各点电压是否正常（注意，单片机插座上的电压不应该大于 V_{DD}，否则联机时可能损坏仿真器），检查接地是否可靠，接固定电平的引脚电平是否正确。然后在断电状态下，将芯片逐个插入印制板的相应插座。每插入一块做一遍上述检查，特别要检查电源与地是否短路，这样就可以确定电源错误或与地短路发生在哪块芯片上。

在对各芯片、器件加电过程中，还要随时注意观察芯片或器件是否出现打火、过热、变色、冒烟、异味等现象，如果出现立即断电，就应仔细检查电源加载等情况，找出产生异常的原因并加以排除。

此外，也可以在加电期间，通过给逻辑功能简单的芯片加载固定输入电平，用万用表测其输出电平的方法来判定该芯片的好坏。例如，74LS08 为四二输入与门，当两输入端接高电平时，其输出端应为高电平；任一输入端为低电平时，输出应为低电平。否则，说明该器件有问题。

第 4 步，联机检查。因为只有用单片机开发系统才能完成对用户系统的调试，而动态测试也需要在联机仿真的情况下进行。因此，在静态检查印制电路板、接插件、器件等部分无物理性故障后，即可将用户系统与单片机开发系统用仿真电缆连接起来。联机检查上述连接是否正确、可靠。

2）动态调试

动态调试是在用户系统加电工作的情况下，发现和排除系统存在的器件内部故障、器件间连接逻辑错误、软件功能是否正常的一种有效检查方法。由于单片机应用系统的动态调试是在开发系统的支持下完成的，因此又称为联机调试或联机仿真。

动态调试的原则是：由分到合、由近及远。

由分到合指的是，首先按逻辑功能将用户系统硬件电路分为若干模块，如程序存储器、A/D 转换电路、继电器控制电路等，再分别调试。当调试某一模块电路时，与该电路无关的器件可以全部从用户系统中去掉，这样，可将故障范围限定在某个局部范围内。当各个电路调试无误后，将各模块电路逐一加入系统中，再对电路功能及各电路间可能存在的相互联系进行调试。此时若出现故障，则最大可能是在各电路协调关系上出了问题，如交互信息的联络是否正确，时序是否达到要求等。直到所有电路加入系统后各部分电路能正常工作为止，由分到合的调试即告完成。在经历了这样一个调试过程后，大部分硬件故障基本上可以排除。

由近及远指的是，对于功能较多，某些逻辑功能模块电路较复杂，会给故障的准确定位带来一定的难度。这时，对每一模块电路可以以信号处理的流向为线索，将信号流经的各器件按照距离单片机的逻辑距离由近及远地分层，然后按层调试。调试时，仍采用去掉无关器件的方法，逐层依次调试下去，就可将故障定位在具体器件上。例如，调试外部数据存储器时，可按层先调试总线电路，然后调试译码电路，最后加上存储芯片，利用开发系统对其进行读写操作，就能有效地调试数据存储器。显然，每部分出现的问题只局限在一个小范围内，有利于故障的发现和排除。

动态调试借用开发系统资源（单片机、存储器等）来调试用户系统中单片机的外围电路。利用开发系统友好的人机界面，可以有效地对用户系统的各部分电路进行访问、控制，从而发现故障。典型有效的访问、控制各部分电路的方法是对电路进行循环读或写操作（时钟等特殊电路除外，这些电路通常在系统加电后会正常运行，只要器件没有问题，一般情况下为免调试电路），使得电路中主要测试点的状态能够用常规检测仪器（示波器、万用表等)测试，依次检测被调试电路是否按预期的状态工作。

2. 软件调试

软件调试是检测应用程序是否达到设计要求，能否正确完成系统功能的过程，通过对用户程序的汇编、连接、执行，来发现程序中存在的语法错误与逻辑错误并加以排除的过程。软件调试一般采用先独立后联机、先分块后组合、先单步后连续的调试方法。

1) 先独立后联机

从宏观来说，单片机应用系统中的软件与硬件是密切相关、相辅相成的。软件是硬件的灵魂，没有软件，系统将无法工作；同时，软件的运行又依赖于硬件，没有硬件支持，软件的功能便荡然无存。因此，将两者完全孤立开来是不可能的。然而，并非所有用户程序都依赖于硬件，当软件对被测试参数进行加工处理或作某种事务处理时，往往与硬件无关。这样，就可以通过分析用户程序，把与硬件无关的功能相对独立的程序段提取出来，形成与硬件无关和依赖于硬件的两大类用户程序块。这一划分工作在软件设计时就应充分考虑。

在具有交叉汇编软件的主机或与主机联机的仿真机上，此时与硬件无关的程序模块调试就可以与硬件调试同步进行，或借助开发机的仿真功能进行调试，以提高软件调试的速度，缩短开发周期。

程序仿真调试与用户硬件系统调试完成后，可将仿真机、计算机、用户系统连接起来，进行系统联调。在系统联调过程中，先对依赖于硬件的程序块进行调试，调试成功后，再将两大程序块组合在一起调试。

2) 先分块后组合

当用户系统规模较大、任务较多时，即使先行将用户程序分为与硬件无关和依赖于硬件两大部分，但这两部分程序仍较为庞大，从头至尾调试，既费时间又不容易对错误进行定位。所以，常规的调试方法是分别对两类程序模块进一步划分，然后分别调试，以提高软件调试的有效性。

在调试时所划分的程序模块应基本与软件设计时的程序功能模块或任务保持一致。除非某些程序功能模块较大时，才将其再细分为若干个子模块。但要注意的是，子模块的划分与一般模块的划分应一致。

每个程序模块调试完成后，将相互有关联的程序模块逐块组合起来加以调试，以解决在程序模块连接中可能出现的逻辑错误。由于各个程序模块通过调试已排除了内部错误，因此软件总体调试的错误就大大减少了，能够在较短的时间内完成软件调试。

3) 先单步后连续

调试好程序模块的关键是实现对错误的正确定位。准确发现程序(或硬件电路)中错误的有效方法是采用单步加断点运行方式调试程序，单步运行可以了解被调试程序中每条指令的执行情况，分析指令的运行结果可以知道该指令执行的正确性，并进一步确定是由于硬件错误、数据错误还是程序设计错误等引起该指令的执行错误，从而发现并排除故障。

若所有程序模块都以单步方式查找错误的话，则既费时又费力，而且对于一个好的软件设计人员来说，设计错误率比较低。所以，为了提高调试效率，通常采用先使用断点运行方式将故障定位在程序的一个小范围内，然后针对故障程序段再使用单步运行方式来确定错误所在的位置，这样就可以做到调试的快捷和准确。一般情况下，单步调试完成后，还要做连续运行调试，以防止某些错误在单步执行的情况下被掩盖。有些实时性操作（如中断等）利用单步运行方式无法调试，必须采用连续运行方法进行调试。为了准确地对错误进行定位，可使用连续加断点运行方式调试这类程序，即利用断点定位的改变，一步步缩小故障范围，直至最终确定出错误位置并加以排除。

3. 系统联调

系统联调是指将应用系统的软件在其硬件系统上实际运行，进行软、硬件联合调试，发现硬件故障或软、硬件设计错误。这是对用户系统检验的一个重要环节。系统联调主要解决以下几个问题：

（1）软、硬件能否按设计要求配合工作？如果不能，那么问题出在哪里？如何解决？

（2）系统运行中是否有潜在的、设计时难以预料的错误？如硬件延时过长造成工作时序不符合要求，布线不合理造成串扰等。

（3）系统的动态性能指标（包括精度、速度参数）是否满足设计要求？

系统联调时，首先采用单步、断点、连续运行方式调试与硬件相关的各程序段，既可检验这些用户程序段的正确性，又能在各功能独立的情况下，检验软、硬件的配合情况。然后，将软、硬件按系统工作要求进行综合运行，采用断点、连续运行方式进行总调试，使系统总体运行时软、硬件能协调工作以提高系统的动态性能。在具体操作中，应用系统在开发系统环境下，先借用仿真器上的单片机、存储器等资源进行工作。若发现问题，则按上述软、硬件调试方法准确定位，分析错误原因，找出解决办法。用户系统调试完后，将目标程序固化到系统的程序存储器中，使系统运行。若无问题，则目标系统插上单片机即可脱机运行了。

请注意：由于用仿真器调试时可以采用仿真器时钟和复位电路，因此脱机后不要忘记对用户板系统时钟、复位电路的检查。

4. 现场调试

一般情况下，通过系统联调后，用户系统就可以按照设计目标正常运行了。但在某些情况下，由于系统运行的环境较为复杂（如电磁环境干扰、工作现场有特种气体、工频干扰等），在实际进入现场工作之前，环境对系统的影响无法预料，只能通过现场调试发现问题，找出相应的解决方法。即使已经在系统设计时采取了抗干扰措施，是否行之有效，还必须通过用户系统在实际现场的运行来加以验证。另外，有些用户系统的调试是在用模拟设备代替实际监测、控制对象的情况下进行的，这就更有必要进行现场调试，以检验用户系统在实际工作环境中工作的正确性。必要时，在进入现场调试之前应完成例行试验。

总之，现场调试对用户系统来说是最后必须的一个过程，只有经过现场调试的应用系统才能保证其可靠地工作。现场调试仍可利用开发系统来完成，其调试方法与前述方法类似。

在系统设计过程中，没有一个固定不变的方法，即所谓法无定法，有些过程可以简化，要根据系统的实际要求有所侧重，不断总结经验，才能在整个系统研制过程中得心应手。请读者注意，方案论证和系统设计必须花精力仔细研究和反复论证，否则会对后续工作带来很大困难。

习 题 8

8.1 单片机应用系统设计包括哪些主要内容？

8.2 设计一个单片机应用系统要经过哪些主要步骤？主要应该完成哪几个报告？

8.3 简述实用系统的设计方法及各个阶段的主要任务。

8.4 简述光电耦合器在单片机应用系统中的作用。

8.5 在单片机应用系统的输出回路中，常用的驱动电路有哪几种？各有什么特点？

8.7 实验电路板初次加电前应做哪些检查，为什么？

8.8 设计印制电路板时要考虑哪些因素？

8.9 简述单片机应用系统样机调试方法。

第 9 章

系统抗干扰设计

本章要点与学习目标：

本章从单片机应用系统抗干扰设计出发，分析了影响单片机系统正常工作的干扰源，分别从硬件设计和软件设计介绍了相应的抗干扰措施，讨论了电源抗干扰方案和系统接地技术，介绍了 I/O 通道抗干扰技术。读者通过本章的学习应掌握以下知识点：

- 影响单片机应用系统的各种干扰源；
- 软硬件系统的抗干扰设计技术及具体设计方法；
- 电源系统的抗干扰设计和具体措施；
- 系统的接地技术及使用方法；
- I/O 通道设计时应采取的抗干扰措施。

单片机应用系统具有体积小、价格低、功能灵活、使用方便等特点，因而获得了广泛应用。虽然在单片机设计时采取了不少措施，但其工作环境大都在工业生产现场或嵌入被控设备之中，受强电干扰较多，工作条件恶劣，易受各种干扰。因此，研究抗干扰技术对保证单片机系统稳定可靠工作十分重要。本章将从干扰的来源、硬件、软件以及电源系统进行分析，讨论实用有效的抗干扰措施。

9.1 干扰源分析

单片机控制系统的工作环境比较复杂，一般都存在自然因素或人为因素产生的电磁干扰。各种干扰通过一定的途径进入单片机控制系统或测量通道，就会对单片机控制系统产生干扰，通常将上述影响正常工作的各种干扰信号称为噪声。在单片机控制系统中，如果出现干扰，就会影响指令的正常执行，造成事故或控制失灵；如果在测量通道中存在干扰，就会产生测量误差，计数器受到干扰可能造成记数不准，电压的冲击有可能使系统无法正常运行甚至损坏。

凡是能产生一定能量，可以影响到周围电路正常工作的信号都可认为是干扰源。干扰有的来自外部，有的来自系统内部。

一般来说，干扰源可分为以下 3 类：

（1）自然界的宇宙射线，太阳黑子活动，大气污染及雷电因素造成的干扰信号。

（2）物质固有的，即电子元器件本身的热噪声和散粒噪声。

（3）人为造成的，主要是由电气和电子设备引起的干扰。这些干扰在系统工作的环境中广泛存在，包括动力电网的电晕量放电，绝缘不良的弧光放电，交流接触器、继电器接点引起的电火花，照明灯管所引起的放电，变压器、电焊机等大功率设备启动浪涌，可控硅开关造成的瞬间尖峰，都会对交流电网产生影响，通过电源系统影响单片机系统的正常运行。另外，像大功率广播、电视、通信、雷达、导航、高频设备以及大功率设备所发出的空间电磁干扰，系统本身电路的过渡过程，电路在状态转换时引起的尖峰电流，电感或电容所产生的瞬间电压和瞬变电流也会对系统工作产生干扰。印制电路板布局不合理、布线不规则、排列不合理、粗细不均匀等使电路板自身产生相互影响；系统安装布线不合理，强弱电走线没有分开，都会对系统造成干扰。

噪声干扰的频谱很宽，干扰噪声可以是直流、交流、脉冲等形式。从噪声进入控制系统的途径来讲，主要有 3 种干扰通道，如图 9.1 所示。

空间电磁干扰（场干扰）通过电磁波辐射进入系统；I/O 通道干扰通过和主机系统相连接的输入通道、输出通道及与其他主机系统相连的通信端口进入单片机系统；电源系统干扰，主要是指通过供电系统的直流电源线路或地线进入系统。在一般环境下，空间干扰在强度上远小于其他两种渠道进入系统的

图 9.1 单片机控制系统主要干扰途径

干扰，而且空间干扰可用良好的屏蔽与正确的接地，或采用加高频滤波器的方法解决。因此，我们研究抗干扰设计的重点应放在尽可能减少由供电系统和 I/O 通道所引起的干扰。

另外，控制系统的软件设计也有许多值得研究的问题。软件设计时通过采用可靠性设计技术，能有效地抑制干扰对系统的影响。

9.2 硬件抗干扰技术

9.2.1 元器件选用

系统硬件是由单片机及外围电路等许多元器件组成的，只有保证每个元器件都能可靠地工作，才能确保系统的可靠性。根据系统设计需要，可以选择的元器件种类很多。将这些元器件应用于系统之前，首先要对元器件进行性能测试和功率老化试验，并随时测试其性能指标是否符合系统要求。

一般情况下，元器件在出厂前都进行了测试。通常在应用时不再进行测试，而是直接将元器件用于电路中加电运行考验，发现问题直接替换，这样对整个系统的考机就必须认真进行。依照可靠性理论，芯片在通电使用初期故障率较高，系统装调完成后，应尽量模拟实际运行环境加电考机，尽可能将问题解决在这一阶段，这样考机合格的设备出厂后就能稳定运行了。

9.2.2 接插件选择

单片机控制系统通常由一块或几块印制电路板组成,各板之间以及各板与电源之间采用接插件连接。在接插件的插针之间易造成干扰,这些干扰与接插件插针之间的距离以及插针与地线之间的距离都有关系。因此,在设计和选用接插件时要注意以下几点:

(1) 合理地设置接插件。电源接插件与信号接插件要尽量远离,主要信号的接插件外面最好带有屏蔽网层。

(2) 接插件上要增加接地针数。在安排插针信号时,将一部分插针作为接地线,均匀分布于各信号针之间起到隔离作用,以减小针与针间信号的互相干扰。单从抗干扰方面来讲,最好每一信号针两侧都是接地针,信号针与接地针理想的比例为 1 : 1。当然,在系统设计时要根据实际情况,兼顾各方面的因素综合考虑。

(3) 信号针尽量分散配置,增大彼此之间的距离。

(4) 设计时要考虑信号的频率,把不同时刻翻转的信号插针尽量远离,因信号同时翻转会使干扰叠加。

(5) 选用接插件时,要选用不同机械结构或不同针数的接插件。原则上一块电路板上不要有两个或两个以上结构和尺寸都相同的接插件,以免误插造成损坏。

(6) 插座信号排列时,要考虑到插头有插反的可能,要求即使插头插反也不至于损坏电源或器件。

9.2.3 印制电路板抗干扰技术

印制电路板是器件、信号线、电源线的高密度集合体,但决不是器件、线路的简单密集排列,布线和布局好坏对可靠性影响很大。

印制电路板设计时应注意以下几点:

(1) 印制电路板总体布局原则。

① 印制电路板大小要适中。板面过大和印制线路太长,都会阻抗增加,成本也高;板子太小,板间相互连线增加,易造成干扰。

② 印制电路板元件布局时相关元件应尽量靠近。如晶振、时钟发生器及 CPU 时钟输入端要相互靠近,大电流电路元器件要远离主板,或另做一块驱动板。

③ 考虑电路板在机箱内的位置,发热大的元器件应放置在易通风散热的位置。

(2) 电源线和地线与数据线传输方向一致,有助于增强抗干扰能力。接地线要环绕印制板一周安排,各器件尽可能就近接地。

(3) 地线尽量加宽,数字地、模拟地要分开,根据实际情况考虑一点或多点接地。

(4) 配置必要的去耦电容。

在印制电路板的各个关键部位配置必要的去耦电容是十分必要的。

① 电源进线端跨接 $100~\mu F$ 以上的电解电容,以便吸收电源进线引入的脉冲干扰。

② 一般情况下,可在每个集成电路芯片上都设计一个 103 或 104 的小瓷片电容,以便吸收高频干扰。

③ 电容引线不能太长,高频旁路电容不能带引线。

9.2.4　执行机构抗干扰技术

在单片机控制系统的输出电路中，存在着执行开关、驱动线圈等功率器件，这些器件动作时可能造成回馈干扰。特别是感性负载，电机电枢的反电动势会损坏元器件，甚至会破坏计算机系统或干扰程序的正常执行，为防止由于电感负载的瞬间通、断造成的干扰，通常采用以下措施：

（1）触点两端并联阻容吸收电路，控制触点间放电，如图 9.2(a)所示。

（2）电感负载两端并联反向二极管，形成反电动势放电回路，保护设备安全，如图 9.2(b)所示。在继电器线圈两端并接二极管，当开关断开时，感应电动势通过二极管放电，防止击穿电源及开关。

图 9.2　输出回路抗干扰措施

(a) 触点并接阻容吸收电路；(b) 线圈并接反向二极管

9.3　软件抗干扰技术

控制系统软件抗干扰设计对提高整个系统的可靠性，增强系统抗干扰能力非常重要。软件设计要充分考虑采取必要的抗干扰措施，利用软、硬件相结合实现系统抗干扰是单片机控制系统设计必须采取的措施，也是行之有效的手段。下面介绍几种常用的软件抗干扰措施。

9.3.1　设置软件陷阱

由于系统干扰可能破坏程序指针 PC，一旦 PC 失控程序就会"乱飞"，可能进入非程序区，造成系统运行错误。设置软件陷阱，可防止程序"乱飞"。

设置软件陷阱可以采用在 ROM 或 RAM 中，每隔一些指令，就把连续几个单元设置成空操作（所谓陷阱）。当失控的程序掉入"陷阱"，连续执行几个空操作后，程序自动恢复正常，继续执行后面的程序。将程序芯片没有被程序指令字节使用的部分全部置成空操作或返回指令代码，一旦程序飞出到非程序区，能够顺利跳回到程序初始状态，重新执行程序，不至于因此造成程序死循环。

9.3.2　软件看门狗

利用设置软件陷阱虽在一定程度上解决了程序"乱飞"的失控问题，但在程序执行过程中若进入死循环，无法撞上陷阱，就会使程序长时间运行不正常。因此，设置陷阱的办法并不能彻底有效地解决死循环问题。

设置程序监视器（Watchdog，即看门狗）可比较有效地解决死循环问题。程序监视器系统有的采用软件解决，大部分都是采用软、硬件相结合的办法。下面以两种解决办法来分析其原理。

1. 利用单片机内部定时器进行监视

在程序的大循环中，一开始就启动定时器工作，在主程序中增设定时器赋值指令，使该定时器维持在非溢出工作状态。定时时间要稍大于程序循环一次的执行时间。程序正常循环执行一次给定时器送一次初值，重新开始计数而不会产生溢出。但若程序失控，没能按时给定时器赋初值，定时器就会产生溢出中断，在中断服务程序中使主程序回到初始状态。

例如，设 89C51 单片机晶振频率为 6 MHz，选定时器 T0 定时监视程序。程序如下：

```
          ORG   0000H
START:    LJMP  MAIN
          ORG   000BH
          LJMP  START
          ORG   0060H
MAIN:     SETB  EA
          SETB  IE0
          SETB  TR0
          …                    ;其他初始化程序
LOOP:     MOV   TMOD,#01H      ;设置 T0 为定时器方式 1
          MOV   TH0,#datah     ;设置定时器初值
          MOV   TL0,#datal
          ⋮
          LJMP  LOOP           ;循环
```

程序中设定 T0 为 16 位定时器工作方式，时间常数 datah，datal 要根据用户程序的长短以及所使用的 6 MHz 晶振频率计算，实际选用值要比计算出的值略小些，使定时复位时间略长于程序的正常循环执行时间。这种方法是利用单片机内部的硬件资源定时器达到防止程序死循环的目的。

2. 利用单稳态触发器构成程序监视器

利用单稳态触发器构成程序监视器的电路很多。利用软件经常访问单稳电路，一旦程序有问题，CPU 就不能正常访问，单稳电路则产生翻转脉冲使单片机复位，强制程序重新开始执行。图 9.3 是利用单片机本身的 ALE 信号经分频器分频后，作为系统的强制复位信号。当程序正常运行时，每隔一段时间 P1.0 端口输出一个清 0 信号，RST 端不会有复位脉冲，就不会强行复位。一旦出现程序"乱飞"或死循环，P1.0 端就不再输出清 0 信号，系统便会强行复位。（也可以采用系统的某一方波信号作为系统看门狗的时钟源，但一旦

该信号出现问题，就起不到看门狗的作用了。）

图 9.3　系统看门狗电路

9.3.3　软件冗余技术

软件冗余技术就是多次使用同一功能的软件指令，以保证指令执行的可靠性。可从以下几个方面考虑：

（1）采取多次读入法，确保开关量输入正确无误。重要的输入信息利用软件多次读入，比较几次结果一致后再让其参与运算。对于按钮和开关状态读入时，要配合软件延时消除抖动。

（2）不断查询输出状态寄存器，及时纠正输出状态。设置输出状态寄存器，利用软件不断查询，当发现其和输出的正确状态不一致时，及时纠正，防止由于干扰引起的输出量变化导致设备错误动作。

（3）对于条件控制系统，把对控制条件的一次性采样、处理控制输出改为循环采样、处理。这种方法对于惯性较大的控制系统具有良好的抗随机干扰作用。

（4）为防止计算错误，可采用两组计算程序，分别计算，然后将两组计算结果进行比较，如两次计算结果相同，则将结果输出。如果出现偏差，则再进行运算，重新比较，直到结果相同，才认为计算结果正确。

软件冗余技术是提高软件可靠性，防止干扰造成误差，保证控制系统正常运行的有力措施。至于在什么地方采用冗余技术，要根据在软件设计过程中的薄弱环节和在硬件上易受干扰部位来决定。

9.3.4　软件抗干扰设计

软件设计功能灵活，修改方便，在提高系统可靠性方面更具有其优点。尤其是进入现场调试后，设备安装就绪，再改动硬件，既花时间又耗费资金，若采用软件可靠性措施，再与硬件相互配合，则可以使许多干扰得到抑制和消除。

1. 软件抗干扰能力

在软件设计时采用如下措施，可以有效提高系统的抗干扰能力。

（1）增加系统信息管理模块。与硬件相配合，对系统信息进行保护。其中包括防止信息被破坏，出故障时保护信息，故障排除之后恢复信息等。

（2）防止信息在输入/输出过程中出错。如对关键数据采用多种校验方式，对信息采用重复传送校验技术，从而保证信息的正确性。

（3）编制诊断程序，及时发现故障，查找出故障位置，以便及时检修或启用冗余设备。

（4）软件进行系统调度，包括出现故障时保护现场，迅速启用备用设备，将故障设备切换成备用状态进行维修。在环境条件发生变化时，采取应急措施，故障排除后，迅速恢复系统，继续投入运行等。

2. 提高软件自身的可靠性

通常要编制一个可靠运行的应用软件，应考虑采用以下几项措施。

1）程序分段和采用层次结构

程序设计时，将程序分成若干个具有独立功能的子程序模块。各个程序模块可以单独使用，也可与其他程序模块共同使用。各程序模块之间可通过固定的通信区和一些指定的单元进行信息传递。每个程序模块都可单独进行调整和修改，不会影响其他程序模块。

2）采用可测试性设计

在编制软件过程中会出现一些错误。为便于查出错误，提高软件开发效率，可采用以下 3 种方法：

（1）明确软件规格，使测试易于进行。

（2）将测试设计的程序段作为软件开发的一部分。

（3）把程序结构本身构造成便于测试的形式。

3）对软件进行测试

软件测试的基本方法是，给软件一个典型的输入，观测输出是否符合要求。发现错误进行修改，直至消除错误，实现正常功能。

测试软件可按以下步骤进行：

（1）模块测试，即对每个程序模块单独进行测试。

（2）局部或系统测试，即对多个程序模块组成的局部或系统程序进行测试，以发现程序模块间的连接错误。

（3）系统功能测试，按功能对软件进行测试，如控制功能、显示功能、通信功能、管理功能、报警功能等。

（4）现场测试，即硬件安装调试完成后再结合软件进行测试，以便对整个控制系统的功能及性能做一评价。

9.3.5　软件自诊断技术

软件诊断技术主要有两个方面，一方面是对系统硬件和通道的自诊断，另一方面是对软件本身进行诊断和故障排除。

1. 硬件系统诊断

硬件系统诊断包含两个方面：一方面指确定硬件电路是否存在故障，即故障测试；另一方面指出故障的确切位置，给维护提供指导，即故障定位。

有的单片机控制系统配备有系统测试程序，在系统上电时，首先对系统的主要部件以及外设 I/O 端口进行测试，以确认系统硬件工作是否正常。对接口故障的测试，主要是检测接口中元器件的故障，故在进行接口电路设计时要考虑以下 3 个因素：

（1）在端口设计时，除考虑接口的功能外，还要考虑提供检测的寄存器或缓冲器，以便检测使用。

（2）将接口划分成若干个检测区，在每一检测区将检测点逐一编号，进行测试。

（3）将测试点按顺序及故障类型编制成故障字典，以便按测试结果给出故障部位，进行故障定位。

2. 软件自诊断

软件自诊断的办法很多，尤其在运行过程中，为了防止程序突然"乱飞"或进入死循环，需要采取一些有效措施，前面曾介绍过的设置陷阱和使用程序监视器就是解决软件自身故障的有效办法。另外，也可采取时间冗余法。

所谓时间冗余法，就是通过消耗时间资源来提高软件可靠性。时间冗余法通常采用指令复执和程序卷回两种方式实现。

1）指令复执技术

重复执行已发现错误的指令，如故障是瞬时的，在指令复执期间，有可能不再出现，程序可继续执行。

所谓复执，就是程序中的每条指令都是一个重新启动点，一旦发现错误，就重新执行被错误破坏的现行指令。指令复执既可用编制程序来实现，也可用硬件控制来实现，基本的实现方法有：

（1）当发现错误时，能准确保留现行指令的地址，以便重新取出执行。

（2）现行指令使用的数据必须保留，以便重新取出执行时使用。

指令复执类似于程序中断，但又有所区别。二者都要保护现场，不同的是，程序中断时，机器一般没有故障，执行完当前指令后保留现场；但指令复执，不能让当前指令执行完，否则会保留错误结果。因此在传送执行结果之前就停止执行现行指令，以保存上一条指令执行的结果，且 PC 要后退一步。指令复执通常采用次数控制和时间控制两种方式，如果在规定的复执次数或时间内故障没有消失，则称之复执失败。

2）程序卷回技术

程序卷回不是某一条指令的重复执行，而是一小段程序的重复执行。为了实现卷回，也要保留现场。程序卷回技术的要点是：

（1）将程序分成若干小段，卷回时也要卷回一小段，不是卷回到程序起点。

（2）在第 n 段末，将当时各寄存器、程序计数器及其他有关内容移入内存存档，并将内存中被第 n 段所更改的单元又在内存中另开辟一块区域保存起来。若在第 n+1 段中不出问题，则将第 n+1 段现场存档，并撤消第 n 段所存内容。

（3）如在第 n+1 段出现错误，就把第 n 段的现场送给机器的有关部分，然后从第 n+1 段起点开始重复执行第 n+1 段程序。

卷回方法可卷回若干次，直到故障排除或显示故障状态为止。

9.4　电源抗干扰技术

9.4.1　电源系统干扰源

单片机控制系统通常工作在工业生产环境中，强电干扰比较严重。尤其是一些用电量较大的企业，如轧钢机工作时甚至会在电网 50 Hz 正弦波上出现几百伏的尖峰脉冲，这些尖峰来源于轧钢机的强大电流。在某些接有大功率用电设备的电网中，甚至可以检测到在 50 Hz 电源上叠加了上千伏的尖峰脉冲电压。这些干扰通过电源进入单片机控制系统，不但使控制系统产生随机误差和跳动误差，甚至会威胁系统的安全，影响控制系统的可靠运行。

用 Δt 表示电源电压变化的持续时间，那么根据 Δt 的大小可把供电系统干扰分为：

(1) 过压、欠压、停电，$\Delta t > 1$ s。

(2) 浪涌、下陷，1 s $> \Delta t > 10$ ms。

(3) 尖峰电压，Δt 为微秒级。

(4) 射频干扰，Δt 为毫微秒级。

(5) 其他，半周内的停电或过欠压。

过压、欠压、停电的危害是显而易见的，解决的办法是使用各种稳压器和不间断电源 UPS。

但浪涌和下陷是电压的快速变化，会在这些电压变化点附近产生振荡，使电压忽高忽低，致使单片机控制系统受其影响无法工作。这种干扰可采用快速响应的交流电压调压器或滤波器来解决。

尖峰电压持续时间很短，但对单片机系统危害较大，可能会造成逻辑功能紊乱、冲掉程序等。这种干扰可使用具有噪声抑制能力的交流稳压器、隔离变压器或采用相应滤波器等来滤除。

射频干扰对单片机系统的影响不大，利用低通滤波器即可解决。

9.4.2 电源抗干扰措施

为了防止电源系统窜入干扰，影响单片机控制系统的正常工作，整个控制系统的电源可从以下几方面考虑：

(1) 交流进线端加交流滤波器，可滤掉高频干扰，如电网上大功率设备启/停造成的瞬间干扰。滤波器有一级、二级滤波之分，安装时外壳要加屏蔽并使其良好接地，进出线要分开，防止感应和辐射耦合。低通滤波器仅允许 50 Hz 交流通过，对高频和中频干扰有很好的衰减作用。

(2) 对于电源干扰较多、电压不稳的场所可采用交流稳压器。

(3) 采用具有静电屏蔽和抗电磁干扰的隔离变压器。

(4) 采用集成稳压块两级稳压。目前市场上集成稳压块有许多种，如提供正电源的 78 系列以及提供负电压的 79 系列稳压块，它们内部是多级稳压电路，比分离元件稳压效果好，且体积小，可靠性高，安装使用方便。直流电源采用两级稳压，效果更好。

(5) 主电路板采取独立供电，其余部分分散供电，避免一处电源有故障引起整个系统故障。如图 9.4 所示为一种系统供电配置方案。

(6) 直流电源输出接口采用大容量电解电容滤波。

(7) 线间对地增设小电容滤波消除高频干扰。

(8) 交流电源线与其他线尽量分开，减少耦合干扰。如滤波器的输出线上干扰已减少，应使其与电源进线及滤波器外壳保持一定距离，交流电源与直流电源及信号线分别走线，以减少相互干扰。

（9）尽量提高接口器件的电源电压，提高接口的抗干扰能力。例如，采用光电耦合器输出端驱动直流继电器。

（10）可采用交、直流两用电源为系统供电，直流电瓶不仅能提供直流电源，而且具有稳压作用。

图 9.4　系统供电配置原理框图

9.5　系统接地技术

在单片机控制系统中，接地是抑制干扰的重要手段之一。在系统设计时，若能将接地和屏蔽正确地结合起来，可以解决大部分干扰引起的故障。接地包括两方面内容：一个是接地点是否正确；另一个是接地点是否牢固。正确选择接地点可防止系统各部分的窜扰，接地点牢固可使接地点处于零阻抗，从而降低接地电位，防止接地系统的共模干扰。

9.5.1　系统地线分类

单片机控制系统中地线有许多类型，总的来说可分为保护接地和工作接地两大类。保护接地主要是为了避免因设备绝缘损坏或性能下降、工作人员遭受触电危险和保证设备的安全；而工作接地主要是保证控制系统稳定可靠运行，防止地环路引起的干扰。

在单片机控制系统中，地线大致分为以下几类：

（1）数字地：也叫逻辑地，它是数字电路的零电位。

（2）模拟地：是放大器、采样保持器以及 A/D 转换器和比较器等的零电位。

（3）功率地：大电流网络元件、功放器件的零电位。

（4）信号地：传感器件的地电平。

（5）交流地：指交流电源的地线。

（6）直流地：指直流电源的地线。

（7）屏蔽地：一般同机壳相连，是为防止静电感应和磁场感应而设置的，常和大地相接。

9.5.2　地线的处理原则

不同的地线有不同的处理方法。这里只给出一些原则，读者可根据系统的实际情况具体分析。

1. 一点接地和多点接地

在低频电路中，布线和元件之间的电感不会产生太大影响，常采用一点接地，若采用多点接地，则容易形成地环路。而在高频电路中，寄生电容和电感影响较大，宜采用多点接地。通常频率小于 1 MHz 时，采用一点接地，而高于 10 MHz 时采用多点接地。介于两者之间，可根据具体情况灵活掌握。

2．数字地和模拟地

数字地和模拟地一般要分开。即使像 A/D、D/A 这种转换器，一个芯片上的两种地也最好分开，仅在系统中一点上把两种地连接起来。

3．交流地与信号地

交流地与信号地不能共用。在电源地线的两端会有数毫伏，甚至几伏电压，这个电压对低电平电路会产生严重的干扰，因此交流地与信号地不能相通。

4．浮地和接地

系统浮地是将系统电路的各个部分地线不与大地相连。这种接法有一定抗干扰作用。但系统与地的绝缘电阻不能小于 50 MΩ，一旦绝缘下降，便会带来干扰。也可采用系统浮地，机壳接地，可提高抗干扰能力，保证系统的安全可靠。

5．印制电路板地线布局

（1）TTL、CMOS 器件的地线要呈辐射网状，其他地线不要形成环路。

（2）地线尽量加宽，以减小接地电阻，线宽最好不要小于 3 mm。

（3）旁路电容地线不宜太长。

（4）大规模集成电路最好跨越平行的地线和电源线，以消除干扰。

（5）集成块电源与地之间最好跨接一瓷片电容器。

6．传感器信号地

由于传感器和机壳之间易引起共模干扰，因此为提高抗共模干扰能力，特别要注意接地方法。一般 A/D 转换器的模拟地采用浮空隔离，并可采用三线采样双层屏蔽浮地技术，即将地线和信号线同时采样求取差值，可有效地抑制共模干扰。

9.6　I/O 通道抗干扰技术

单片机的控制对象各种各样，无论何种对象，单片机控制系统必须有信号检测回路和输出控制回路，即称之为输入通道和输出通道。通常计算机的信号电压很低，而生产现场则经常采用强电驱动，如交流电动机、大功率电磁阀或交流接触器等。这些大电流的负载动作会通过系统的输入/输出通道对控制系统的工作产生干扰。在逻辑信号长线传输时（频率为 1 MHz 的 0.5 m 以上的线或频率为 4 MHz 的 0.3 m 以上的线均作长线处理），由于线路阻抗不匹配，均会对信号传输质量产生影响。如果在传输线上传输脉冲方波，就会出现时延、畸变、衰减等现象，严重时会淹没有用信号使系统无法正常工作。因此研究输入/输出通道的抗干扰技术是非常重要的。

9.6.1　开关信号的抗干扰措施

开关量输入/输出过程中，其控制对象如继电器线圈、电磁铁线圈等都会对通道产生很大影响。因此，在设计时要十分注意抗干扰问题。

1. 开关量的电平转换

提高开关量电平进行开关信号传输，可以提高信号传输的抗干扰能力，而输入到单片机中的电平一般都是 TTL 电平，因此存在一个电平转换问题，这可采用如图 9.5 所示的电路提高开关量电平。若提高开关量输出的电平可参考图 9.6 所示的电路。图 9.5 和图 9.6 中＋V 一般采用＋12 V 或＋24 V 电源。

图 9.5　开关量输入电平转换电路

图 9.6　开关量输出电平转换电路

2. 采用隔离技术

（1）对启/停负荷不大、响应速度不太高的设备，一般采用继电器隔离更直接。继电器能直接控制动力电路，而继电器一般要用三极管驱动，并在继电器线圈两端接保护二极管，以保证驱动电路正常工作，如图 9.7 所示。

图 9.7　继电器隔离开关输出电路

（2）对交流启/停负荷较大的负载，大负荷触点在接通或断开时，所产生的火花和电弧具有十分强烈的干扰作用，可采用固态继电器(内部有两个对接的可控硅代替交流接触器，它们的控制极由小继电器的一个触点控制，触点接通，两个可控硅轮流导通；触点断开，两个可控硅完全关断），起消抖作用。

（3）光电隔离可控硅驱动电路。与继电器相比光电耦合器响应速度快，可用于耦合驱动要求快速响应的直流负载，如图9.8所示。当开关输出为"1"时，发光二极管导通，三极管 V 截止，可控硅导通，直流负载通电，反之断电。

图 9.8　光电隔离可控硅驱动电路

快速驱动交流负载的光电耦合驱动类似于直流负载的光电耦合驱动，将单向可控硅改为双向可控硅，将原接口驱动直流电源改为交流桥式整流和滤波产生直流供电电源。

9.6.2　模拟通道的抗干扰设计

在模拟信号采集、传输过程中，由于信号大都是 mA 级，甚至是 μA 级，很容易受到外界干扰。因此在输入通道设计时，要采取必要的抗干扰措施。

1. 硬件措施

1）模拟量输入回路

在输入电路中加入 RC 滤波器，以减小工频干扰信号对输入信号的影响，如图9.9所示。

图 9.9　模拟信号输入通道滤波电路

2）光电耦合器隔离

由于光电耦合器隔断了传感器信号和主机在电气上的直接联系，可有效地抑制瞬间尖峰及其他噪声的干扰。光电耦合器有如下特点：

（1）光电耦合器的输入阻抗很小，一般为 100 Ω～1 kΩ 之间，由于干扰源内阻较大，通常为 100 kΩ～100 MΩ，因此分压到光电耦合器上的干扰分量很小。

（2）干扰噪声虽尖峰较高，但能量较小，只能造成微弱电流。由于光电耦合器工作在电流状态，因此干扰电流不会对其造成大的影响。

（3）光电耦合是在器件内部密封条件下传输的，不会受到外界环境及条件的影响。

（4）输入和输出之间分布电容很小，仅为 0.5～2 pF，且绝缘电阻很大，通常为 $10^{11}\sim10^{12}$ Ω。输入干扰信号难于馈送到输出。

图 9.10 是采用光电隔离的模拟信号输入、输出通道组成框图。

图 9.10　光电隔离模拟通道组成框图

3）选用适当的 A/D 转换芯片

在干扰较严重的场合，可选用双积分式 A/D 转换器。这种转换器采用的是平均值，瞬间干扰和高频干扰，对转换结果影响较小，可补偿非线性误差，动态特性较好。但这种双积分式 A/D 转换器转换速度较慢，对于要求转换速度快的场合，要选用逐次逼近方式的 A/D 转换器。

2. 软件措施

用软件对输入量的滤波处理是消除低频干扰的有效措施之一，常用的滤波算法有以下几种：

（1）限幅滤波：规定在相邻两次采样信号之间的差值不得超过一个固定数值。若超过此值，就认为本次采样值是虚假的，要重新采样或取上次采样值使用。

（2）中值滤波：每获得一个采样数据就连续采样 3 次，找出 3 个采样值中一个居中的值作为本次采样值。

（3）算术平均值滤波：对于周期性的干扰信号，可采用这种算术平均值滤波，对抑制干扰效果较好。其方法是连续记录几次采样值，求其平均值作为本次采样值。每采集一次，丢掉最早的一个数值，仍保留最近几次采样值，并计算平均值作为本次采样值，依此类推。

（4）五中取三平均值滤波：为减少瞬间干扰的影响，可采用五中取三求平均值的办法。对一个采样点，连续采样 5 次，然后按大小顺序排列，去掉一个最大的，再去掉一个最小的，取其中间 3 个数求其平均值。

（5）一阶惯性滤波：其性能类似 RC 滤波器对采样信号进行滤波，对于低频干扰信号，可用此滤波模拟 RC 滤波来消除干扰。

9.6.3　长线传输的抗干扰技术

当单片机控制作为控制系统的终端机时，必须与主控计算机通信。主机通常放置在控制室或机房，它和现场的终端机有一定的距离，其通信传输的抗干扰问题也是值得注意的。

在工业环境下要完成计算机之间通信，常用 RS-232C 标准端口实现终端机与计算机之间的通信，该标准作为异步传输协议，有专用驱动芯片与之配套，使用方便，性能良好。其传输电压电平虽已提高到 ±12 V，但如果传输线路匹配不好，仍会有严重的畸变产生。

1. 双绞线传输

采用双绞线传输，与同轴电缆相比，虽频带较窄，但阻抗高、成本低、抗共模噪声能力较强，因此应用较普遍。

采用双绞线传输时，其传输距离可达几十米，根据传送距离的不同，双绞线使用方法也有所不同。

当传送距离在 5 m 以下时，发送和接收端连接负载电阻。若发送侧为集电极开路驱动，则接收侧的集成电路用施密特型电路，抗干扰能力更强。

当用双绞线作远距离传送数据，或有较大噪声干扰时，可使用平衡输出的驱动器和平衡输入的接收器。发送和接收信号端都要接匹配电阻。

当用双绞线传输与光电耦合器结合使用时，可按图 9.11 所示的方式连接。图中给出了开关接点通过双绞线与光电耦合器的连接情况。

图 9.11　光电隔离在开关量采集通道中的应用

2. 长线电流传输

用电流传输代替电压传输，可获得较好的抗干扰效果。如图 9.12 所示，从电流转换器输出 0~10 mA（或 4~20 mA）的电流信号，在接收端并上 500 Ω 的精密电阻，将此电流转换为 0~5 V（或 1~5 V）的电压，然后输入 A/D 转换器。在有的实用电路里输出端采用光电耦合器输出驱动，也会获得同样的效果。此种方法可减少在传输过程中的干扰，提高传输的可靠性。

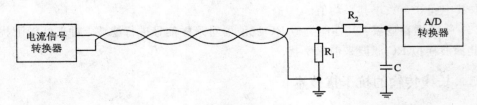

图 9.12　长线电流传输示意图

习　题　9

9.1　单片机应用系统主要干扰源有哪几类？对系统有何影响？

9.2　常用的硬件系统抗干扰措施有哪些？

9.3　设计电路板时，接插件插针排列应注意哪些问题？

9.4　常用的软件抗干扰技术有哪几种？

9.5　采用哪些措施能提高软件的抗干扰能力？

9.6　如何提高应用系统电源的抗干扰能力？

9.7　在单片机应用系统中，常用的接地方法有哪几种？

9.8　印制电路板地线如何排列才能提高抗干扰能力？

9.9　开关信号常用的抗干扰措施有哪些？

9.10　如何提高模拟信号的抗干扰能力？

第 10 章

实用外围电路设计

本章要点与学习目标：

设计单片机控制系统只掌握单片机本身的原理和性能是不够的，外围电路的设计和应用也十分重要，这是我们在学习过程中容易忽略的一点。本章介绍了单片机应用系统设计中常用的外围电路，以运算放大器为基础，讨论了运算放大器在系统设计中的应用电路及其与单片机系统的连接，介绍了信号转换电路及应用。读者通过本章的学习可掌握以下知识点：

- 基本的运算放大器原理；
- 常用的信号处理电路；
- 信号转换电路及其应用；
- 常用的信号产生电路。

长期以来，我们只重视单片机本身技术的学习和应用，而对单片机外围电路、信号转换电路及传感器技术重视不够，使读者对应用系统的设计技术学习不够全面，尤其是在系统级的设计中，遇到这方面的问题时会觉得力不从心。为了使读者对单片机应用系统设计有一个较全面的了解，能系统全面地掌握系统设计方法和相关技术，解决好设计时遇到的技术问题，本章将简要介绍与单片机应用系统设计相关的外围电路原理及应用，力争从实际出发使读者在较短的时间内掌握实用电路的应用技术，全面提高读者的系统设计能力。

10.1　运算放大器实用技术

在系统设计时，时常会遇到信号放大及信号转换之类的问题，而这类问题通常要采用运算放大器为核心的单元电路。因此，掌握运算放大器的基本原理及应用技术有利于我们设计出更加实用的信号处理电路。

10.1.1　理想运算放大器

运算放大器是用反馈控制特性的直接耦合式高增益放大器，可以针对不同的应用，通过设计不同类型的反馈网络来形成各种转移函数。运算放大器能够从直流到几兆赫兹的频率范围内完成信号放大，产生各种波形的信号，能够进行加、减、乘、除、积分、微分等运算，因而在单片机控制系统、模拟信号处理、智能仪器仪表等领域得到了广泛的应用。

运算放大器具有输入阻抗高、信号增益大等特点。为了分析方便，我们将运算放大器理想化，理想运算放大器的特点如下：

（1）开环电压放大倍数 A→∞。

（2）差模输入电阻 R_{id}→∞。

（3）输出电阻 R_0≈0。

（4）频带无限宽。

（5）输入失调电压 U_{os}＝0。

（6）输入失调电流 I_{os}＝0。

（7）共模抑制比 CMRR→∞。

（8）干扰和噪声都不存在。

利用运算放大器的理想特性可得出以下两条基本定则：

（1）运算放大器输入端不吸收电流。

（2）运算放大器两输入端之间的电压差为零。

有了这两条基本定则，可以大大简化运算放大器应用电路设计。图 10.1 是理想运算放大器符号。

图 10.1　理想运算放大器符号

10.1.2　基本运算电路

1. 反相放大器

反相放大器电路如图 10.2 所示，反馈网络和输入网络均为纯电阻型，则有：

$$u_o = -\frac{R_f}{R_1} u_i \qquad (10.1)$$

图 10.2　反相放大器

输出信号电压 u_o 等于输入信号电压 u_i 乘以比例系数 R_f/R_1，式(10.1)中负号表示输出信号与输入信号反相。通过改变 R_f 和 R_1 的值，就可很方便地调整其比例系数。为了使运算放大器两个输入端的直流电阻保持平衡，电路要求 $R_2 = R_f // R_1$。反相放大器的输入电阻为

$$R_i = R_1 \qquad (10.2)$$

2. 同相放大器

同相比例放大器电路如图 10.3 所示，反馈网络和输入网络均为纯电阻型，其输出信号电压为

$$u_o = \frac{1 + R_f}{R_1} u_i \qquad (10.3)$$

当 R_f＝0 时，$u_o = u_i$ 电路即为电压跟随器，电路如图 10.4 所示。

图 10.3　同相放大器

图 10.4　电压跟随器

3. 积分器

当运算放大器的反馈网络为电容，输入阻抗网络为电阻时便构成了积分器，如图 10.5 所示。积分器的输出电压 u_o 为

$$u_o = -\frac{1}{RC}\int u_i \, dt \tag{10.4}$$

为使运算放大器两个输入端直流电阻保持平衡，电路要求 $R_2 = R_1$。

图 10.5　积分器

4. 微分器

当运算放大器的输入网络为电容，反馈网络为电阻时，便构成了微分器，如图 10.6 所示。微分器的输出电压 u_o 和输入电压的关系为

$$u_o = -RC\frac{du_i}{dt} \tag{10.5}$$

图 10.6　微分器

10.1.3　实用电路

1. 信号放大电路

1) 同相串联差动式高输入阻抗放大器

同相串联差动式放大器电路如图 10.7 所示，输出电压 u_o 为输入电压与两放大器放大倍数之积。

图 10.7 同相串联差动式放大器

当 $u_i = u_{i1} - u_{i2}$ 时，有

$$u_o = -\frac{R_3}{R_2}\left(1 + \frac{R_f}{R_1}\right)u_{i1} + \left(1 + \frac{R_3}{R_2}\right)u_{i2} \qquad (10.6)$$

当满足 $R_1/R_f = R_3/R_2$ 时，上式可简化为

$$u_o = -\left(1 + \frac{R_3}{R_2}\right)(u_{i1} - u_{i2}) = -\left(1 + \frac{R_3}{R_2}\right)u_i \qquad (10.7)$$

2）可编程增益放大器

可编程增益放大器原理电路如图 10.8 所示，我们可以利用单片机程序控制电子开关 S1、S2、S3、S4 的接通与断开改变反馈电阻的值，从而调整放大器的增益。

S1 接通，电压增益为 $A_{S1} = 1$；

S2 接通，电压增益为 $A_{S2} = \dfrac{R_1 + R_2 + R_3 + R_4}{R_2 + R_3 + R_4}$；

S3 接通，电压增益为 $A_{S3} = \dfrac{R_1 + R_2 + R_3 + R_4}{R_3 + R_4}$；

S4 接通，电压增益为 $A_{S4} = \dfrac{R_1 + R_2 + R_3 + R_4}{R_4}$。

图 10.8 可编程增益放大器原理

图 10.9 是利用译码器 74LS139 控制电子开关，实现放大器增益可调。A_1A_0 为单片机发出的指令信号，经译码后控制开关 S1～S4 的通断。

图 10.9 码控四段增益可编程放大器

当 $A_1 A_0 = 00$ 时，Y_0 输出有效信号，使开关 S1 闭合，$A_{S1} = 1$；

当 $A_1 A_0 = 01$ 时，Y_1 输出有效信号，使开关 S2 闭合，$A_{S2} = 10$；

当 $A_1 A_0 = 10$ 时，Y_2 输出有效信号，使开关 S3 闭合，$A_{S3} = 100$；

当 $A_1 A_0 = 11$ 时，Y_3 输出有效信号，使开关 S4 闭合，$A_{S4} = 1000$；

2. 测量放大器

1）信号放大器

利用运算放大器实现的测量电路如图 10.10 所示，该电路具有如下特点：

（1）输入电阻高。由于输入级 A1、A2 均为同相输入，对于理想运放，输入电阻为无穷大。

（2）共模抑制比高。因为电路对称性好，其共模抑制比高于普通差动运放，可有效抑制共模信号，大大减小外部感应噪声的影响。

（3）增益调节方便。

图 10.10　信号测量放大器

根据理想运算放大器虚短路虚开路的原则，对 A_1、A_2 有：

$$\frac{u_{o1} - u_{i1}}{R_f} = \frac{u_{i1} - u_{i2}}{a_w R_w} = \frac{u_{i2} - u_{o2}}{R_f}$$

$$u_{o1} - u_{o2} = \left(1 + \frac{2R_f}{a_w R_w}\right)(u_{i1} - u_{i2})$$

$$u_o = -\frac{R_2}{R_1}(u_{o1} - u_{o2}) \tag{10.8}$$

$$u_o = -\frac{R_2}{R_1}\left(1 + \frac{2R_f}{a_w R_w}\right)(u_{i1} - u_{i2}) \tag{10.9}$$

2）桥式检测电路

利用运算放大器实现的桥式检测电路如图 10.11 所示。

3）高输入阻抗桥式检测放大器

为了提高电路输入阻抗，可利用多级运算放大器实现，电路如图 10.12 所示。

图 10.11　桥式检测电路

图 10.12　高输入阻抗桥式检测放大器

3. 信号运算电路

图 10.13(a)给出了加法器原理电路，图 10.13(b)为多路信号加法器。

(a)　　　　　　　　　　　　　　(b)

图 10.13　全加器电路

（a）加法器；（b）多路信号加法器

4. 信号处理电路

图 10.14 为专用集成电压比较器符号，图 10.15 为常用 LM324 四运算放大器外特性图。

图 10.14　专用集成电压比较器符号　　　　图 10.15　LM324 四运算放大器

图 10.16 为常用电压比较器电路图，比较输入信号 u_i 与基准电平 U_R 的值，有：

当 $u_i > u_R$ 时，U_o 为高电平；

当 $u_i < u_R$ 时，U_o 为低电平。

此电路在信号检测、电平转换过程中十分有用。

图 10.16　常用电压比较器电路

5. 波形产生电路

1）正弦波发生器

利用文氏网络与运算放大器组成的文氏振荡器是常用的正弦波发生器电路，如图10.17 所示。

$$\omega_0 R_1 R_2 C_2 - \frac{1}{\omega_0 C_1} = 0$$

$$\omega_0 = \frac{1}{\sqrt{R_1 R_2 C_1 C_2}} \qquad (10.10)$$

通常取 $R_1 = R_2 = R$，$C_1 = C_2 = C$，则振荡频率为

$$f_0 = \frac{1}{2\pi RC} \qquad (10.11)$$

图 10.17　文氏振荡器

$$B_u = \frac{1}{3} \tag{10.12}$$

2）方波发生器

方波发生器电路的类型很多，利用运算放大器构成的方波发生器如图 10.18 所示。振荡周期为

$$T = 2RC \ln\left(1 + \frac{2R_1}{R_2}\right) \tag{10.13}$$

图 10.18　方波发生器

图 10.19 所示为对称的方波和三角波信号发生器电路图，u_{o1} 输出方波信号，u_o 输出三角波信号。

图 10.19　对称的方波和三角波发生器

6. 波形变换电路

1）半波整流电路

半波整流电路如图 10.20 所示。

2）峰值检波电路

峰值检波电路如图 10.21 所示，图 10.21(a) 为用运算放大器构成的峰值检波电路，图 10.21(b) 为带有跟随器的峰值检波电路。

3）限幅电路

图 10.22 为信号限幅电路，图 10.22(a) 是单向限幅电路，图 10.22(b) 是双向限幅电路。

图 10.20　半波整流电路

(a)　　　　　　　　　　　　　　　　　　(b)

图 10.21　峰值检波电路

（a）用运算放大器构成的峰值检波电路；（b）带有跟随器的峰值检波电路

(a)　　　　　　　　　　　　　　　　　　(b)

图 10.22　输出限幅电路

（a）单向限幅电路；（b）双向限幅电路

当输入信号 u_i 较小时，u_o 也较小，稳压管尚未击穿，稳压管支路可视为开路，运放构成反相放大器。

随着 u_i 反向增大，u_o 将增大。当 $u_o = -(R_f/R_1)u_i$ 时，稳压管击穿工作，输出电压 u_o 稳定在 U_z 上。即限幅器输出电压：

$$u_o = U_z$$

$$u_o = \begin{cases} -\dfrac{R_f}{R_1}u_i & u_i > -\dfrac{R_1}{R_f}U_z \\[3mm] U_z & u_i < -\dfrac{R_1}{R_f}U_z \end{cases} \tag{10.14}$$

4）工频滤波电路

工程现场应用中经常会遇到工频干扰问题，图 10.23 给出一个用于滤除 50 Hz 工频干扰的 50 Hz 陷波器电路。其中，A_1 组成带通滤波器，A_2 组成相加器。经 50 Hz 陷波器处理后，50 Hz 干扰被抑制，输出了比较干净的信号。

图 10.23　工频滤波电路

5）绝对值电路

用半波整流和相加器便构成了全波整流电路即绝对值电路，如图 10.24 所示。图中，A1 构成半波整流，A2 构成相加器。其工作原理为：

当 $u_i > 0$ 时

$$u_{o1} = -u_i,\ u_o = -u_i - 2u_{o1} = -u_i + 2u_i = u_i$$

当 $u_i < 0$ 时

$$u_{o1} = 0,\ u_o = -u_i = -(-|u_i|) = |u_i|$$

所以

$$u_o = |u_i|$$

图 10.24　绝对值电路

10.1.4　保护电路

这里所说的保护措施是针对在使用集成运放时，由于电源极性接反、输入/输出电压过大、输出短路等原因造成运放损坏的问题而采取的一种保护方法。

为防止电源极性接反，可在正、负电源回路中顺接二极管。若电源接反，则二极管因反偏而截止，等于电源断路，起到了保护运放的作用，如图 10.25 所示。

为防止输入差模或共模电压过高损坏集成运放的输入级，可在集成运放输入端并接极性相反的两只二极管，从而使输入电压的幅度限制在二极管的正向导通电压之内，如图

10.26 所示。不过，二极管本身的温度漂移会使放大器输出的漂移变大，这点应引起注意。

图 10.25　保护电路　　　　　　　　图 10.26　输入通道保护电路

输出保护是为了防止输出过电压时使输出级击穿，可采用图 10.22 所示电路。输出正常时，双向稳压管未击穿，其相当于开路，对电路没有影响。当输出端电压大于双向稳压管稳压值时，稳压管被击穿，反馈支路阻值大大减小，负反馈加深，从而将输出电压限制在双向稳压管的稳压范围内。

10.2　电流/电压转换电路

在单片机控制系统中，经常会遇到需要将电压信号转换为电流信号或将电流信号转换为电压信号的情况。为了使读者能直接运用相关电路，解决实际问题，在这里给出相关参考电路，电路中的电阻值要根据信号转换比例选取。

10.2.1　电压/电流转换电路

在某些控制系统中，负载要求电流源驱动，而实际的信号又可能是电压源。将电压信号转换成电流信号，不论负载如何变化，电流源电流只取决于输入电压信号，而与负载无关。另外，信号在远距离传输过程中，由于电流信号不易受干扰，因此也需要将电压信号转换为电流信号来传输。图 10.27 给出了一个 V/I 转换电路，图中负载为"接地"负载。

图 10.27　V/I 转换电路

$$U_+ = \left(\frac{u_o - U_+}{R_3} - I_L \right) R_2 \qquad (10.15)$$

$$U_- = \frac{R_4}{R_1 + R_4} u_i + \frac{R_1}{R_1 + R_4} u_o \qquad (10.16)$$

由于 $U_+ = U_-$，且设 $R_1 R_3 = R_2 R_4$，因此，转换关系可简化为

$$I_L = -\frac{u_i}{R_2} \qquad (10.17)$$

可见，负载电流 I_L 与 u_i 成正比，且与负载 Z_L 无关。

10.2.2   电流/电压转换电路

有许多传感器产生的信号为微弱的电流信号，这有利于信号传输，将该电流信号转换为电压信号可利用运放的"虚地"特性。图 10.28 为电流/电压转换电路。

由于运放反相输入端是虚地，R_S 中电流为 0，因此 i_S 流过反馈电阻 R_f，输出电压是：

$$u_o = -i_S R_f \qquad\qquad (10.18)$$

必须指出，该电路转换电流 i_S 的下限受运放输入级偏置电流限制。此外，为了降低高频噪声，通常 R_f 上可并联一个小电容 C。

图 10.28   电流电压转换电路

习   题   10

10.1   理想运算放大器有哪些特点？

10.2   运算放大器在单片机应用系统中有哪些应用？

10.3   实际应用中如何保护运算放大器？

10.4   利用 LM324 运算放大器构成一个电压/电流转换电路，请画出详细原理电路图。

10.5   利用 LM324 运算放大器设计一个绝对值电路，请画出详细原理电路图。

10.6   简要说明运算放大器在单片机应用系统中的作用。

第 11 章

常 用 传 感 器

本章要点与学习目标：

　　本章介绍了常用传感器的原理及组成，传感器的选择原则及应用方法，简要介绍了智能传感器的原理及组成。读者通过本章的学习可以掌握以下知识点：

- 传感器在单片机系统中的应用；
- 常用传感器的选择原则；
- 系统中传感器的抗干扰技术；
- 智能传感器的原理及在控制系统中的应用。

　　单片机应用系统的设计离不开传感器，对于系统设计及工程技术人员必须从系统角度出发掌握应用系统所涉及的各方面的知识。由于许多专业没有开设有关传感器方面的课程，致使许多初学者在系统设计时，面对具体问题无从下手。为了弥补这一缺陷，作者在本书中将常用传感器的应用作为一章，简要介绍传感器的原理及选用原则，目的是想引起相关专业学生的重视。通过对本章的阅读，使读者能较全面地掌握系统设计所涉及到的传感器方面的知识，早日成为系统设计师。

11.1　传感器概述

　　我们将能够感受规定的被测量并按照一定的规律转换成可用输出信号的器件或装置称为传感器(Transducer)，它通常由敏感元件和转换部件组成。传感器也称为变换器、变送器或换能器，是控制系统的感觉器官，其测量精度对控制系统的影响非常重要。本章概要介绍控制系统中常用传感器的原理及应用，使读者能够了解其在系统中的重要性及选择方法。

　　人的感觉器官——眼、耳、鼻等，可以将自然界中事物的特征及其变化现象——色、声、味等变换为相应的信号传输给大脑，经过大脑分析、判断发出指令，使有关器官产生相应的行动。在控制系统中，传感器的作用与人的感觉器官相类似，将被测对象——声、力、温度、速度等及其变化转换为可测信号，传送给测量装置，从而得到所需的测量数据。

　　传感器往往由敏感元件与辅助部件组成。例如，电阻应变式传感器中，电阻丝是敏感元件，基底、引线等则为辅助部件。敏感元件是传感器的核心，它直接感受被测量并变换为相应的信号形式。传感器是控制系统的输入环节，其性能和可靠性将直接影响整个系统的性能和可靠性。

随着测量、控制及信息技术的发展，传感器作为这些领域里的一个重要组成部分，受到了普遍重视。

1. 传感器的重要性

（1）传感器是实现自动检测和自动控制的首要环节。没有传感器对各种物理量进行精确可靠的测量，无论是信息转换、信息处理，还是最佳数据的显示与控制，都是一句空话。事实上，如果没有精确可靠的传感器，就不会有可靠的自动检测和控制系统。

（2）传感器是机器人的重要组成部件。在工业机器人的控制系统中，要完成检测、操作与驱动功能、比较与判断功能，都必须借助于两类传感器：一类是检测机器人内部各部分状态的传感器，另一类是检测机器人与被操作对象的关系和检测机器人与工作现场之间状态的传感器。为了使机器人能够从事更高级的作业，必须为机器人开发更精良的"电五官"——传感器。

（3）传感器是航天、航海事业中不可缺少的器件。随着科学技术的发展，人类在不断探索宇宙空间的奥秘，不断进行海洋资源的开发利用。在现代飞行器上，装备着种类繁多的显示与控制系统，以确保各种飞行任务的顺利完成。而在这些系统中，传感器被用来检测飞行器的参数和工作状态等各种物理量。

（4）能源开发和能源合理利用离不开传感器。随着国民经济的高速发展，能源的消耗不断增加，解决能源危机已成为当务之急。当然我们能采取的对策是开发新能源与合理利用现有能源。太阳能、风能、海洋能等，是取之不尽、用之不竭的能源，要开发它们，就少不了传感器。合理利用能源就是如何节约能源，提高能源效率，这当然也离不开传感器。

（5）传感器是例行试验的必需器件。各种产品在定型、投产之前都要对其在各种可能工作环境的运行状况进行例行试验。如高温试验、低温试验、盐雾试验、车载试验、汽车的刹车试验等，而对各种信号的检测当然也离不开传感器。

（6）传感器在生物医学和医疗器械工程等方面得到了广泛应用。传感器将人体各种生理信息转换成工程上容易测定的量（一般都是将非电量转换成易于测量、处理的电量），从而正确地显示出人体生理信息。如体温的测量与控制、病症的诊治与控制都要借助传感器来完成。

（7）传感器在家用电器中应用广泛。家用电器如电磁灶、电冰箱、洗衣机、电视机、空调器等都是靠敏感器件来实现自动化的，煤气、液化气泄漏报警装置等也都离不开传感器。

2. 传感器的组成

传感器的作用主要是感受和检测规定的被测量，并按一定规律将其转换成有用输出信号，特别是完成非电量到电量的转换。传感器的组成，并无严格的规定。一般来说，可以把传感器看作由敏感元件和变换元件两部分组成，如图 11.1 所示。

图 11.1　传感器的一般组成

（1）敏感元件。在具体实现非电量到电量间的变换时，并非所有的非电量都能利用现有的技术手段直接变换为电量，而必须进行预变换，即先将待测的非电量变换为易于转换成电量的另一种非电量。这种能完成预变换的元件称之为敏感元件。

（2）变换器。能将感受到的非电量变换为电量的器件称为变换器。例如，可以将位移量直接变换为电容、电阻及电感的电容变换器、电阻变换器及电感变换器；能直接把温度变换为电势的热电偶变换器等。显然，变换器是传感器不可缺少的重要组成部分。

在实际应用中，由于一些敏感元件能直接输出变换后的电信号，而一些传感器又不包括敏感元件在内，因此常常无法将敏感元件与变换器严格加以区分。

如果把传感器看作一个二端口网络，则其输入信号主要是被测的物理量（如长度、温度、速度等）时，必然还会有一些干扰信号（如温度、电磁信号等）混入。严格地说，传感器的输出信号可能为上述各种输入信号的复杂函数。就传感器设计来说，希望尽可能做到输出信号仅仅是（或分别是）某一被测信号的确定性单值函数，且最好呈线性关系。对使用者来说，则要选择合适的传感器及相应的电路，保证整个测量设备的输出信号能惟一、正确地反映被测量的值，而对干扰信号能加以抑制或对不良影响能设法加以修正。

3．传感器的分类

传感器可以做得非常简单，也可以做得很复杂；可以是无源网络，也可以是有源系统；可以是带反馈的闭环系统，也可以是不带反馈的开环系统；有只具有变换功能的普通传感器，也有包含信号处理及单片机的智能传感器。

传感器种类繁多，功能各异。由于同一被测量可用不同转换原理实现探测，利用同一种物理法则、化学反应或生物效应可设计制作出检测不同被测量的传感器，同一类传感器可用于不同的应用领域，因此传感器的分类方法较多。

（1）按照传感器感知外界信息依据的基本效应，将传感器分成 3 大类：基于物理效应的，如光、电、声、磁、热等效应的物理传感器；基于化学反应的，如化学吸附、选择性化学反应等效应的化学传感器；基于酶、抗体、激素等分子识别功能的生物传感器。

（2）按工作原理分为应变式、电容式、电感式、电磁式、压电式、热电式等传感器。

（3）依据传感器使用的敏感材料分为半导体传感器、光敏传感器、陶瓷传感器、金属传感器、高分子材料传感器和复合材料传感器等。

（4）按照被测量分为力学传感器、热量传感器、磁传感器、光电传感器、放射线传感器、气敏传感器、液体成分传感器、离子传感器和真空传感器等。

（5）按能量关系分为能量控制型和能量转换型两类。所谓能量控制型传感器，是指其变换的能量是由外部电源供给的，而传感器输入量的变化只起控制作用。而能量转换型传感器是将输入的物理量转换为另一种便于识别的物理量（一般为电量）。

（6）按传感器是利用场的定律还是利用物质的定律分为结构型传感器和物性型传感器。二者组合兼有两者特征的传感器称为复合型传感器。场的定律是关于物质作用的定律，例如动力场的运动定律、电磁场的感应定律等。利用场的定律做成的传感器有电动式传感器、电容式传感器、激光检测器等。物质的定律是指物质本身内在性质的规律，例如弹性体遵从的虎克定律、晶体的压电特性、半导体材料的霍尔效应等，利用物质的定律做成的传感器有压电传感器、热敏电阻构成的热传感器、光敏电阻构成的光传感器等。

（7）按是否需要外加电源分为有源传感器和无源传感器。有源传感器敏感元件工作需要外加电源，无源传感器工作不需外加电源。

（8）按输出量类型分为模拟量传感器和数字量传感器。

4. 传感器的命名

根据 GB 7666 标准规定，一种传感器的全称应由"主题词＋四级修饰语"组成，即：

主题词——传感器。

一级修饰语——被测量，包括修饰被测量的定语。

二级修饰语——转换原理，一般可后续以"式"字。

三级修饰语——特征描述，指必须强调的传感器结构、性能、材料特征、敏感元件以及其他必要的性能特征，一般可后续以"型"字。

四级修饰语——主要技术指标（如量程、精确度、灵敏度范围等）。

在技术文件、产品说明书、学术论文、教材、书刊等的陈述句中，传感器名称应采用反序排列：

　　　　四级修饰语→ 三级修饰语→ 二级修饰语→ 一级修饰语→ 传感器

在实际运用中，可根据产品具体情况省略任何一级修饰语。但国标规定，传感器作为商品出售时，第一级修饰语不得省略。例如：

"我厂购进了 150 只各种测量范围的电位器式线位移传感器"（此例省略了第三、第四级修饰语）。

"压电式传感器是一种很有发展前途的物性型传感器"（省略了第一、第三、第四级修饰语）。

传感器规格代号应包括以下 4 部分，如图 11.2 所示。

a——主称（传感器）；

b——被测量；

c——转换原理；

d——序号。

在主称、被测物理量、转换原理和序号之间用连字符"-"连接。

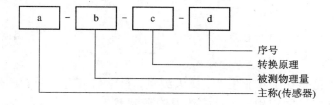

图 11.2　传感器命名格式

5. 几种常用传感器举例

为了使读者对传感器有一个直观的了解，下面列出几种常用传感器。当然，工程应用所涉及的传感器种类会更多。

1）接近开关

如图 11.3 所示，接近开关有电感式和电容式两种，是一种开关型传感器（即无触点行程开关）。它既有行程开关、微动开关的特性，同时又有传感性能，并且具有动作可靠、性能稳定、响应快、使用寿命长、抗干扰能力强、防水、防震、耐腐蚀等特点。接近开关广泛应用于机械、矿山、纺织、印刷、化工、冶金、轻工、阀门、电力、保安、铁路、航天等各个行业。

图 11.3　一种接近开关外形图

图 11.4　一种火焰传感器

2）火焰传感器

图 11.4 是一种火焰传感器，采用紫外光敏管作为敏感元件，具有很强的抗干扰能力，不受日光、灯光和红外线辐射影响，能可靠地检测出火焰是否存在。火焰传感器主要用作紫外探测、自动灭火系统的探头。

3）气体传感器

图 11.5 是一种气体传感器，气体类型不同，传感器的种类也有所不同，目前已经研制使用的气体传感器能够检测一氧化碳（CO）、二氧化碳（CO_2）、硫化氢（H_2S）、二氧化硫（SO_2）、氢气（H_2）、氧气（O_2）等几十种类型的气体。气体传感器主要用来检测易燃、易爆、有毒、有害气体。

图 11.5　一种气体传感器

图 11.6　几种温度传感器

4）温度传感器

温度传感器不论是在工农业生产、航天测量、科学研究等领域，还是在人们的日常生活中都得到了十分广泛的应用，从日常体温测量到载人宇宙飞船的成功发射，都离不开温度传感器。温度传感器可分为接触式传感器和非接触式传感器。常用的有热电偶式传感器、热敏电阻式温度传感器、半导体热敏电阻式传感器、热释放式传感器等。几种温度传感器如图11.6 所示。

5）压电传感器

图 11.7 是一种压电传感器，其基本原理是利用压电材料受力就会有电压（电荷）输出的压电效应特性研制的

图 11.7　一种压电传感器

传感器，可用来测量压力、位移、速度、加速度等物理量。由于是利用压力来测量，为了便于安装一般都会有牢固的机壳。

6）光电传感器

光电传感器是一种利用光电效应将被测量的变化转换成光量，再利用光敏元器件把光量的变化转换为电信号的一种测量装置。具有体积小、重量轻、响应快、灵敏度高、便于集成、易实现非接触测量等优点，广泛应用于自动控制系统、位移监测、事件计数、自动化生产线等领域。

单片机的应用领域非常广泛，所涉及的传感器也是五花八门的，如磁敏传感器、光纤传感器、红外传感器、光栅传感器、湿敏传感器等，在此不一一介绍了。

11.2　传感器选择与应用

在各种控制系统测量的关键环节，传感器已成为非常重要的部件之一。对单片机应用系统来说，常常要检测各种物理量（温度、湿度、位移、速度等），正确选择传感器，对于保证系统精度，提高可靠性，降低系统成本等方面都非常重要。

1. 传感器的选择

由于传感器的研制和发展非常快，各种各样的传感器应运而生，对传感器的选择就变得更加灵活。对于同一种类的被测物理量，可以选用多种不同的传感器。为了选择最适合于工程应用的传感器，必须多了解多熟悉各种类型的传感器。就合理选择传感器而言，应包括以下几点：

（1）测量条件：包括测量的目的、测量范围、频带宽度、指标要求、测量速率等。

（2）传感器指标：其中有静态特性、动态特性、输出信号类型、输出值、负载大小、校正周期、输入信号的保护等。

（3）使用条件：包括传感器的设置场所、运行环境（温度、湿度、振动等）、测量时间、输入/输出接口及功耗等。

（4）性价比及产品供应：由于传感器技术发展快，单一品种用量较少，因此选择时要注意产品是否能保证及时供应并确定供应时间。在保证货源的前提下，选择性能价格比高的通用产品，除非十分必要才选择那些特殊性能的传感器。

虽然选择传感器时要考虑的因素很多，但无需满足所有的要求，应根据实际使用的目的、指标、环境等有所侧重。例如，长时间连续使用的传感器，就必须重视经得起时间考验，能够长期稳定运行；而对机械加工或化学分析等时间比较短的过程，则需要灵敏度和动态特性较好的传感器。选择传感器的响应速度，目的是适应输入信号的频带宽度，从而提高信噪比。此外，还要合理选择设置场所，安装方法，传感器的外形尺寸、重量等；注意从传感器的工作原理出发，分析被测物体中可能会产生的负载效应等问题，以确定选择哪一种传感器最合适。一般情况下，只要能够满足系统测量精度就够了，不必在精度方面有过高的要求，因为传感器的精度与价格紧密相关。

2. 传感器的使用

1）线性化及补偿

线性化及补偿就是如何保证被测量的变化与传感器的输出信号之间呈线性关系及对非

线性如何修正的问题。在使用传感器进行实际测量时，要进行下述两种处理。

（1）对传感器的输入、输出特性进行补偿，也称为线性化处理。在采用单片机的测量系统或智能传感器中，这种线性化处理比较简便，可以通过软件来实现。可将传感器输入、输出之间的关系数值加以修正，并集合构成表格，借助软件查找测量结果；可把传感器的测量范围划分成若干段，然后在每个分段内进行线性插值或抛物线插值，通过程序计算，求出测量结果；也可进行曲线拟合修正，使传感器的非线性误差趋于最小。

（2）消除在传感器的输出量中包含被测物理量以外的其他因素时而进行的处理。例如，在温度变化较大的系统中测量信号畸变时，就不能忽略由于温度变化引起的畸变而使传感器输出值的变化。这时，可在畸变传感器上或同一温度场内再加一个温度传感器来测量温度，根据测得的温度值对畸变传感器的输出值进行校正处理，消除因温度变化对测量精度的影响。有效地使用这种处理，就会得到如同使用万用表测量电阻之前先调一下零点一样的效果。

2）传感器的定标

所谓传感器的定标，是指在明确输入和输出的变换对应关系的前提下，利用某种标准对传感器进行刻度。在传感器使用前对其进行定标，在使用过程中还要定期进行检查，确认精度及性能是否满足所制定的标准。定标不同的传感器有所差异，但基本方法是一致的。通常用精度较高的仪器来为精度较低的仪器定标。

11.3　传感器的抗干扰技术

在任何传感器的输出中，总会不可避免地混杂着各种干扰和噪声，它们来自系统的内部和外部。来自外部的干扰有市电干扰、温度变化、机械振动、电磁感应及辐射等，来自内部的干扰有热噪声、信号辐射等。在单片机测量系统中，要采取各种抗干扰措施消除这些噪声对测量精度的影响。下面讨论应用系统中几种实用的抗干扰措施。

1. 屏蔽技术

我们将防止静电或电磁相互感应所采用的各项措施称之为"屏蔽"。如利用铜或铝制成的容器，将需要防护的部分包围起来，可达到抗干扰目的。或者用导磁性良好的铁磁材料制成的容器，将需要防护的部分包围起来以隔断耦合，也就是说，屏蔽主要用来抑制各种场的干扰。通常将屏蔽分为以下3类。

1）静电屏蔽

处于静电平衡状态下的导体内部，各点电位相等，即导体内部无电力线。利用金属导体的这一性质，并加上接地措施，则静电场的电力线就在接地的金属导体处中断，起到隔离电场的作用。

静电屏蔽能防止静电场的影响，消除或削弱两电路之间由于寄生分布电容耦合而产生的干扰。在电源变压器的原边与副边绕组之间插入一个梳齿形导体，并将它接地，以此来防止两绕组间的静电耦合，这就是静电屏蔽的范例。在传感器有关电路布线时，如果在两导线之间敷设一条接地导线，则两导线之间的静电耦合将明显减弱。

2）电磁屏蔽

所谓电磁屏蔽，是指采用导电良好的金属材料做成屏蔽层，利用高频电磁场对屏蔽金属的作用，在屏蔽金属内产生涡流，由涡流产生的磁场抵消或减弱干扰磁场的影响，从而达到屏蔽的效果。一般所谓的屏蔽，多数是指电磁屏蔽。电磁屏蔽主要用来防止高频电磁场的影响，其对低频磁场干扰的屏蔽效果不是太大。

3）低频磁屏蔽

电磁屏蔽对低频磁通干扰的屏蔽效果是很差的，因此当存在低频磁通干扰时，要采用高导磁材料作屏蔽层，以便将干扰磁通限制在磁阻很小的磁屏蔽体的内部，防止其干扰。

在实际使用传感器时，应准确判断是静电耦合干扰、高频电磁场干扰、低频磁通干扰，还是寄生电容干扰，针对不同的干扰，采用不同的屏蔽对策。同时，要根据不同类型的传感器，采用不同的屏蔽措施。例如，为了克服寄生电容的干扰，对一般传感器必须将其放置在金属壳内，并将机壳接地；对其引出线，必须采用屏蔽线，该屏蔽线要与壳体相连，且屏蔽线屏蔽层应良好接地。

2. 接地

在电力系统中，由于电压高，功率大，容易危及人身安全，因此有必要将各种电气设备的外壳通过接地导线与大地相连，使之与地等电位，以保证人身和设备的安全。传感器外壳或导线屏蔽层等接地是着眼于静电屏蔽的需要，即通过接地给高频干扰电压形成低阻通路，以防止其对传感器造成干扰。在电子技术中把电信号的基准电位点也称之为"地"，通常有如下几种地线。

1）保护接地线

出于安全防护的目的将电子测量装置的外壳屏蔽层接地叫做保护接地线。

2）信号地线

电子装置中的接地，除特别说明接大地的以外，一般都是指作为电信号的基准电位的信号地。电子装置的接地是涉及抑制干扰、保证电路工作性能稳定、可靠的关键问题。信号地既是各级电路中静、动态电流的通道，又是各级电路通过某些共同的接地阻抗而相互耦合，从而引起内部干扰的薄弱环节。

信号地分为两种：一种是模拟信号地线（AGND），它是模拟信号的零电位公共点；另一种是数字信号地线（DGND），它是数字信号的零电平公共点。数字信号处于脉冲工作状态，动态脉冲电流在杂散的接地阻抗上产生的干扰电压，即使尚未达到足以影响数字电路正常工作的程度，但对于微弱的模拟信号来说，已成为严重的干扰源。为了避免模拟信号地线与数字信号地线之间的相互干扰，二者要分别设置。

3）信号源地线

传感器可看作是测量装置的信号源。通常传感器安装在生产现场，而显示、记录等测量装置则安装在离现场有一定距离的控制室内。在接地要求上二者不同，信号源地线乃是传感器本身的零信号电位基准公共线。

4）负载地线

负载的电流一般较前级信号电流大得多，负载地线上的电流在地线中产生的干扰也大，因此对负载地线和测量放大器的信号地线也有不同的要求。有时，二者在电气上是相互绝缘的，它们之间可通过磁耦合或光耦合传输信号。

在传感器测量系统中，上述 4 种地线一般应分别设置。在电位需要连通时，可选择合适的位置作一点相连，以消除各地线之间的相互干扰。当然，针对具体问题要具体分析，以便确定实用的系统接地方案。

3. 浮置

浮置又称为浮空、浮接，它是指测量仪表的输入信号放大器公共地（即模拟信号地）不接机壳或大地。对于被浮置的测量系统，测量电路与机壳或大地之间无直流联系。

屏蔽接地的目的是将干扰电流从信号电路引开，即不让干扰电流流经信号线，而是让干扰电流流经屏蔽层到大地。浮置与屏蔽接地的作用相反，是阻断干扰电流的通路。测量系统被浮置后，明显地加大了系统的信号放大器公共线与大地（或外壳）之间的阻抗，因此浮置能大大减小共模干扰电流。

浮置不是绝对的，不可能做到"完全浮空"。其原因是，测量电路（或输入信号放大器）公共线与大地（或外壳）之间虽然电阻值很大（是绝缘电阻级），可以大大减小电阻性漏电流干扰，但是它们之间仍然存在着寄生电容，即容性漏电流干扰仍然存在。

4. 滤波器

使用滤波器是抑制噪声干扰的重要手段之一，特别是对抑制导线传导耦合到电路中的噪声干扰，是一种被广泛采用的技术手段。

1）交流电源进线的对称滤波器

使用交流电源的电子测量仪表，噪声都会经电源线传导耦合到测量电路中去，必然对其工作造成干扰。为了抑制这种噪声干扰，在交流电源进入端子间加装滤波器是十分必要的。

2）高频对称滤波器

图 11.8 是两种高频干扰电压对称滤波器，它对于抑制频率为中波段的高频噪声干扰比较有效。

图 11.8　高频对称滤波器

3）直流电源输出的滤波器

往往是几个电路公用一个直流电源，为了削弱公用电源在电路间形成的噪声耦合，对直流电源输出需加对高频及低频进行滤波的滤波器，并采用各电路板分别供电的方案。

4）去耦滤波器

当一个直流电源对几个电路同时供电时，为了避免通过电源造成几个电路之间互相干扰，应在每个电路的直流电源进线与地之间加装去耦滤波器，如图 11.9 所示。

5. 光电耦合

使用光电耦合器能够切断地环路电流的干扰，其原理如图 11.10 所示。由于两个电路之间采用光耦合，因此能把两个电路的地电位完全隔离开。这样，即使两电路的地电位不同，也不会造成干扰。

图 11.9　电源去耦滤波器

智能传感器中采用软件的方法实现数字滤波，能有效地抑制随机噪声干扰。

图 11.10　利用光电耦合器断开地环路

11.4　智能传感器

11.4.1　智能传感器概述

随着测控系统智能化的迅速发展，在精度、可靠性、稳定性、接口及通信等方面都对传感器提出了更高的要求。单片机技术使传感器技术的应用发生了巨大的变革，单片机和传感器相结合，产生了功能强大的智能传感器。事实上，所谓智能传感器，就是一种由单片机控制的，具有信息检测、信号处理、信息记忆、逻辑判断功能的传感器。

传感器与单片机结合可以通过以下两条途径来实现：一是采用单片机系统以强化和提高传统传感器的功能，即传感器与单片机可分为两个独立模块，传感器的输出信号经处理和转化后传送到单片机模块进行运算处理。这就是我们所指的一般意义上的智能传感器，又称传感器的智能化。二是借助于半导体技术，把传感器部分与信号预处理电路、输入/输出接口、单片机等制作在同一块芯片上，即成为大规模集成电路智能传感器，简称集成智能传感器。集成智能传感器具有多功能、一体化、精度高、体积小和使用方便等优点，是传感器发展的必然趋势。

智能传感器因其在功能、精度、可靠性上较普通传感器有很大提高，已经成为传感器研究开发的热点。近年来，随着传感器技术和微电子技术的发展，智能传感器技术也发展很快，为我们选择和使用传感器提供了更大的方便。

11.4.2　智能传感器的组成及功能

1. 主要功能

与传统传感器相比，智能传感器采用了单片机技术，引入了片上系统(SOC)，可以利用软件十分方便地实现数字滤波、系统检测等功能。一般来说，智能传感器应具有以下功能：

(1) 具有逻辑判断、统计处理功能。可对检测数据进行分析、统计和修正，还可进行线性、非线性、温度、噪声、响应时间、交叉感应以及缓慢漂移等的误差补偿，提高了测量准确度。

(2) 具有自诊断、自校准功能。可在接通电源时进行开机自检，在工作中进行运行自检，并可实时自行诊断测试，以确定哪一组件有故障，提高了工作可靠性。

(3) 具有自适应、自调整功能。可根据待测物理量的数值大小及变化情况自动选择检测量程和测量方式，提高了检测适用性。

(4) 具有组态功能。可实现多传感器、多参数的复合测量，扩大了检测与使用范围。

(5) 具有记忆、存储功能。可进行检测数据的随时存取，加快了信息的处理速度。

(6) 具有数据通信功能。智能化传感器具有数据通信接口，能实现与计算机通信，对于数据的处理、保存、转换十分方便。

智能传感器系统一般构成框图如图 11.11 所示，利用单片机完成信号处理及存储。

图 11.11　智能传感器框图

2. 基本结构

传感器的智能化指传感器与单片机可分为两个独立模块，传感器的输出信号经处理和转化后由接口送入单片机部分进行运算处理。这类智能传感器主要由传感器、单片机及其相关电路组成。传感器将被测的物理量转换成相应的电信号，传送到信号处理电路中，进行滤波、放大、模/数转换后，再传送到单片机中。

单片机是智能传感器的核心，它不但可以对传感器测量数据进行计算、存储和数据处理，还可以通过反馈回路对传感器进行调节。由于单片机充分发挥了软件功能，可以完成硬件难以完成的任务，从而大大降低了传感器制造的难度，提高了传感器的性能，降低了成本。

在智能传感器中，其控制功能、数据处理功能和数据传输功能尤为重要。控制功能主要包括键盘控制、量程自动切换、多路通道切换、数据极限判断与越限报警、自诊断与自校正等功能。

3. 基本功能

智能传感器具有良好的自检功能,开机后单片机先向 D/A 转换口输出一个定值(固定代码),经 DAC 变换为对应的模拟电压值,再送到 A/D 通路的自校正输入端。此后,由单片机启动 ADC,待 A/D 转换结束,再读回转换结果值,并与原送出的代码进行比较。如结果相符或误差在允许范围内,则认为自校正功能正常。若仅在一点上进行自校正还不能说明问题,可以设置 2~3 个自校正点。如可设置其零点、中点及满刻度点为自校正点,并分 3 次比较。通过比较和判断,确定输入、输出以及接口等功能是否正常。

在数据处理方面,智能传感器须具备标度变换功能、函数运算功能、系统误差消除功能、随机误差处理功能以及信号逻辑性判断功能。在数据传输方面,智能传感器应实现各传感器之间或与其他计算机系统的信息交换及传输。常用 RS - 232C 串行接口实现数据传输功能。

4. 智能传感器实例

图 11.12 是智能温度传感器的硬件结构图。智能温度传感器可用来检测应用系统各个设备、部件的温度,从而判断系统的工作状态。由 8 路普通温度传感器、多路电子开关、A/D 转换器、RAM、D/A、串行通信口及 89C51 单片机等模块组成。由单片机控制多路电子开关选择输入信号进入 A/D 转换器,转换成数字量后由单片机进行数据处理、存储并经串行口输出。该智能传感器具有较强的自适应能力,它可以判断工作环境因素的变化,进行必要的修正,以保证测量的准确性。

图 11.12　智能温度传感器组成框图

一般情况下,智能传感器具有测量、信号放大、A/D 转换、数据处理、D/A 转换模拟量输出、键盘接口及串行通信接口等功能。

图 11.13 是一种电量测量智能传感器,用于变电站自动化系统测量电源功率、电压、电流、功率因数等。输入三相交流电压电流,内部单片机测量计算相关量,能够保存 24 小时的整点数据,采用串行通信接口输出,支持多种通信协议及多种组态软件,可利用 DIP 开关设定传感器地址和通信速率。

其软件采用模块化结构,软件结构如图 11.14 所示。主程序模块完成系统自检、各模块初始化、通道选择以及各个功能模块调用的功能。信号采集模块主要完成数字滤波、非线性补偿、信号处理、误差修正等功能。故障诊断模块对各个传感器的信号进行逻辑分析,判断系统的工作状态。串行通信模块实现智能传感器与外部计算机的通信,及时上传采集的数据及处理结果。

图 11.13　一种电量测量智能传感器

图 11.14　智能温度传感器的软件结构图

习　题　11

11.1　在研究单片机应用系统时为什么要学习传感器技术？

11.2　传感器主要由哪几部分组成？各部分作用如何？

11.3　常用传感器分为哪几类？

11.4　在单片机应用系统中，选用传感器时应考虑哪些因素？

11.5　在使用传感器时，常采用哪些抗干扰措施？

11.6　智能传感器主要由哪几个功能模块组成？

附录 A   ASCII 字符表

ASCII(美国信息交换标准码)字符表

低位 \ 高位		0	1	2	3	4	5	6	7
		000	001	010	011	100	101	110	111
0	0000	NUL	DLE	SP	0	@	P	、	p
1	0001	SOH	DC1	!	1	A	Q	a	q
2	0010	STX	DC2	"	2	B	R	b	r
3	0011	ETX	DC3	#	3	C	S	c	s
4	0100	EOT	DC4	$	4	D	T	d	t
5	0101	ENQ	NAK	%	5	E	U	e	u
6	0110	ACK	SYN	&	6	F	V	f	v
7	0111	BEL	ETB	'	7	G	W	g	w
8	1000	BS	CAN	(	8	H	X	h	x
9	1001	HT	EM	)	9	I	Y	i	y
A	1010	LF	SUB	*	:	J	Z	j	z
B	1011	VT	ESC	+	;	K	[	k	{
C	1100	FF	FS	,	<	L	\	l	|
D	1101	CR	GS	—	=	M	]	m	}
E	1110	SO	RS	.	>	N	↑	n	~
F	1111	SI	US	/	?	O	←	o	DEL

ASCII 编码字符含义表

字符	含　义	字符	含　　义	字符	含　　义
NUL	空格、无效	FF	走纸控制	CAN	作废
SOH	标题开始	CR	回车	EM	纸尽
STX	正文开始	SO	移位输出	SUB	减
ETX	本文结束	SI	移位输入	ESC	换码
EOT	传输结束	DLE	数据键换码	FS	文字分隔符
ENQ	询问	DC1	控制设备 1	GS	组分隔符
ACK	承认	DC2	控制设备 2	RS	记录分隔符
BEL	报警符	DC3	控制设备 3	US	单元分隔符
BS	退一格	DC4	控制设备 4	SP	空间(空格)
HT	横向列表	NAK	否定	DEL	作废
LF	换行	SYN	空转同步		
VT	垂直列表	ETB	信息组交换结束		

附录 B　按字母顺序排列 51 系列单片机指令一览表

操作码	操　作　数	代　　码	字节数	指令周期
ACALL	addrll	$a_{10}\,a_9\,a_8$ 10001 addr7~0	2	2
ADD	A,Rn	28~2F	1	1
ADD	A,direct	25 direct	2	1
ADD	A,@Ri	26~27	1	1
ADD	A,♯data	24 data	2	1
ADDC	A,Rn	38~3F	1	1
ADDC	A,direct	35 direct	2	1
ADDC	A,@Ri	36~37	1	1
ADDC	A,♯data	34 data	2	1
AJMP	addr11	$a_{10}\,a_9\,a_8$ 00001 addr7~0	2	2
ANL	A,Rn	58~5F	1	1
ANL	A,direct	55 direct	2	1
ANL	A,@Ri	56~57	1	1
ANL	A,♯data	54 data	2	1
ANL	direct,A	52 direct	2	1
ANL	direct,♯data	53 direct data	3	2
ANL	C,bit	82 bit	2	2
ANL	C,/bit	B0 bit	2	2
CJNE	A,direct,rel	B5 direct rel	3	2
CJNE	A,♯data,rel	B4 data rel	3	2
CJNE	Rn,♯data,rel	B8~BF data rel	3	2
CJNE	@Ri,♯data,rel	B6~B7 data rel	3	2
CLR	A	E4	1	1
CLR	C	C3	1	1
CLR	bit	C2 bit	2	1
CPL	A	F4	1	1
CPL	C	B3	1	1
CPL	bit	B2 bit	2	1

续表一

操作码	操 作 数	代 码	字节数	指令周期
DA	A	D4	1	1
DEC	A	14	1	1
DEC	Rn	18~1F	1	1
DEC	direct	15 direct	2	1
DEC	@Ri	16~17	1	1
DIV	AB	84	1	4
DJNZ	Rn, rel	D8~DF rel	2	2
DJNZ	direct, rel	D5 direct rel	3	2
INC	A	04	1	1
INC	Rn	08~0F	1	1
INC	direct	05 direct	2	1
INC	@Ri	06~07	1	1
INC	DPTR	A3	1	2
JB	bit, rel	20 bit rel	3	2
JBC	bit, rel	10 bit rel	3	2
JC	rel	40 rel	2	2
JMP	@A+DPTR	73	1	2
JNB	bit, rel	30 bit rel	3	2
JNC	rel	50 rel	2	2
JNZ	rel	70 rel	2	2
JZ	rel	60 rel	2	2
LCALL	Addr16	12 addr15~8 addr7~0	3	2
LJMP	Addr16	02 addr15~8 addr7~0	3	2
MOV	A, Rn	E8~EF	1	1
MOV	A, direct	E5 direct	2	1
MOV	A, @Ri	E6~E7	1	1
MOV	A, #data	74 data	2	1
MOV	Rn, A	F8~FF	1	1
MOV	Rn, direct	A8~AF direct	2	1
MOV	Rn, #data	78~7F data	2	1
MOV	direct, A	F5 direct	2	1

续表二

操作码	操　作　数	代　　码	字节数	指令周期
MOV	direct,Rn	88～8F direct	2	1
MOV	direct2,direct1	85 direct1 direct2	3	2
MOV	direct,@Ri	86～87 direct	2	2
MOV	direct,♯data	75 direct data	3	2
MOV	@Ri,A	F6～F7	1	1
MOV	@Ri,direct	A6～A7 direct	2	2
MOV	@Ri,♯data	76～77 data	2	1
MOV	C,bit	A2 bit	2	2
MOV	bit,C	92 bit	2	2
MOV	DPTR,♯data16	90 data15～8 data7～0	3	2
MOVC	A,@A+DPTR	93	1	2
MOVC	A,@A+PC	83	1	2
MOVX	A,@Ri	E2～E3	1	2
MOVX	A,@DPTR	E0	1	2
MOVX	@Ri,A	F2～F3	1	2
MOVX	@DPTR,A	F0	1	2
MUL	AB	A4	1	4
NOP		00	1	1
ORL	A,Rn	48～4F	1	1
ORL	A,direct	45 direct	2	1
ORL	A,@Ri	46～47	1	1
ORL	A,♯data	44 data	2	1
ORL	direct,A	42 direct	2	1
ORL	direct,♯data	43 direct data	3	2
ORL	C,bit	72 bit	2	2
ORL	C,/bit	A0 bit	2	2
POP	direct	D0 direct	2	2
PUSH	direct	C0 direct	2	2
RET		22	1	2
RETI		32	1	2
RL	A	23	1	1

续表三

操作码	操 作 数	代 码	字节数	指令周期
RLC	A	33	1	1
RR	A	03	1	1
RRC	A	13	1	1
SETBD	C	D3	1	1
SETB	bit	D2 bit	2	1
SJMP	rel	80 rel	2	2
SUBB	A,Rn	98~9F	1	1
SUBB	A,direct	95 direct	2	1
SUBB	A,@Ri	96~97	1	1
SUBB	A,#data	94 data	2	1
SWAP	A	C4	1	1
XCH	A,Rn	C8~CF	1	1
XCH	A,direct	C5 direct	2	1
XCH	A,@Ri	C6~C7	1	1
XCHD	A,@Ri	D6~D7	1	1
XRL	A,Rn	68~6F	1	1
XRL	A,direct	65 direct	2	1
XRL	A,@Ri	66~67	1	1
XRL	A,#data	64 data	2	1
XRL	direct,A	62 direct	2	1
XRL	direct,#data	63 direct data	3	2

附录 C　按功能排列 51 系列单片机指令表

1. 数据传送类指令(29 条)

助　记　符	操　作　功　能	机　器　码	字节数	指令周期
MOV A，#data	立即数送累加器	74 data	2	1
MOV Rn，#data	立即数送寄存器	78～7F data	2	1
MOV @Ri，#data	立即数送间址片内 RAM	76、77 data	2	1
MOV direct，#data	立即数送直接片内单元	75 direct data	3	2
MOV DPTR，#data16	16 位立即数送数据指针寄存器	90 data15～8 data7～0	3	2
MOV direct，Rn	寄存器内容送直接寻址单元	88～8F direct	2	2
MOV A，Rn	寄存器内容送累加器	E8～EF	1	1
MOV Rn，A	累加器内容送寄存器	F8～FF	1	1
MOV direct，A	累加器内容送直接地址	F5 direct	2	1
MOV @Ri，A	累加器内容送间址片内 RAM	F6、F7	1	1
MOV Rn，direct	直接寻址单元内容送寄存器	A8～AF direct	2	2
MOV A，direct	直接寻址单元内容送累加器	E5 direct	2	1
MOV @Ri，direct	直接寻址单元内容送间址片内 RAM	A6、A7 direct	2	2
MOV direct2，direct1	直接寻址单元内容送另一直接寻址单元	85 direct1 direct2	3	2
MOV direct，@Ri	间址片内 RAM 内容送直接寻址单元	86、87 direct	2	2
MOV A，@Ri	间址片内 RAM 内容送累加器	E6、E7	1	1
MOVX A，@Ri	间址片外 RAM 内容送累加器(8 位地址)	E2、E3	1	2
MOVX @Ri，A	累加器内容送间址片外 RAM(8 位地址)	F2、F3	1	2
MOVX A，@DPTR	片外 RAM 内容送累加器(16 位地址)	E0	1	2
MOVX @DPTR，A	累加器内容送片外 RAM(16 位地址)	F0	1	2
MOVC A，@A+DPTR	相对数据指针内容送累加器	93	1	2
MOVC A，@A+PC	相对程序计数器内容送累加器	83	1	2
XCH A，Rn	累加器与寄存器内容交换	C8～CF	1	1
XCH A，@Ri	累加器与间址片内 RAM 内容交换	C6、C7	1	1
XCH A，direct	累加器与直接寻址单元内容交换	C5 direct	2	1
XCHD A，@Ri	累加器与间址片内 RAM 低半字节内容交换	D6、D7	1	1
SWAP A	累加器高半字节与低半字节内容交换	C4	1	1
PUSH direct	直接寻址单元内容压入堆栈栈顶	C0 direct	2	2
POP direct	堆栈栈顶内容弹出到直接寻址单元	D0 direct	2	2

2. 算术操作类指令(24 条)

助　记　符	操　作　功　能	机　器　码	字节数	指令周期
ADD A,Rn	寄存器与累加器内容相加	28~2F	1	1
ADD A,@Ri	间址片内 RAM 与累加器内容相加	26、27	1	1
ADD A,direct	直接地址内容与累加器内容相加	25 direct	2	1
ADD A,♯data	立即数与累加器内容相加	24 data	2	1
ADDC A,Rn	寄存器与累加器与进位内容相加	38~3F	1	1
ADDC A,@Ri	间址片内 RAM 与累加器与进位内容相加	36、37	1	1
ADDC A,direct	直接寻址字节和累加器与进位内容相加	35 direct	2	1
ADDC A,♯data	立即数与累加器与进位内容相加	34 data	2	1
SUBB A,Rn	累加器内容减寄存器与进位内容	98~9F	1	1
SUBB A,@Ri	累加器内容减间址片内 RAM 与进位内容	96、97	1	1
SUBB A,direct	累加器内容减直接寻址字节与进位内容	95 direct	2	1
SUBB A,♯data	累加器内容减立即数与进位内容	94 data	2	1
INC A	累加器内容加 1	04	1	1
INC Rn	寄存器内容加 1	08~0F	1	1
INC @Ri	间址片内 RAM 内容加 1	06、07	1	1
INC direct	直接寻址字节内容加 1	05 direct	2	1
INC DPTR	数据指针寄存器内容加 1	A3	1	2
DEC A	累加器内容减 1	14	1	1
DEC Rn	寄存器内容减 1	18~1F	1	1
DEC @Ri	片内 RAM 内容减 1	16、17	1	1
DEC direct	直接寻址单元内容减 1	15 direct	2	1
DA A	累加器内容十进制调整	D4	1	1
MUL AB	累加器内容乘寄存器 B 内容	A4	1	4
DIV AB	累加器内容除寄存器 B 内容	84	1	4

3. 逻辑操作类指令(24 条)

助 记 符	操 作 功 能	机 器 码	字节数	指令周期
ANL A,Rn	寄存器内容和累加器内容相与	58～5F	1	1
ANL A,@Ri	片内 RAM 内容和累加器内容相与	56、57	1	1
ANL A,direct	直接寻址字节内容和累加器内容相与	55 direct	2	1
ANL direct,A	累加器内容和直接寻址字节内容相与	52 direct	2	1
ANL A,#data	立即数和累加器内容相与	54 data	2	1
ANL direct,#data	立即数和直接寻址字节内容相与	53 direct data	3	2
ORL A,Rn	寄存器内容和累加器内容相或	48～4F	1	1
ORL A,@Ri	片内 RAM 内容和累加器内容相或	46、47	1	1
ORL A,direct	直接寻址字节内容和累加器内容相或	45 direct	2	1
ORL direct,A	累加器内容和直接寻址字节内容相或	42 direct	2	1
ORL A,#data	立即数和累加器内容相或	44 data	2	1
ORL direct,#data	立即数和直接寻址字节内容相或	43 direct data	3	2
XRL A,Rn	寄存器内容和累加器内容异或	68～6F	1	1
XRL A,@Ri	片内 RAM 内容和累加器内容异或	66、67	1	1
XRL A,direct	直接寻址字节内容和累加器内容异或	65 direct	2	1
XRL direct,A	累加器内容和直接寻址字节内容异或	62 direct	2	1
XRL A,#data	立即数和累加器内容异或	64 data	2	1
XRL direct,#data	立即数和直接寻址字节内容异或	63 direct data	3	2
CPL A	累加器内容取反	F4	1	1
CLR A	累加器内容清零	E4	1	1
RL A	累加器内容向左环移一位	23	1	1
RR A	累加器内容向右环移一位	03	1	1
RLC A	累加器内容带进位向左环移一位	33	1	1
RRC A	累加器内容带进位向右环移一位	13	1	1

4. 控制转移类指令(17 条)

助 记 符	操 作 功 能	机 器 码	字节数	指令周期
AJMP addr11	绝对转移(2 KB 地址内)	$a_{10}a_9a_8$00001addr7~0	2	2
LJMP addr16	长转移(64 KB 地址内)	02 addr15~8 addr7~0	3	2
SJMP rel	相对短转移(-128~+127 地址内)	80 rel	2	2
JMP @A+DPTR	相对长转移(64 KB 地址内)	73	1	2
JZ rel	累加器内容为零转移	60 rel	2	2
JNZ rel	累加器内容不为零转移	70 rel	2	2
CJNE A,direct,rel	累加器内容与寻址单元内容不等转移	B5 direct rel	3	2
CJNE A,#data,rel	累加器内容与立即数不相等转移	B4 data rel	3	2
CJNE Rn,#data,rel	寄存器内容与立即数不相等转移	B8~BF data rel	3	2
CJNE @Ri,#data,rel	片内 RAM 内容与立即数不相等转移	B6、B7 data rel	3	2
DJNZ Rn,rel	寄存器内容减 1 不为零转移	D8~DF rel	2	2
DJNZ direct,rel	直接寻址单元内容减 1 不为零转移	D5 direct rel	3	2
ACALL addr11	绝对调用子程序(2 KB 地址内)	$a_{10}a_9a_8$10001addr7~0	2	2
LCALL addr16	长调用子程序(64 KB 地址内)	12 addr15~8 addr7~0	3	2
RET	子程序返回	22	1	2
RET1	中断返回	32	1	2
NOP	空操作	00	1	1

5. 位操作类指令(17 条)

助 记 符	操 作 功 能	机 器 码	字节数	指令周期
MOV C,bit	直接寻址位内容送位累加器	A2 bit	2	1
MOV bit,C	位累加器内容送直接寻址位	92 bit	2	1
CPL C	位累加器取反	B3	1	1
CLR C	位累加器清零	C3	1	1
SETB C	位累加器置位	D3	1	1
CPL bit	直接寻址位取反	B2 bit	2	1
CLR bit	直接寻址位清零	C2 bit	2	1
SETB bit	直接寻址位置位	D2 bit	2	1
ANL C,bit	直接寻址位内容和位累加器内容相与	82 bit	2	2
ORL C,bit	直接寻址位内容和位累加器内容相或	72 bit	2	2
ANL C,/bit	直接寻址位内容取反和位累加器内容相与	B0 bit	2	2
ORL C,/bit	直接寻址位内容取反和位累加器内容相或	A0 bit	2	2
JC rel	位累加器为 1 转移	40 rel	2	2
JNC rel	位累加器不为 1 转移	50 rel	2	2
JB bit,rel	直接寻址位为 1 转移	20 bit rel	3	2
JNB bit,rel	直接寻址位不为 1 转移	30 bit rel	3	2
JBC bit,rel	直接寻址位为 1 转移且该位清零	10 bit rel	3	2

参 考 文 献

1　许海燕，付炎. 嵌入式系统技术与应用. 北京：机械工业出版社，2002

2　雷思孝等. 单片机原理及实用技术. 西安：西安电子科技大学出版社，2004

3　张洪润，蓝清华. 单片机应用技术教程. 北京：清华大学出版社，1999

4　傅丰林. 电子线路基础. 西安：西安电子科技大学出版社，2001

5　余永权. 单片机在控制系统中的应用. 北京：电子工业出版社，2003

6　刘笃仁，韩保君. 传感器原理及应用技术. 西安：西安电子科技大学出版社，2003

7　诸邦田. 电子线路抗干扰技术手册. 北京：北京科学技术出版社，1988

8　李伯成等. 微型计算机原理及应用. 西安：西安电子科技大学出版社，1999

9　沙占友等. 单片机外围电路设计. 北京：电子工业出版社，2003

10　张涵芳. Intel 16 位单片机. 北京：北京航空航天大学出版社，2000

11　张毅坤等. 单片微型计算机原理及应用. 西安：西安电子科技大学出版社，2001

12　房小翠，王金凤. 单片机实用系统设计技术. 北京：国防工业出版社，1999

13　朱名铨等. 测试技术. 北京：国防工业出版社，1980

14　胡汉才. 单片机原理及系统设计. 北京：清华大学出版社，2002

15　孙肖子，张企民. 模拟电子线路基础. 西安：西安电子科技大学出版社，2001

16　http://www.21ic.com

17　http://www.mcu51.com